수학
개념과
원리로
떠나는
생각여행

수학 개념과 원리로 떠나는
생각여행

박성은 지음

한나래플러스

수학 개념과 원리로 떠나는
생각여행

2018년 2월 5일 1판 1쇄 펴냄
2020년 1월 10일 1판 3쇄 펴냄

지은이 | 박성은
펴낸이 | 한기철

편집 | 우정은, 이은혜
디자인 | 심예진
마케팅 | 조광재, 정선경, 최인호

펴낸곳 | 한나래출판사
등록 | 1991. 2. 25. 제22–80호
주소 | 서울시 마포구 토정로 222 한국출판콘텐츠센터 309호
전화 | 02) 738–5637 · 팩스 | 02) 363–5637 · e–mail | hannarae91@naver.com
www.hannarae.net

ⓒ 2018 박성은
ISBN 978–89–5566–211–5 03370

수학은 인간의 삶을 해석하는 학문

내 삶에서 수학을 빼면 남는 게 거의 없을 정도로 수학의 비중은 크다. 청소년 시기부터 대학 시절까지 수학을 배우고 익히며 많은 꿈을 꾸었고, 교편을 잡은 후로는 30년 동안 수학을 가르치며 학생들과 호흡했다. 그런데 어느 날 문득 그동안 '수학'만 배우고 가르쳤을 뿐, '수학교육'은 저 멀리서 노려보고만 있었다는 걸 깨달았다. 그간 수학 교과에 담겨 있는 인간의 삶은 완전히 배제한 채 무미건조한 과학적 언어로 입시를 위한 문제 풀이만을 강조했다는 생각이 들었다. 학생들의 눈, 코, 귀, 입을 막아버리고 삭막한 교실을 만든 것만 같았다. 수학을 통해 인생을 이야기했어야 하는데 말이다.

그동안 학교는 수학을 통해 창의성과 인성을 키워주기보다는 생명 없는 교과 언어로 '수포자'만 양산했다. '수포자'는 애초에 수학에서 손을 놓은 사람들은 물론, 몸과 마음, 그리고 꿈을 키워가야 하는 청소년 시절에 오직 점수를 잘 받아 '대학만 가면 끝'이라고 생각하는 모든 사람을 포함한다. 대다수의 학생들은 수학이 타 교과에 비해 어려워서 해도 해도 모르겠고 늘 처음처럼 낯설다고 한다. 그 이유는 수학 교과 내용이 타 교과에 비해 삶에서 동떨어진 것처럼 느껴지기 때문이다. 또한 정답이 정해져 있어 자신의 생각을 펼치고 적용할 만한 여백이 없다고 여기기도 한다. 이러한 선입견은 학생들에게 수학을 제대로 경험하기도 전에 이미 어렵다는 인식을 심어준다.

이제는 '수학 교과 교육'이 아닌 '수학교육'을 실천해야 한다. 수학 교과 지식에 대한 원리를 이해하고 문제를 해결하는 입시 중심의 교수학습법을 '수학 교과 교육'이라 한다면, '수학교육'은 수학의 개념과 원리를 통해 삶의 이야기를 나누며 자기주도적 인생을 디자인할 수 있는 역량을 길러주는 것이다. 수학교육의 구조는 크게 '내용적 이해'와 '설명적 이해' 그리고 '교육적 이해'로 구성된다.

이 땅에 존재하는 모든 학문은 인간의 삶을 중심으로 이루어져 있다. 따라서 수학뿐 아니라 모든 교과에 '스토리텔링' 교수학습법을 활용할 수 있다고 생각한다. '스토리'란 '무엇을 가르칠 것인가?'에서 '무엇을 나눌 것인가?'로 관점을 바꾸어 교과 내용을 전달하는 것이다. 즉 '인지적 언어'를 중심으로 '실생활 언어'와 '심미적 언어', '인문학적 언어'를 담아내는 것이다. '텔링'은 '어떻게 가르칠 것인가?'에서 '어떻게 의사소통 할 것인가?'로 관점을 바꾸어 Teaching + Learning + Sharing으로 이어지는 교수학습 과정을 말한다.

필자는 이러한 창의인성을 위한 융합탐구학습을 실현하기 위하여 'One stop 교육과정을 통한 진로 및 진학지도'라는 학습목표를 세우고 "수학은 인간의 삶을 해석하는 학문이다"라는 주제로 발표수업을 진행했다. 그리고 학생들과 함께 나누었던 행복한 수업 이야기를 《수학 개념과 원리로 떠나는 생각여행》이라는 한 권의 책으로 엮었다.

이 책은 학생들이 수학 개념과 원리를 통해 삶의 가치를 찾고 인문학적 사고력을 기를 수 있도록 돕는다. 예를 들어, 집합과 명제, 부등식의 영역이라는 교과 내용을 통해 삶의 기준, 즉 가치관의 중요성과 올바른 기준을 세우는 법을 배울 수 있다. 사칙연산과 이항연산에서는 사회적인 약속과 꿈을 위한 자신과의 약속의 중요성을 배울 수 있고, 도형의 방정식과 도형의 이동을 통해 현재 자신의 모습에서 꿈꾸는 자신의 모습을 향해 움직이는 법을 제시한다. 확률과 통계에서는 불확실한 삶 속에서 지혜와 역량을 강화하는 법을 찾을 수 있으며, 복소수, 유한집합과 무한집합의 관계를 통해 명확하고 분명한 수학을 넘어 상상과 추측을 통한 사고의 확장을 경험할 수 있다. 직접증명과 간접증명의 장단점을 통해 스스로 변호하고 증명할 수 있는 논리성을 갖출 수도 있다. 이처럼 수학 개념과 원리를 통해 인문학적으로 삶을 해석하는 방법을 함께 찾아간다.

이와 관련하여 수학사는 물론, 철학, 문학, 과학 등의 타 교과 내용과 연계된 독서활동까지 자연스럽게 다룬다. 평가 또한 수학교육의 중요한 요소이다. 이 책은 학생들의 생각을 이끌어내고 창의성과 인성의 역량을 위해 과정 중심 평가를 지향한다. 인지적 영역과 정의적 영역의 균형 있는 평가와 더불어 절대평가와 상대평가에 활용할 수 있는 다양한 형태의 문항들을 제시하여, 학생들은 물론 교사들도 수업에서 유용하게 활용할 수 있다. 이를 위한 평가 문항의 종류에는 객관식과 단답형, 서술형과 논술형, 구술형과 면접형 그리고 모의토론형 등이 포함된다.

교실수업은 학생과 교사가 함께 배워나가는 장이 되어야 한다. 이를 위해서는 학생이 수업의 중심이 되어야 하며, 교사는 학생들이 자율적으로 자기주도적 학습활동을 할 수 있도록 수업을 설계해야 한다. 자신의 생각과 상대의 생각을 마음껏 나눌 수 있도록 질문과 발문, 토의와 토론이 활발하게 이루어질 수 있는 수업 환경을 만들어주어야 한다. 이러한 진정한 수학교육을 꿈꾸며 이 책을 만들었다. 여러 가지로 부족함이 있겠지만 더 많은 이들과 나누고 싶은 마음으로 용감하게 세상에 내어놓는다.

고양외고 수석교사 박성은

차례

세 번째 생각여행

내 안의 카오스

네 번째 생각여행

다시 일어서게 하는 힘

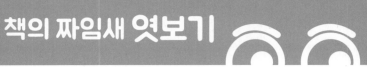

제시문

이 장의 수학 개념과 원리가 담긴 문제와 더불어, 인문학적으로 생각할 거리를 안겨주는 다양한 이 야기들을 제시합니다.

생각 던지기

제시문에 나타나는 객관적인 사실을 중심으로 질문을 던집니다. 인지적으로 제시문의 내용을 파악할 수 있도록 도와줍니다. 교사는 서술형 평가 문항으로 수업에 활용할 수 있습니다.

생각 넓히기

제시문에 인문학적으로 접근하여 더 깊이 생각해 볼 만한 질문을 던집니다. 정해진 정답이 있다기 보다는 자신의 생각과 언어로 답하는 문제입니다. 교사는 논술형 평가 문항으로 수업에 활용할 수 있습니다.

생각 나누기

'생각 던지기'와 '생각 넓히기'에서 던진 질문들 가운데 의견이 나뉠 수 있는 토론거리를 제시합니다. 친구들과 의견을 나누고 논리적으로 자신의 주장을 펼칠 수 있습니다. 교사는 수행평가와 구술면접형 평가 문항으로 활용할 수 있습니다.

수업 연계형 독서활동

주제 개념과 관련 있는 책을 선정하여 주요 구절과 내용, 책에 대한 감상을 소개합니다.

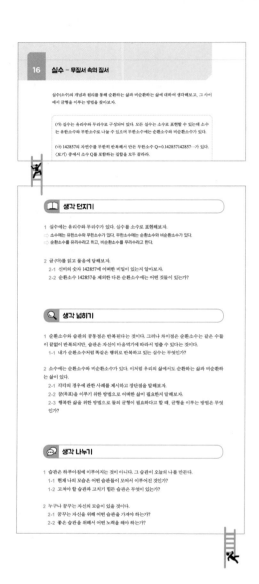

융합교과 탐구활동

제시문을 통해 드러나는 주제 개념이 타 교과에
서는 어떻게 다루어지는지 살펴보고, 그에 따른
인문학적 해석을 시도합니다.

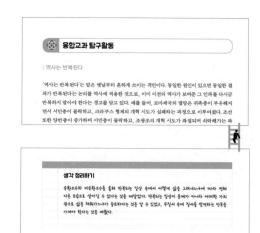

생각 정리하기

이 수업을 통해 학생들이 느낀 점, 자신의 진로와
관련해서 생각하는 발전 방향 등을 정리합니다.

창의인성을 위한 서술·논술형 문제

창의·인성과 연관된 서술·논술형 문제를 통해
생각을 확장하고 표현해봅니다.

기출문제 엿보기

실제 대입 논술에 기출된 문제를 엿볼 수 있습니
다. 하단에는 출제자의 의도를 함께 실어서 생각
의 길잡이가 되도록 합니다.

문제 풀이

이 장에 실린 문제들의 답과 풀이가 담겨 있습니
다. 창의적으로 본인의 생각을 펼쳐야 하는 문제
들은 제외하고, 수학적인 풀이 과정이 필요한 문
제들의 답을 찾아볼 수 있습니다.

첫 번째 생각여행

삶의 길은
누구나 첫길

01

도형의 넓이 – 거지(居地) 같은 인생

다각형의 정의와 성질을 통해 삶의 가치와 의미를 발견해보자.

(가) 선생님은 "똑같은 길이의 재료로 가장 넓은 공간을 확보하기 위한 평면도형은 무엇인가?"라는 질문을 던졌다. 이에 대해 한국이는 길이가 24m인 끈으로 정삼각형, 정사각형, 정육각형, 원 등의 도형을 만들어서 자신의 생각을 논리적으로 발표하여 칭찬받았다.

(나) 톨스토이의 우화 〈사람에게는 땅이 얼마나 필요한가〉에 나오는 소작농 파콤(Pakhom)은 자신의 땅에서 농사를 짓는 것이 꿈이었다. 그러던 어느 날, 땅의 주인인 마을 이장이 흥미로운 제안을 했다. "하루 동안, 즉 일출에서 일몰까지 걸어서 밟은 땅은 모두 당신 것이 됩니다. 하루 땅값은 1000루블입니다. 다만, 해지기 전까지 돌아오지 못하면 한 평도 받지 못하고 돈만 잃게 됩니다." 이장의 제안은 환상적이었다. 파콤은 땅 생각에 잠도 제대로 이룰 수 없었다.

　파콤은 해가 솟자마자 전력 질주하여 길을 걷기 시작했다. 13km쯤 달려가서 흙을 파고 표시한 다음 왼쪽으로 꺾어 12km를 가서 또 표시하고, 다시 직각으로 꺾어 8km를 갔다. 해가 넘어가려 하자 서둘러 돌아오기 위해 최선을 다해 뛰었지만 목적지까지는 아직 13km가 남아 있었다. 해가 거의 넘어갈 때쯤 겨우 출발점으로 돌아온 그는 그 자리에서 쓰러지고 말았다. 쓰러진 그에게 이장은 "장하오. 이제 저 넓은 땅은 당신 것이오"라고 말해주었다. 그러나 기력을 다한 파콤은 이미 죽어 있었다.

(다) 너희의 발바닥으로 밟는 곳은 다 너희의 소유가 되리니 너희의 경계는 곧 광야에서부터 레바논까지와 유브라데 강에서부터 서해까지라.

– 〈신명기〉 11:24

1 글 (가)를 읽고 물음에 답하여라.

   1-1 길이가 24m인 끈으로 가장 넓은 공간을 확보하기 위한 방법은 무엇인가?

   1-2 한국이가 만든 정삼각형, 정사각형, 정육각형, 원의 넓이를 구하여라.

   1-3 길이와 넓이 사이의 관계를 설명하여라.

2 글 (나)를 읽고 물음에 답하여라.

   2-1 파콤이 전력 질주하여 걸었던 땅은 어떤 모양의 도형인가?

   2-2 그 도형의 길이와 넓이를 구하여라.

   2-3 파콤은 꿈을 이룰 수 있는 기회를 놓치고 생명까지 잃고 말았다. 파콤이 비극적인 최후를 맞게 된 이유는 무엇이라고 생각하는가?

3 글 (나)와 (다)의 공통점을 찾고, 글 (가)를 이용하여 파콤의 소망을 이루는 방안을 서술하라.

🔍 생각 넓히기

1 내가 걸어온 삶에서 이상과 현실이 충돌한 적이 있었는가? 그때 어떠한 결정을 하였는가?

2 목표가 있으면 지치지 않는다. 열심히 목표를 향해 나아간다면 그에 따른 결과도 주어진다. 하지만 그 때문에 목숨을 잃어버린다면 무슨 소용이 있겠는가?

3 우리는 인생을 한 번 왔다가 가는 나그네 길이라고 한다. 그렇다면, 한 번뿐인 인생의 길에서 가장 중요한 것은 무엇인가?

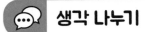

생각 나누기

1 꿈을 향한 인생에서 과정과 결과는 삶의 여정이다. 과정은 있으나 결과가 뜻대로 주어지지 않을 경우, 또한 과정과 결과가 뜻대로 주어지는 경우에 대하여 토론해보자.

2 누구에게나 꿈과 목표가 있지만, 현실의 장벽에 부딪히곤 한다. 욕심으로 인하여 꿈이 이상과 현실의 괴리 속에서 무너져 내릴 때, 우리는 어떻게 대처해야 할까?

3 '오늘'은 남이 걸어보지 않는 가장 소중한 선물이다. 이 선물을 우리는 어떻게 보내고 있는가?

4 꿈이 있다면 최선을 다해 열심히 살아가게 된다. 나에게 그러한 꿈은 무엇인가?

▌ 수업 연계형 독서활동   《다섯 가지 미래 교육 코드》

다음 세대는 지식의 반감기가 가속화되는 시대, 빠른 변화가 일어나는 시대, 평균 수명이 100세인 시대에 살게 될 것이다. 이에 적응하기 위해서는 변화에 대한 민첩성을 갖추고, 끊임없이 자신을 계발해야 한다. 또한 새롭게 발생하는 문제들을 해결하기 위해 평생 배움을 곁에 두어야 한다. 이를 위해서 공부를 잘하는 아이가 아닌 배움을 잘하는 아이로 키워야 한다. 몰입의 경험을 통해 배움의 즐거움을 느끼도록 해주고, 책 읽기를 평생 성장의 친구로 삼을 수 있도록 해주어야 한다.

학교에서 주로 다루는 문제는 '어떻게 하면 더 성적을 올릴 수 있을까' 또는 '어느 학교와 어떤 학과를 갈 것인가' 등 대부분 성적과 관련되어 있다. 하지만 대학 졸업 후에 직업을 6번이나 바꿔야 하는 변화의 시대에는 눈앞에 있는 입시만이 아니라 스스로 배우는 능력을 키우는 것이 더 중요하다. 이러한 점과 더불어 장래에 어떤 길을 갈 것인가, 그리고 어떤 교육을 할 것인가에 대해서도 이 책을 통해 생각해볼 수 있다.

김지영 | 소울하우스 | 2017

: 현실과 이상의 차이

윤동주의 〈서시〉

윤동주는 일제 강점기 지식인으로서 겪어야 했던 정신적 고통을 섬
세한 서정과 투명한 시심으로 노래한 시인이다. 〈서시〉의 주제는 '현
실적 존재의 슬픔이 어디에서 나온 것인가'에 대한 끊임없는 탐구 과
정이라고 할 수 있다. 시에는 자신이 처한 현실에 대하여 소극적이고
자책적이며 어떤 경우 자기 분열의 상태에 이르기까지 하는 인식도
드러나지만, 여기에 그치진 않는다. 그의 시는 근본적으로 그의 생
애의 흐름과 일치하게 발전하는데, 개인적 자아 성찰에서 역사와 민
족의 현실에 대한 성찰로 인식이 확대되는 것이다. 〈서시〉에는 민족

의 해방을 기다리며 자신의 부끄러움 없는 삶을 위해 죽을 때까지 시대적 양심을 잃지 않은 시
인으로서 살아가겠다는 그의 이상이 담겨 있다.

플라톤의 철학과 수학

플라톤이 아카데미아를 설립하였을 때, 그는 제자들과 함께 3차원 도형을 연구하였다. 어느
날, 한 제자가 플라톤에게 완벽한 3차원 도형이 있을 수 있는지 물었다. 플라톤은 세상에 존재
하는 완벽한 3차원 도형은 다섯 가지밖에 없다고 답했다. 이 도형들은 세상을 이루는 기초라고
말하며 각각의 정다면체들을 당시에 우주를 이루는 5원소라 밝혀진 불, 바람, 물, 흙, 공기와
접목시켰다.

정육면체: 흙	정이십면체: 물	정팔면체: 바람	정사면체: 불	정십이면체: 우주

　플라톤은 부피와 면의 관계는 각각 건조함과 축축함의 정도를 나타낸다고 여겼다. 이 중 가
장 건조한 것이 불인데, 정사면체의 부피는 다섯 가지 정다면체 중 가장 작으므로 불을 나타내
는 것이고, 같은 방식으로 생각하여 가장 축축한 것이 물이므로 정이십면체는 물을 나타낸다

고 설명했다. 가장 안정적이라고 생각되는 정사각형 위에 안정적인 수인 4개의 정사각형이 세워져 있는 정육면체는 흙에 해당하며, 정팔면체는 마주보는 꼭짓점을 잡고 쉽게 돌릴 수 있으므로 공기의 불안정성을 나타낸다고 생각했다. 정십이면체는 12개의 면을 가지기 때문에 별자리 12궁을 뜻하기도 하고, 12달인 1년과 연관성이 있어 우주와 결합된다고 설명하기도 했다. 이처럼 플라톤은 정다면체에 의미를 부여하여 현실의 영역인 기하학과 이상의 영역인 철학을 융합한 것이라 볼 수 있다.

생각 정리하기

처음에는 제시문을 완벽히 이해하고 그에 따른 질문들을 만들며 독서활동을 해야 하기 때문에 시간이 오래 걸릴 수밖에 없었다. 하지만 친구들과 함께 토론하다 보니 내게도 다양하고 창의적으로, 또 논리적으로 생각할 수 있는 능력이 있음을 발견하고 깜짝 놀랐다.

이 수업을 통해 '공부란 의미를 발견하고 의미를 부여하는 것'이라는 사실을 깨달았고, 시험을 위한 공부가 아니라 교과 속에 담긴 학문의 본질과 인간의 삶에 미치는 영향 등을 알아가기 위한 공부를 해야겠다는 생각을 했다. 또한 '이상'과 '현실'의 두 갈래 길 사이에서 균형을 유지할 수 있는 방법을 고민해볼 수 있었다.

삼각형, 사각형, 육각형, 원을 사랑에 비유하여 원으로 갈수록 둥근 마음을 가졌으며, 원이 최대의 넓이를 가지는 것처럼 둥근 마음으로 많은 것을 포용할 수 있는 사람이 되어야겠다고 생각했다.

다음 글을 읽고 물음에 답하여라.

(가) 선생님은 "똑같은 길이의 재료로 가장 넓은 공간을 확보하기 위한 평면도형은 무엇인가?"라는 질문을 던졌다. 이에 대해 한국이는 길이가 24m인 끈으로 정삼각형, 정사각형, 정육각형, 원 등의 도형을 만들어서 자신의 생각을 논리적으로 발표하여 칭찬받았다.

(나) 톨스토이의 우화 〈사람에게는 땅이 얼마나 필요한가〉에 나오는 소작농 파콤(Pakhom)은 자신의 땅에서 농사를 짓는 것이 꿈이었다. 그러던 어느 날, 땅의 주인인 마을 이장이 흥미로운 제안을 했다. "하루 동안, 즉 일출에서 일몰까지 걸어서 밟은 땅은 모두 당신 것이 됩니다. 하루 땅값은 1000루블입니다. 다만, 해지기 전까지 돌아오지 못하면 한 평도 받지 못하고 돈만 잃게 됩니다." 이장의 제안은 환상적이었다. 파콤은 땅 생각에 잠도 제대로 이룰 수 없었다.

파콤은 해가 솟자마자 전력 질주하여 길을 걷기 시작했다. 13km쯤 달려가서 흙을 파고 표시한 다음 왼쪽으로 꺾어 12km를 가서 또 표시하고, 다시 직각으로 꺾어 8km를 갔다. 해가 넘어가려 하자 서둘러 돌아오기 위해 최선을 다해 뛰었지만 목적지까지는 아직 13km가 남아 있었다. 해가 거의 넘어갈 때쯤 겨우 출발점으로 돌아온 그는 그 자리에서 쓰러지고 말았다. 쓰러진 그에게 이장은 "장하오. 이제 저 넓은 땅은 당신 것이오"라고 말해주었다. 그러나 기력을 다한 파콤은 이미 죽어 있었다.

(다) 사람이 만일 온 천하를 얻고도 제 목숨을 잃으면 무엇이 유익하리요. 사람이 무엇을 주고 제 목숨과 바꾸겠느냐?

– 〈마태복음〉 16:26

1 글 (가)에서 한국이는 길이가 24m인 끈으로 정삼각형, 정사각형, 정육각형, 원의 도형을 만들었다.

　1-1 넓이를 구하는 과정을 서술하여라.

　1-2 길이와 넓이는 어떤 관계인가?

2 글 (나)를 읽고 다음에 답하여라.

2-1 파콤이 하루 동안 걸었던 도형의 넓이를 구하고, 그 과정을 서술하여라.

2-2 파콤이 걸었던 46km 만큼의 도형과 동일한 넓이를 원 모양으로 걷는다면 얼마나 걸으면 되는지 설명하여라. 단, $6.33^2\pi=126$으로 계산한다.

2-3 파콤은 꿈이 있었기에 최선을 다해서 뛸 수 있었다. 하지만 욕심이 지나쳐 생명을 잃고 말았다. 파콤의 이야기에서 배울 수 있는 교훈을 제시하여라.

2-4 자신이 추구하는 꿈을 제시하고, 그 꿈을 이루기 위해 어떠한 삶을 살아갈 것인지 서술하여라.

3 글 (나)에서 파콤은 꿈이 있었기에 최선을 다해 뛰었고 꿈을 이루었다. 하지만 생명을 잃고 말았다.

3-1 파콤의 이야기에서 배울 수 있는 교훈을 글 (가)와 (다)에 근거하여 키워드로 제시하여라.

3-2 자신이 추구하고자 하는 꿈을 제시하고, 그것을 이루기 위해 어떤 삶을 살아갈 것인지 서술하여라.

◆ 생각 던지기

1-1 일정한 길이의 끈으로 원을 만들었을 때 가장 넓은 공간을 확보할 수 있다.

넓이는 $\pi \times (\dfrac{12}{\pi})^2 = \dfrac{144}{\pi^2}$ m²

1-2 정삼각형은 $16\sqrt{3}$ m², 정사각형은 36 m², 정육각형은 $24\sqrt{3}$ m², 원은 $\dfrac{144}{\pi^2}$ m²이다.

1-3 한 변의 길이가 짧을수록 넓이는 넓어지므로 길이와 넓이는 반비례 관계이다.

2-3 그는 욕심 때문에 생명을 잃었다고 할 수 있다. 하지만 한편으로 수학적 지혜가 없었기 때문이기도 하다. 수학적 지혜가 있었다면 그가 걸어왔던 땅을 소유하면서도 생명을 잃지 않았을 것이다. 즉, 다른 도형을 그리며 걸었더라면 상황은 바뀌었을 것이다. 파콤이 걸었던 만큼의 토지를 갖는다는 조건하에서 생각해보면 같은 거리만큼을 사다리꼴이 아닌 원 모양으로 걸으면 된다.

파콤은 당장 눈앞의 이익인 토지의 크기만을 생각해 돌아와야 한다는 점을 잊은 채 계속해서 걸어나갔다. 그 때문에 다시 원래 자리로 돌아갈 때 힘겨움을 느끼고 죽고 만 것이다. 만약 파콤이 앞으로 걷다 옆으로 꺾지 않고, 일정한 반지름이 있는 원 모양으로 걸었더라면 그가 돌아와야 할 거리가 상대적으로 줄어들었을 것이고, 해가 지기 전까지 무리하지 않고 돌아올 수 있었을 것이다.

◆ 창의인성을 위한 서술·논술형 문제

1-1 길이가 24m인 끈으로 도형을 만들 때, 한 변의 길이와 넓이를 구하는 방법은 다음과 같다.

정삼각형의 한 변의 길이는 $24 \div 3 = 8$ m, 넓이는 $8^2 \times \dfrac{\sqrt{3}}{4} = 16\sqrt{3}$ m²이다.

정사각형의 한 변의 길이는 $24 \div 4 = 6$ m, 넓이는 $6 \times 6 = 36$ m²이다.

정육각형의 한 변의 길이는 $24 \div 6 = 4$ m, 넓이는 $\left(4^2 \times \dfrac{\sqrt{3}}{4}\right) \times 6 = 24\sqrt{3}$ m²이다.

원의 반지름의 길이는 $24 \div 2 \div \pi = \dfrac{12}{\pi}$ m, 넓이는 $\left(\dfrac{12}{\pi}\right)^2 = \dfrac{144}{\pi^2}$ m²이다.

1-2 위 풀이를 통해 한 변의 길이가 짧을수록 넓이는 넓어짐을 알 수 있다. 따라서 길이와 넓이는 반비례 관계이다.

2-1 파콤이 걸은 총 거리는 13km＋12km＋8km＋13km＝46km이다. 그가 걸은 땅의 모양은 사다리 꼴로 나타낼 수 있는데, 바로 밑변(13km), 윗변(8km), 높이(12km)에 나머지 한 변의 길이가 13km인 도형이다. 따라서 파콤이 하루 동안 걸었던 사다리꼴의 넓이는 (13＋8)×12÷2＝126km²이다.

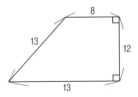

2-2 126km²이 원 모양이라면 '원의 넓이＝반지름×반지름×원주율(π)'이므로 126＝πr^2이다.
$r^2 = \dfrac{126}{\pi} \fallingdotseq 40.127$이므로 반지름 $r \fallingdotseq 6.33$km이다.
지름이 12.66km인 원의 둘레 $2\pi r \fallingdotseq 39.8$km이다.
그러므로 파콤이 원 모양으로 걸었더라면 39.8km만 걸어도 사다리꼴 형태로 46km를 걸은 것과 같은 넓이의 땅을 가질 수 있었을 것이다.

02

부등식의 성질 – 바뀌어야 할 것과 바뀌지 말아야 할 것

부등식의 성질을 통해서 눈에 보이는 크기보다 그 너머의 크기를 볼 수 있는 삶의 지혜를 찾아 보자.

(가) 두 실수 a, b 사이에는 반드시 대소 관계가 존재한다. 이에 대하여 부등식이 바뀌는 경우와 바뀌지 않는 경우가 있다.

(나) 0이 아닌 세 실수 a, b, c에 대하여 $a < b$일 때, 〈보기〉에서 항상 옳은 것을 모두 골라라.

> **보기**
>
> ㄱ. $\dfrac{1}{a} > \dfrac{1}{b}$　　　　　　ㄴ. $\dfrac{a}{c} < \dfrac{b}{c}$
>
> ㄷ. $ac^2 < bc^2$　　　　　　ㄹ. $|a| < |b|$

(다) 나폴레옹은 "작은 고추가 맵다"는 말의 상징적인 인물로 인식된다. 하지만 나폴레옹의 키는 생각만큼 작지 않았다. 180cm는 안됐지만 당시로서는 평균 키에 해당하는 169cm였다. 그런데 왜 우리는 나폴레옹을 단신으로 기억하는 것일까? 거기에는 몇 가지 이유가 있다. 그중 하나는 당시 나폴레옹을 경호하던 황실 근위병들의 키가 너무 커서 상대적으로 작아보였을 것이라는 이유다. 또 다른 이유로는 나폴레옹 사망 직후 부검의가 그의 키를 5피트 2인치라고 공식적으로 발표했기 때문이다. 이 수치를 cm로 환산하면 고작 158cm에 불과한데, 이 같은 오해가 발생한 것은 부검의가 프랑스에서 예전에 사용하던 피트 단위로 발표했기 때문이다. 또한 ㉠"땅에서 재면 가장 작은 키이지만 하늘에서 재면 가장 큰 키다"라는 나폴레옹의 말은 생각을 전환하면 단점을 장점으로 승화시킬 수 있다는 긍정적인 마인드를 나타낸 말이었다. 이처럼 우리가 조심해야 할 것은 어떠한 편견에 갇혀서 생각하는 것이다.

(라) 숫자 8과 9가 있었다. 어느 날, 숫자 9는 숫자 8에게 "너는 나보다 절대 커질 수 없어!"라며 놀려댔다. 그렇다면, 숫자 8은 이러한 현실에서 어떻게 해야 할까?

📖 생각 던지기

1 실수란 대소 관계가 있는 집합이다. 부등식의 성질을 말하여보자.

두 실수 $a < b$에 대하여,

- 부등식이 바뀌지 않는 경우

1) $a \pm c < b \pm c$

2) $a \times c < b \times c$ (단, $c > 0$)

3) $\dfrac{a}{c} < \dfrac{b}{c}$ (단, $c > 0$)

4) $\dfrac{1}{a} < \dfrac{1}{b}$ (단, $a < 0, b > 0$)

- 부등식이 바뀌는 경우

1) $a \times c > b \times c$ (단, $c < 0$)

2) $\dfrac{a}{c} > \dfrac{b}{c}$ (단, $c < 0$)

3) $\dfrac{1}{a} > \dfrac{1}{b}$ (단, a, b가 같은 부호)

2 나폴레옹은 "작은 고추가 맵다"는 말의 상징적인 인물이 되었다.

2-1 글 (다)에서 '작은 고추'와 '맵다'에 대한 근거를 제시하여라.

2-2 나폴레옹이 자신의 단점을 장점으로 마인드컨트롤 했던 밑줄 친 ㉠의 내용에 대하여 부등식의 성질과 연결하여 설명하여라.

2-3 ㉠의 내용에 논리적 모순이 있는지 판별하고, 그에 따른 자신의 생각을 주장하여라.

3 빌게이츠의 말을 빌리면 "Change is Chance!"라고 한다.

3-1 부등식의 성질에서 부등식이 바뀌지 않는 경우에 대하여 어떻게 반론하겠는가?

3-2 부등식의 성질에서 부등식이 바뀌는 경우에 대하여 설명하여라.

4 글 (라)에 대하여, 다음 글을 읽고 물음에 답하여라.

하나님께서 세상의 미련한 것들을 택하사 지혜 있는 자들을 부끄럽게 하시고 세상의 약한 것들을 택하사 강한 것들을 부끄럽게 하려 하시며.　- 〈고린도전서〉 1:27

4-1 숫자 '9'가 놀려대는 것에 대하여, 숫자 '8'의 입장에서 그 상황을 극복할 방안을 3가지 이상 제시하여 설명하여라. 예컨대, 숫자 '8'이 누우면 무한대가 되기에 숫자 '9'를 부끄럽게 할 수 있다.

🔍 생각 넓히기

1 실수의 세계에는 반드시 대소관계가 있다. 이처럼 어쩔 수 없이 비교하고 비교당하는 우리들의 모습을 어떻게 설명하겠는가?

2 부등식이 바뀌는 경우와 바뀌지 않는 경우가 있다.

  2-1 내 삶에 바뀌지 말아야 할 것은 무엇인가?

  2-2 내 삶에 바뀌어야 할 것은 무엇인가?

3 어떤 환경에서 태어났는지가 인생을 결정한다는 의미를 내포하는 '금수저'와 '흙수저'라는 말이 있다. 아무리 노력을 해도(더하고, 빼고, 곱하고, 나누고, 역수) 바뀌지 않는 세상, 혹은 노력에 따라 바뀌는 세상이 있다면, 각각에 대하여 나는 어떠한 자세를 가지고 살아갈 것인가?

4 나폴레옹의 키가 실제보다 작다고 알려진 것은 늘 붙어 있는 근위병들에 비하여 상대적으로 작아보였다는 점과 부검의의 공식 발표에 대한 오해 때문이었다. 이와 비슷한 일을 내 삶에서 경험한 사례와 그때의 마음 상태를 나누어보자.

💬 생각 나누기

1 실수의 세계에는 반드시 대소관계가 있다. 인간이 살아가는 세상에서도 이처럼 서로를 비교하게 된다. 이를 통해 더 발전하기도 하지만 한편으로 상처를 주고받기도 한다. 어떻게 하면 윈-윈(win-win)의 관계가 될 수 있겠는가?

2 우리 사회가 바뀌었으면 하는 것과 바뀌지 말아야 하는 것이 있다면 무엇인가?

  2-1 그 이유를 나누어보자.

3 노력해서 되는 경우와 되지 않는 경우가 있다면 무엇인가?

  3-1 이에 대한 우리 삶의 자세는 무엇인가?

"쓸데없는 일을 하지 않기로 결심하고 정말로 중요한 일에 의지력을 집중시키면 누구라도 기회를 잡을 수 있다. 우리는 우리가 해야 할 행동과 더불어 하지 말아야 할 일 또한 지켜내야 한다."

내가 해야 하는 일과 하지 말아야 할 일, 이 중 하나에만 신경 쓰기에도 벅찰 때가 많다. 하지만 이 두 가지를 모두 신경 쓰고 챙기기 시작할 때 비로소 내 인생의 근이 나온다는 것을 알게 됐다. 더불어, 내가 해야 하는 일을 하는 것도 중요하지만 마지노선을 정하고 그것을 어기지 않는 것 역시 매우 중요하다는 것을 깨달았다.

이구치 아키라 | 생각의날개 | 2017

 융합교과 탐구활동

: 금단(禁斷)의 열매와 마지노선

아담과 하와는 선악을 알게 하는 나무에서 열리는 과실, 일명 '금단의 열매'를 따 먹었다. 하나님께서는 최초의 인류에게 이 열매를 먹는 것을 금하셨으나 그들은 명령을 어기고 말았다. 불순종의 결과 그들은 에덴동산에서 추방되었고 또 고통과 죽음을 맛보게 되었다. (〈창세기〉 2:15~3:24)

1 아담과 하와가 저지른 일에 대해 생각해보자.

   1-1 그들이 저지른 잘못은 무엇인가?

   1-2 왜 그런 잘못을 저질렀나?

   1-3 아담과 하와의 이야기를 통해 내가 고쳐나가야 할 점은 무엇인가?

   1-4 내가 지켜야 할 마지노선은 무엇인가?

생각 정리하기

지문의 글 (다)를 보면, 숫자 8과 숫자 9의 현실에서 8은 언제나 9보다 작을 수밖에 없다. 여기에 머무르지 않으려면 8은 어떻게 해야 할까?

첫째, 옆으로 누우면 무한대(∞)가 된다. 겸손할수록 커지는 자신을 만나게 된다.
둘째, 양변에 음수를 곱하거나 역수를 취하면 부등식이 바뀐다.
셋째, 9보다 1 이상의 더 큰 노력을 한다.

이처럼 내 앞의 현실에 좌절하고 안주하는 것이 아니라 스스로 노력할 수 있는 일이 무엇인지 알고, 누군가와 협력하여 그 상황을 극복할 수 있는 방안을 찾아야 한다는 것을 배웠다. 한편, 똑같은 수를 더하거나 빼거나 곱하거나 나눈 경우와 같이, 똑같은 정도의 노력만 한다면 아무리 시간이 지나도 바뀌는 것은 없음을 깨달았다.

나는 하지 말아야 할 것이 더 중요하다고 생각한다. 해야 할 것은 언제든 다시 만회할 수 있는 것들이 많지만 하지 말아야할 것을 했을 때에는 돌이킬 수 없는 경우가 많기 때문이다. 후회가 적은 삶을 살아가기 위해서는 반드시 하지 말아야 할 마지노선을 정하고 이를 잘 지키는 것이 중요하다.

📝 창의인성을 위한 서술·논술형 문제

1 다음은 중간고사 문제와 그에 대한 갑과 을의 대화 내용이다. 물음에 답하여라.

[중간고사 문제]
0이 아닌 세 실수 a, b, c에 대하여 $a < b$일 때, 〈보기〉에서 항상 옳은 것을 모두 고른 것은?

보기
ㄱ. $\dfrac{1}{a} > \dfrac{1}{b}$ ㄴ. $\dfrac{a}{c} < \dfrac{b}{c}$
ㄷ. $ac^2 < bc^2$ ㄹ. $|a| < |b|$

갑: 중간고사에서 부등식의 성질에 관한 문제가 출제되었는데 부등식의 기본성질이 뭐야?
을: 양변에 똑같은 수를 더하거나 빼거나 곱하거나 나누어도 변하지 않는다.
갑: 그럼 $\dfrac{a}{c} < \dfrac{b}{c}$ 는 왜 틀린거야?
을: 곱하거나 나눌 때는 0이 아닌 양수여야 해.
갑: 아직도 이해가 안 되는 것이 있는데, 0이 아닌 세 실수 a, b, c에 대하여 $a < b$일 때 $\dfrac{1}{a} > \dfrac{1}{b}$ 이 성립하지 않는 이유를 모르겠어.
을: 나는 $|a| < |b|$ 이 성립하지 않는 이유를 모르겠어.

1-1 갑이 이해하지 못하는 이유를 반례를 들어 설명하라.

1-2 을이 이해하지 못하는 이유를 반례를 들어 설명하라.

1-3 소통을 위한 자신의 생각을 서술하라.

2 다음 글에 대하여 물음에 답하여라.

"땅에서 재면 가장 작은 키이지만 하늘에서 재면 가장 큰 키다"라는 나폴레옹의 말은 생각을 전환하면 단점를 장점으로 승화시킬 수 있다는 긍정적인 마인드를 나타낸 말이었다.

2-1 쟁점이 무엇인지 부등식의 성질을 이용하여 서술하라.

2-2 나폴레옹의 생각이 옳다면 부등식의 성질을 이용하여 설명하라.

2-3 나폴레옹의 생각이 잘못되었다면 부등식의 성질에 근거하여 설명하라.

2-4 이 문제를 통해 배울 수 있는 교훈은 무엇인지 서술하라.

◆ 창의인성을 위한 서술 · 논술형 문제

1-1 두 실수 a, b가 서로 다른 부호인 경우에는 $a < b$면 $\dfrac{1}{a} < \dfrac{1}{b}$이 성립한다.
예컨대, a = –3, b = 2

1-2 양수와 음수 관계일 때 식은 성립할 수 없다.
ex) a = –2, b = 1일 경우, 절댓값 $|a| = 2$ $|b| = 1$이므로 $|a| > |b|$

2-1 자신의 신장 < 전체 높이 – 자신의 신장

방정식의 개념과 원리를 통해 사명(使命)과 소명(召命)에 대한 의미를 발견하고 그에 따른 삶의 자세를 찾아보자.

(가) 현명한 세 딸을 둔 상인이 있었다. 상인은 90개의 사과를 가져와 첫째에게 50개, 둘째에게 30개, 셋째에게 10개를 나누어주면서, 사과를 팔아 오되 만일 첫째가 10개를 1원에 팔면 둘째, 셋째도 똑같이 10개를 1원에 팔아야 한다는 조건과 팔아서 번 돈은 세 딸이 모두 같아야 한다는 조건을 달았다. 현명한 세 딸은 어떻게 아버지의 뜻을 이루었을까?

(나) 어떤 사람이 타국에 갈 때 자신의 종들을 불러 한 사람에게는 금 다섯 달란트를, 다른 한 사람에게는 두 달란트를, 또 다른 한 사람에게는 한 달란트를 각각 그 재능대로 주고 떠났다. 다섯 달란트와 두 달란트 받은 자는 그것으로 장사를 해서 각각 다섯 달란트와 두 달란트의 이익을 남기고 '착하고 충성된 종'이라고 칭찬을 받았다. 그러나 한 달란트 받은 자는 땅을 파고 받은 한 달란트를 감추어두었다가 그대로 가져와서 '악하고 게으른 종'이라는 책망을 받았다. 이에 대하여 성서에는 "무릇 있는 자는 받아 풍족하게 되고 없는 자는 그 있는 것까지 빼앗기리라. 이 무익한 종을 바깥 어두운 데로 내쫓으리라 거기서 슬피 울며 이를 갈리라"라고 기록되어 있다.

– 〈마태복음〉 25:14~30

(다) Equality doesn't mean justice

Equality　　　Justice

1 글 (가)를 읽고 다음 물음에 답하여라.

    1-1 아버지는 왜 세 딸에게 사과를 다르게 주었을까?

    1-2 세 딸이 똑같은 수익을 얻는 방법은 무엇인가?

    1-3 아버지의 행동을 통해 알 수 있는 평등과 불평등이란 무엇인가?

    1-4 자녀들의 입장에서 보면 아버지의 뜻을 헤아리기 이전에 서운한 감정을 가질 수 있다.
아버지가 세 딸에게 이런 조건을 말한 의도는 무엇일까?

2 글 (나)에서 주인은 종들의 재능에 따라 다르게 달란트를 맡긴다.

    2-1 착하고 충성된 종과 악하고 게으른 종의 기준은 무엇인가?

    2-2 제시문 속에서 드러나는 평등과 불평등에 대하여 설명해보자.

3 (다) 그림을 보고 다음에 대하여 생각해보자.

    3-1 평등이란 무엇인가?

    3-2 정의란 무엇인가?

    3-3 평등에는 절대적 평등과 상대적 평등이 있다. 이와 관련하여 정의를 설명하라.

1 '일체유심조(一切唯心造)'란 마음이 모든 것을 지어낸다, 즉 모든 것은 마음먹기에 달렸다
는 뜻이다.

    1-1 나에게 주어진 조건이 불공평하다면 어떻게 할 것인가?

    1-2 모든 것은 마음먹기에 달렸다고 여기며 끝까지 노력할 수 있는가?

2 내게 주어진 능력은 얼마나 될까?

    2-1 '소명'과 '사명'의 뜻을 정의하고 예를 들어 설명하여라. '소명의식'과 '사명의식'은 누구
에게나 적용되는 말은 아니다. 어떤 사람에게 주어지는 선물인가?

2-2 글 (나)에서 악하고 게으른 사람, 착하고 충성된 사람이라는 평가의 기준은 무엇이며, 결과에 대한 책임은 누구에게 있는가?

2-3 글 (나)에서 '바깥 어두운 데로 내쫓겨 거기서 슬피 울며 이를 가는 삶'이란 어떤 의미인가?

💬 생각 나누기

1 사회에서 서로 다른 조건, 즉 차별적인 조건에서 같은 결과를 요구한다면 어떻게 할 것인가?

  1-1 무엇이 문제인지 사례를 들어 설명해보자.

2 부익부 빈익빈의 원리에 대하여 어떻게 받아들일 것인가?

  2-1 부익부 빈익빈의 현상은 무엇 때문인가?

  2-2 부익부 빈익빈 현상의 원인은 개인에게만 있을까?

  2-3 부익부 빈익빈 문제에 대한 해결 방안을 생각해보자.

3 다음 그림을 보고 우리가 추구해야 할 가치는 무엇인지 토론해보자.

Equality   Justice

  3-1 '일체유심조(一切唯心造)'란 마음이 모든 것을 지어낸다, 즉 모든 것은 마음먹기에 달렸다는 뜻이다. 그럼에도 불구하고 그림과 같은 경쟁을 요구한다고 할 때, 공평과 정의가 어떻게 다른지 설명하여라.

  3-2 주어진 조건이 불공평하다면 나는 어떻게 할 것인가?

  3-3 모든 것은 마음먹기에 달렸다고 다짐하며 끝까지 노력할 수 있는가?

  3-4 공평과 정의라는 두 가지 상황이 있다면 어떤 선택을 할 것인지 사례를 들어 설명하여라.

수업 연계형 독서활동 《마음챙김 학습혁명》

'마음챙김'의 특징은 계속해서 새로운 범주를 만드는 것이다. 이는 열린 마음으로 새로운 정보를 받아들이는 것으로, 여러 가지 다른 관점이 존재할 수 있다는 사실을 인정하는 것이다. '마음챙김'과 반대되는 개념으로 '마음놓침(mindlessness)'이 있다. '마음놓침'이란 기존 범주에 갇혀서 새로운 신호에 반응하는 걸 막는 습관화된 행동을 뜻한다.

일체유심조라는 말을 교육 분야와 융합시켜 생각하니 '마음챙김'이란 말이 와닿았다. 마음챙김 학습법을 통해 기존에 가지고 있던 통념에서 벗어나는 것이 필요함을 알게 되었다.

엘렌 랭어 | 더퀘스트 | 2016

융합교과 탐구활동

: 기쁨으로 거두는 삶

눈물 흘리며 씨를 뿌리는 자는 기쁨으로 거두리로다.　　– 〈시편〉 126:5

1 서로 다른 조건에도 불구하고 최종적으로는 같은 수익을 얻었던 현명한 세 딸의 모습을 위의 성경 구절과 비교했을 때, 유사한 점은 무엇인가?

　1-1 제시문에서 세 딸의 모습을 통해 얻을 수 있는 인생의 교훈은 무엇인가?

　1-2 위의 구절이 전하고자 하는 메시지와 '일체유심조' 간의 공통점은 무엇인가?

　1-3 위의 구절에서 씨를 뿌리는 행위는 현재 나의 어떤 모습에 해당하는가?

: 클라인병과 사회적 기업의 상관관계

두 개의 뫼비우스 띠의 가장자리를 붙이면 클라인병이 된 다. 이것은 안과 밖의 구분이 없으며 물을 담을 수 없다. 자 본주의 사회에서 생산자와 소비자의 관계를 클라인병과 같은 새로운 관점으로 적용해보자. 이익을 추구해야 하는 생산자와 기업이 이익을 다시 소비자에게 돌려주는 체계 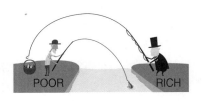 로 전환된다면 소비자의 소비가 다시 소비자에게 이익으로 돌아오게 된다. 생산과 소비, 기업 의 이익과 소비자의 이익이 돌고 도는 클라인병과 같은 경제구조가 형성된다면 소득의 격차를 줄일 수 있을 것이다.

생각 정리하기

세상에는 모든 일이 똑같은 조건으로 시작하는 경우도 있지만, 한편으로는 처음부터 서로 다른 조 건에서 출발하는 경우도 있다. 중요한 것은 내가 어떤 마음으로, 혹은 어떤 시각으로 그것을 바 라보느냐에 따라 전혀 다른 결과를 가져올 수 있다는 사실이다. 이와 같은 것을 일체유심조 라고 한다. 불공평한 조건이라고 해서 불평하며 낙심하거나 포기하는 것이 아니라 마음가짐에 따라 충분히 더 나은 결과를 낼 수 있다는 것을 명심하면 어떤 어려운 조건 속에서도 잘 헤 쳐나갈 수 있다.

창의인성을 위한 서술·논술형 문제

(가) 현명한 세 딸을 둔 상인이 있었다. 상인은 90개의 사과를 가져와 첫째에게 50개, 둘째 에게 30개, 셋째에게 10개를 나누어주면서, 사과를 팔아 오되 만일 첫째가 10개를 1원에 팔면 둘째, 셋째도 똑같이 10개를 1원에 팔아야 한다는 조건과 팔아서 번 돈은 세 딸이 모 두 같아야 한다는 조건을 달았다. 현명한 세 딸은 어떻게 아버지의 뜻을 이루었을까?

(나) 어떤 사람이 타국에 갈 때 자신의 종들을 불러 한 사람에게는 금 다섯 달란트를, 다른 한 사람에게는 두 달란트를, 또 다른 한 사람에게는 한 달란트를 각각 그 재능대로 주고 떠났다. 다섯 달란트와 두 달란트 받은 자는 그것으로 장사를 해서 각각 다섯 달란트와 두 달란트의 이익을 남기고 '착하고 충성된 종'이라고 칭찬을 받았다. 그러나 한 달란트 받은 자는 땅을 파고 받은 한 달란트를 감추어두었다가 그대로 가져와서 '악하고 게으른 종'이라는 책망을 받았다. 이에 대하여 성서에는 "무릇 있는 자는 받아 풍족하게 되고 없는 자는 그 있는 것까지 빼앗기리라. 이 무익한 종을 바깥 어두운 데로 내쫓으리라 거기서 슬피 울며 이를 갈리라"라고 기록되어 있다.

– 〈마태복음〉 25:14~30

(다) Equality doesn't mean justice

Equality   Justice

1 글 (가)에서 현명한 세 딸은 아버지의 뜻을 어떻게 해결했을까?

1-1 아버지의 조건은 무엇인가?

1-2 세 딸이 똑같은 돈을 벌 수 있는 방법을 서술하여라.

1-3 아버지의 의도가 무엇인지 키워드를 제시하여 자신의 생각을 서술하여라.

2 글 (가)와 (나)에서 공통점과 차이점을 서술하여라.

2-1 '아버지'와 '주인'이 딸들과 종들에게 각 사람에 따라 다르게 일을 맡긴 이유는 무엇인가? 처음부터 차별 대우를 하는 것이라 생각한다면, 이때 어떻게 하겠는가?

2-2 글 (가)에서는 같은 이익을 말하고 있지만, 글 (나)에서는 서로 다른 평가를 하고 있다. 그 기준은 무엇인가?

2-3 글 (나)에서 '악하고 게으른 종'과 '착하고 충성된 종'으로 구분하고 있다. 그 이유를 서술하고, 이러한 상황에 있다면 어떻게 할지 서술하라.

3 각각 다른 조건으로 일을 맡기고서 글 (가)에서는 같은 결과를 요구하고, 글 (나)에서는 서로 다른 평가를 하고 있다. 이에 대한 원인과 대안을 그림 (다)에서 찾아보자.

3-1 평등과 정의가 무엇인지 각각 설명하여라.

3-2 평등에는 절대적 평등과 상대적 평등이 있다. 이와 관련하여 정의를 설명하라.

3-3 공평과 정의라는 두 가지 상황이 있다면 어떤 선택을 할 것인지 사례를 들어 설명하여라.

4 글 (가)의 제시문을 통해 대한이와 민국이는 글 (나)를 근거로 다음과 같이 주장한다.

대한: 아버지는 세 딸에게 '기회의 균등'을 제시한 것이다.
민국: '기회의 균등'과 '분배의 균등'이 모두 중요한데 아버지는 '분배의 균등'을 간과한 것이다.

이에 대하여 '기회는 평등하고, 과정은 공정하고, 결과는 정의로울 것이다'라는 문재인 대통령의 취임사를 실천하기 위한 방안이 무엇인지 그림 (다)를 근거로 자신의 생각을 서술하여라.

5 n 사람이 참여한 분배에서 각 사람이 적어도 전체의 1/n을 차지했다고 생각할 때 '공평한 분배'라고 하는데, 이때 나누는 사람과 선택하는 사람은 반드시 서로 구별되어야 한다. 그리고 분배에 참여하는 사람은 분배 대상물(예를 들면 케이크)의 크기로 판단하는 것이 아니고, 그것의 가치로 공평함 여부를 판단하게 된다. 이에 근거하여 다음 물음에 답하여라.

5-1 파티에 참석한 세 사람 A, B, C가 생일 케이크를 공평하게 나누려 한다. 다음 〈표1〉과 〈표2〉는 A가 나눈 조각1, 조각2, 조각3에 대하여 A, B, C가 각각 생각하는 가치비율이다. A, B, C 세 사람 모두가 만족하는 공평한 분배방법을 서술하여라.

표1	조각1	조각2	조각3
A	$33\frac{1}{3}\%$	$33\frac{1}{3}\%$	$33\frac{1}{3}\%$
B	33%	25%	42%
C	37%	30%	33%

표2	조각1	조각2	조각3
A	$33\frac{1}{3}\%$	$33\frac{1}{3}\%$	$33\frac{1}{3}\%$
B	35%	33%	32%
C	50%	20%	30%

◆ 창의인성을 위한 서술·논술형 문제

1-2 첫째 딸에게는 사과 50개, 둘째 딸은 사과 30개, 셋째 딸은 사과 10개가 있다. 세 딸이 가진 사과의 개수가 모두 다르기 때문에 세 명 모두 같은 금액을 벌기 위해서는 묶음으로 판매해서 가격을 같게 하거나, 혹은 가격을 다르게 책정하여 판매한다는 가정을 세울 수 있다.

가정을 증명하기 위한 여러 조건들 중에서 첫 번째 조건은 사과를 1개에 1원에 파는 것이다. 사과를 1개당 1원에 판다는 가정하에, 첫째는 사과 50개 중 48개를 판매한다. 그럼 첫째는 50−48=2개의 사과가 남는다. 둘째는 30개 중 26개를 팔아 30−26=4개가 남게 되고 셋째는 10개 중 4개만 팔아 6개의 사과만이 남게 된다.

두 번째 조건은 남은 사과를 11원에 판매하는 것이다. 첫째는 48+(2×11)=70원, 둘째는 26+(4×11)=70원, 셋째는 4+(6×11)=70원의 수익을 얻게 된다. 이렇게 하면 세 자매가 처음에 각자 가지고 있던 사과의 개수가 달랐으나 결국 같은 조건으로 70원의 수익을 올릴 수 있다.

5 〈표1〉에서는 가치비율이 서로 다르기 때문에 각자가 생각하는 대로 나누면 된다.
A−조각 2, B−조각3, C−조각1

〈표2〉에서는 B−조각1, C−조각1로 두 사람의 가치비율이 같다. 그러므로 A가 조각2 또는 조각3 중 어느 하나를 가져가고, 남은 두 조각을 가지고 다시 나누어 가치를 적어내게 하면 된다.

함수의 개념과 원리를 통해 세상을 살아가는 공동체의 삶의 원리는 약속에 의해 움직인다는 사실을 발견할 수 있다. 약속이란 모든 사람이 공유하는 것과 끼리끼리만 아는 것이 있다. 이 때문에 관계에서 소통의 걸림돌이 되기도 한다. 그 원인과 대안은 무엇일까?

(가) 시저는 키케로나 친지들에게 은밀한 편지를 보내고자 할 때 암호문을 이용했다.

　　 "QHYHU WUXVW EUXWXV"는 무엇을 의미하는가?

　　 어느 날, 시저에게 가족이 보낸 긴급 통신문이 전달됐는데 내용은 다음과 같았다.

　　 "EH FDUHIXO IRU DVVDVVLQDWRU"는 무엇을 의미하는가?

(나) 인간이라면 누구나 100점짜리 인생을 꿈꾼다. 그렇다면 100점짜리 인생이란 무엇일까? 다음과 같은 규칙을 이용해 발견해보자.

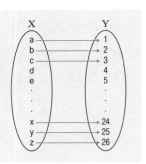

알파벳 a부터 z까지를 원소로 가진 정의역 X와 1부터 26까지의 자연수를 원소로 가진 치역 Y가 있다. 함수 $F:X{\rightarrow}Y$에 대하여 a는 1에 대응하고, b는 2에 대응한다. 각각의 알파벳과 숫자가 이와 같이 대응하여 z는 26까지 일대일 대응하는 함수가 있다.
이 약속에 의해 100점짜리 인생을 만드는 방법을 찾아보자.

– 진대제, 《열정을 경영하라》

(다) 옛말에 '남녀칠세부동석'이라는 말이 있을 정도로 조선 시대에는 이성 교제에 대한 감시가 엄격했다. 이성교제를 하다 적발되면 멍석말이를 당할 정도였다.

다음은 그럼에도 불구하고 몰래 사랑을 이어갔던 당시 청춘의 프로포즈 내용이다. 어떤 내용일까?

左糸右糸 中言下心	左言頭有 右牛頭無
남자가 여자에게 보낸 편지	여자가 남자에게 보낸 편지

 생각 던지기

1 함수와 일대일 대응이란 무엇인가?

2 암호는 그 집단의 공동체가 만들어낸 약속이다. 장단점은 무엇인가?

  2-1 모든 사람이 공유하는 약속은 반드시 지켜야 한다. 그 이유는 무엇일까?

  2-2 끼리끼리 만든 약속은 타인이 알면 안 되는 것이다. 그 이유는 무엇일까?

  2-3 우리 삶에서 이와 같은 약속에는 무엇이 있는지 예를 들어 설명해보자.

3 글 (다)에서 나타나는 조선시대의 이성 교제의 모습은 어떠한가?

⇨ 그 당시 사회적인 분위기와 시대상에는 사랑의 걸림돌이 있었다.

  3-1 당시 남녀가 주고받은 글을 살펴보면, 걸림돌을 디딤돌로 만들기 위한 방법을 자신들만의 암호로 표현하고 있다. 우리 삶에서 이러한 상황을 어떻게 극복할 것인지 나누어보자.

🔍 생각 넓히기

1 내가 지켜야 할 삶의 약속들은 어떤 것들이 있는가?

　1-1 내 의사와 상관없이 만들어진 약속들은 무엇이 있는가?

　1-2 내가 만들어낸 약속은 무엇이 있는가?

2 글 (나)를 읽고 물음에 답하여라.

　2-1 내가 생각하는 100점짜리 인생은 무엇인가? 그 이유는 무엇인가?

　2-2 행복은 마음먹기에 달렸다고 하는데, 그 의미는 무엇인가?

3 글 (다)를 읽고 물음에 답하여라.

　3-1 누구나 이루고 싶은 꿈이 있다. 내가 이루고 싶은 꿈은 무엇인가?

　3-2 꿈을 이루기 위해서는 걸림돌이 존재하기 마련이다. 그것은 무엇일까?

　3-3 걸림돌을 디딤돌로 만들어 이루는 방안은 무엇일까?

💬 생각 나누기

1 플라시보 효과(Placebo effect)란 의사가 효과 없는 가짜 약, 혹은 꾸며낸 치료법을 환자에게 제안했을 때 환자의 긍정적인 믿음으로 병세가 호전되는 현상이다.

　1-1 플라시보 효과의 단점은 없는가?

　1-2 긍정적인 마음가짐만으로 성공적인 인생을 살 수 있는가?

　1-3 어떤 마음가짐을 가지고 있어야 인생을 잘 살 수 있는가?

2 "R＝VD" Realization is Vivid Dream. 생생하게 꿈꾸면 이루어진다.

－《꿈꾸는 다락방》中

　2-1 내가 꿈꾸는 것은 무엇인가?

　2-2 내가 속하는 집단이 꿈꾸는 것은 무엇인가?

　2-3 인류가 꿈꾸는 것은 무엇인가?

　2-4 이러한 것을 이루어내는 방법은 무엇인가?

믿음을 바꾸는 것은 어렵지만, 그렇다고 불가능하지도 않다. 믿음을 바꾸고 싶다면 먼저 그것이 가능하다는 사실을 받아들이는 것부터 시작해야 한다. 그런 다음 고양된 감정으로 에너지의 수준을 높여야 한다. 그리고 마지막으로 당신의 몸이 그 변화를 인식하게 해야 한다.

비록 가짜 약이지만 긍정적인 마음가짐을 갖게 하여 병세가 호전되는 현상을 플라시보 효과라고 한다. 마음가짐은 인생을 바라보는 시각을 결정하고 이는 성공적인 인생을 사느냐, 마느냐의 문제까지 이어진다. 그러므로 무조건 비관적으로 생각하거나, 반대로 지나치게 긍정적인 마음가짐을 갖기보다는 스스로의 인생을 정확히 바라보고 마음가짐을 달리하여 발전해나가야 한다.

조 디스펜자 | 샨티 | 2016

⚛ 융합교과 탐구활동

: 야채와 과일

야채와 과일은 일년생 식물인지 다년생 식물인지로 구분한다. 주로 일년생 초본식물의 먹을 수 있는 부분을 채소라 하고 다년생 목본식물의 열매를 과일이라고 한다.

함수란 공집합이 아닌 두 집합 X, Y가 있어서 X의 각 원소에 Y의 원소가 하나씩 대응할 때 이 대응을 X에서 Y로의 함수라 한다.

1 다음 대응 중 X에서 Y로의 함수인 것은?

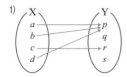 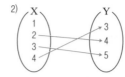 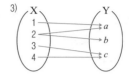

2 두 집합 X = {과일, 채소}, Y = {사과, 수박, 포도, 배추, 토마토}에 대하여

　2-1 X에서 Y로의 대응이 함수관계인가 판별하고 그 이유를 설명하여라.

　2-2 Y에서 X로의 대응이 함수관계인가 판별하고 대응관계를 설명하여라.

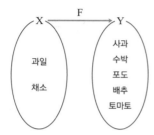 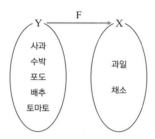

3 인간과 짐승은 모두 동물에 속한다. 그렇다면 인간과 짐승을 구분하는 기준은 무엇인지 설명하여라.

생각 정리하기

《당신은 플라시보다》를 읽고 플라시보 효과를 통해 인생에서 어떠한 시련이 다가와도 긍정적인 마음가짐으로 극복하고 헤쳐나간다면 스스로를 발전시킬 수 있으며, 비로소 성공적인 인생으로 이어진다는 것을 깨달았다. 또한 이러한 경험을 통해 훗날 나의 꿈인 역사 교사가 되어서도 학생들이 올바른 역사관을 성립하고 과거 성찰을 통해 스스로를 발전할 수 있도록 지도하고 싶다고 생각했다.

(가) 시저는 키케로나 친지들에게 은밀한 편지를 보내고자 할 때 암호문을 이용했다.
　　 "QHYHU WUXVW EUXWXV"는 무엇을 의미하는가?

　　 어느 날, 시저에게 가족이 보낸 긴급 통신문이 전달됐는데 내용은 다음과 같았다.
　　 "EH FDUHIXO IRU DVVDVVLQDWRU"는 무엇을 의미하는가?

(나) 인간이라면 누구나 100점짜리 인생을 꿈꾼다. 그렇다면 100점짜리 인생이란 무엇일
까? 다음과 같은 규칙을 이용해 발견해보자.

> 알파벳 a부터 z까지를 원소로 가진 정의역 X와 1부터 26까지
> 의 자연수를 원소로 가진 치역 Y가 있다. 함수 $F:X{\rightarrow}Y$에 대하여
> a는 1에 대응하고, b는 2에 대응한다. 각각의 알파벳과 숫자가 이
> 와 같이 대응하여 z는 26까지 일대일 대응하는 함수가 있다.
> 이 약속에 의해 100점짜리 인생을 만드는 방법을 찾아보자.

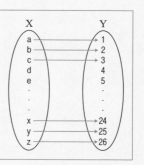

– 진대제, 《열정을 경영하라》

(다) 옛말에 '남녀칠세부동석'이라는 말이 있을 정도로 조선
시대에는 이성 교제에 대한 감시가 엄격했다. 이성교제를 하
다 적발되면 멍석말이를 당할 정도였다.

　　 다음은 그럼에도 불구하고 몰래 사랑을 이어갔던 당시 청
춘의 프로포즈 내용이다. 어떤 내용일까?

左糸右糸 中言下心	左言頭有 右牛頭無
남자가 여자에게 보낸 편지	여자가 남자에게 보낸 편지

1 글 (가)의 시저의 암호문을 해독하기 위한 수학적 원리를 밝히고, 암호문이 무엇을 뜻하는지 해독하여라.

2 글 (나)에서 알 수 있는 100점짜리 인생이 되는 방법은 무엇인지 서술하여라.

3 글 (다)에서 남녀 간에 오고 간 편지 내용은 무슨 의미인지 서술하여라.

◆ 창의인성을 위한 서술·논술형 문제

1 글 (가)에 나오는 시저의 암호문은 본래의 뜻을 가진 문장을 적고, 해당 알파벳을 왼쪽으로 세 자리 이동하는 방법으로 작성한 것이다. 원래 문장(평문)의 문자 A는 암호 문자 D로, 평문 문자 B는 암호 문자 E로, 같은 방식으로 계속하여 모든 평문 문자를 암호 문자로 치환할 수 있다.

평문 문자	ABCDEFGHIJKLMNOPQRSTUVWXYZ
암호 문자	DEFGHIJKLMNOPQRSTUVWXYZABC

이 암호화 표는 함수의 일대일 대응으로 설명할 수 있다.
집합 X={A, B, C, D, E, ⋯, K}이고,
집합 Y={D, E, F, G, H, ⋯, N}이라고 하면,
X에서 Y로의 함수는 일대일 대응이라고 할 수 있다.

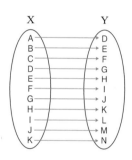

첫 번째 암호를 해석하면, NEVER TRUST BRUTUS (브루투스를 믿지 마라)
두 번째 암호를 해석하면, BE CAREFUL FOR ASSASSINATOR (암살자를 조심하라)

2 글 (나)의 함수식에 따르면, 열심히 일하는 것(HARD WORK)은 98점이다. 운(LUCK)이 있다면 47점이다. 태도(ATTITUDE)가 좋다면 100점이다. 따라서, 인생이란 어떤 태도를 취하느냐에 따라, 즉 마음먹기에 따라 100점짜리가 될 수 있다.

3 上下左右有無 규칙에 따라 연결하면 '戀'과 '許'라는 한자어가 성립된다.
戀: 왼쪽에 糸, 오른쪽에 糸, 가운데 言, 아래쪽에 心
許: 왼쪽에 言이 있는데 머리가 있고, 오른쪽에 牛가 있는데 머리가 없다.
즉, 남자의 '사모합니다'라는 사랑 고백에 여자가 '당신의 마음을 허락한다'는 답장을 보낸 것이다.

05 등식 – 마음을 읽을 줄 아는 사람이 아름답다

등식의 개념과 원리를 통해 직업을 가지는 의미가 생계 유지를 위함인지, 혹은 가치 추구를 위함인지 생각해보자.

(가) 홍길동 선생님은 자신의 것을 나누기 좋아하셨다. 어느 날, 선생님은 자신이 가진 돈의 2/5를 고아원에, 나머지의 5/6를 양로원에, 그리고 그 나머지의 2/3를 구세군 냄비에 익명으로 기부하고 200만 원이 남았다고 한다.

(나) 붕어빵 가게에 "붕어빵 3개에 1000원, 1개에 200원"이라고 쓰인 문구가 붙어 있었다. 많이 사면 더 깎아주는 게 보통인데 더 비싸지다니. 의아하게 생각하던 중 붕어빵을 사러 온 남루한 행색의 할머니와 아저씨의 대화를 듣게 되었다.

생각붕어빵
3개 1,000원
1개   200원

"붕어빵 한 개만 부탁해요."
"네, 여기요. 할머니, 맛있게 드세요."

할머니는 가끔 와서 붕어빵을 꼭 한 개씩만 사 가시는 듯했다.

(다) 독일의 작가 케스트너는 윤리방정식이란 대가를 바라지 않으면서 남을 위해 무언가를 할 때 경제방정식으로는 나타나지 않는 순이득이 발생하는 것으로, 윤리방정식에 표시되는 숫자에 더불어 기쁨이라는 막대한 이득을 덤으로 얻게 된다고 설명하였다.

1 글 (가)를 읽고 질문에 답하여라.

   1-1 홍길동 선생님이 처음에 가지고 있던 돈은 얼마인가?

   1-2 홍길동 선생님은 어떤 마음으로 기부 활동을 하는 것일까?

2 "붕어빵 3개에 1000원, 1개에 200원"이라는 문구는 무엇이 문제인가?

   2-1 장사는 이윤 추구가 목적이다. 그런데 왜 "1개에 200원"이라고 적어놓았을까?

   2-2 붕어빵 장사가 붕어빵을 파는 목적은 무엇인가?

   2-3 직업을 가지는 것은 생계 유지를 위한 것인가? 자신이 추구하는 가치를 위한 것인가?

3 케스트너의 경제방정식과 윤리방정식의 의미를 설명하여라.

1 나에게 돈이 많았다면, 어떻게 사용했을까?

   1-1 기부를 선뜻 할 수 있었을까?

   1-2 기부를 선뜻 할 수 없었다면, 왜 그럴까?

   1-3 기부를 하지 않았다면, 어디에 사용했을까?

2 붕어빵 장사는 붕어빵을 파는 것이 자신의 생계 수단임에도 그 일에 자신이 추구하는 가치를 담아내고 있다.

   2-1 내가 추구하는 가치는 무엇인가?

   2-2 나의 가치를 추구하면서 다른 이들과 감동을 나눈 경험이 있는가?

3 윤리방정식과 경제방정식을 동시에 이루어낼 수 있는 방법은 무엇인가?

한 손님이 붕어빵 1000원어치를 달라고 했다. 붕어빵 장사는 붕어빵 3개를 담아 주었다. 손님은 왜 1개에 200원인데 3개밖에 주지 않느냐고 따져 물었다. 장사는 사정이 어려워 붕어빵을 1개씩밖에 사지 못하는 할머니를 위해 이렇게 써놓은 거라고 말했다. 그러나 손님은 수긍하지 않고 불평했다. 그 손님은 그럼 200원에 한 마리만 달라고 말하고, 그렇게 4번을 더 왔다 갔다 하며 결국 1000원에 5개의 붕어빵을 사 갔다.

1 위의 이야기를 읽고 물음에 답해보자.

　1-1 인간과 짐승은 둘 다 동물에 속하지만, 짐승의 삶을 살 것인가, 인간의 삶을 살 것인가는 스스로 선택할 수 있다. 어떠한 선택을 할 것인가?

　1-2 위 이야기의 손님이 논리적으로 따져서 붕어빵 5개를 1000원에 샀다면, 얻은 것은 무엇이고 잃어버린 것은 무엇인가?

2 붕어빵 장사의 행동은 상술인가? 속임수인가?

　2-1 삶의 가치를 추구하며 감동을 나누는 삶의 방법은 무엇일까?

3 "붕어빵 3개에 1000원, 1개에 200원"라는 푯말은 어려운 할머니를 위한 붕어빵 장사의 배려가 담긴 것이었다.

　3-1 이에 대하여 윤리방정식과 경제방정식을 구분하여 계산하여라.

　3-2 세상이 아름답기 위한 윤리방정식과 경제방정식의 인과관계를 설명하라.

"우리들의 천국인가, 당신들의 천국인가."

이 책은 나병환자들을 위한 천국을 만들어주겠다는 권력자와 환자들의 갈등을
담은 이야기이다. 겉으로는 사회적 약자를 배려한다고 하지만 실상은 전혀 다르
다. 이 천국은 '당신'을 위한 것일 뿐, 환자들을 생각해서 만든 '우리들의 천국'
이 아닌 것이다. 이처럼 대조되는 상황을 통해 어떻게 살아가야 할 것인지 그리
고 어떤 사회를 만들어나가야 하는지에 대해 생각해볼 수 있다.

이청준 | 문학과지성사 | 2012

융합교과 탐구활동

: 미시적 관점과 거시적 관점

어떤 행동에 대해 미시적으로 바라볼 수도, 혹은 거시적으로 바라볼 수도 있다. 특정 행동이
사회에 미치는 영향과 이를 분석하는 방법을 사회문화 과목을 통해 알 수 있다.

사회문화 현상을 보는 관점으로 미시적 관점과 거시적 관점이 있다.
거시적 관점은 개인의 사고와 행동을 지배하는 바탕을 사회구조라고 보는 것으로, '기능
론'과 '갈등론'을 바탕으로 한다.
미시적 관점은 일상생활에서 이루어지는 개인 간의 상호작용이나 인간의 주관적 동기에 초
점을 두고 사회문화 현상을 탐구하는 관점으로, '상징적 상호작용', '교환이론'을 바탕으로
한다.

1 미시적 관점은 무엇인가?

2 거시적 관점은 무엇인가?

3 미시적 관점과 거시적 관점으로 사회문화 현상을 분석한 사례는 무엇인가?

4 48페이지의 글 (나)를 읽고 미시적 관점과 거시적 관점에서 자신의 생각을 서술하여라.

생각 정리하기

사랑이 사랑을 헤아릴 수 있는 것은 눈도 아니고, 지성도 아니거니와 오직 마음뿐이다.

—마크 트웨인

살아가면서 마주치는 모든 이들을 겉모습만으로 판단하는 것이 아니라 그의 삶에 담겨 있는 의미를 살피고, 그가 추구하는 삶의 가치를 함께 나누는 사람이 되어야겠다고 다짐하였다.

(가) 홍길동 선생님은 자신의 것을 나누기 좋아하셨다. 어느 날, 선생님은 자신이 가진 돈의 2/5를 고아원에, 나머지의 5/6를 양로원에, 그리고 그 나머지의 2/3를 구세군 냄비에 익명으로 기부하고 200만 원이 남았다고 한다.

(나) 붕어빵 가게에 "붕어빵 3개에 1000원, 1개에 200원"이라고 쓰인 문구가 붙어 있었다. 많이 사면 더 깎아주는 게 보통인데 더 비싸지다니. 의아하게 생각하던 중 붕어빵을 사러 온 남루한 행색의 할머니와 아저씨의 대화를 듣게 되었다.

생각붕어빵
3개 1,000원
1개   200원

"붕어빵 한 개만 부탁해요."
"네, 여기요. 할머니, 맛있게 드세요."

할머니는 가끔 와서 붕어빵을 꼭 한 개씩만 사 가시는 듯했다.

(다) 독일의 작가 케스트너는 윤리방정식이란 대가를 바라지 않으면서 남을 위해 무언가를 할 때 경제방정식으로는 나타나지 않는 순이득이 발생하는 것으로, 윤리방정식에 표시되는 숫자에 더불어 기쁨이라는 막대한 이득을 덤으로 얻게 된다고 설명하였다.

1 글 (가)에서 홍길동 선생님이 가지고 있던 돈은 얼마였는지 답하고, 그 풀이 과정을 서술하여라.

2 글 (다)의 경제방정식과 윤리방정식에 근거하여 글 (나)의 붕어빵 장사 이야기를 설명하여라.

　2-1 경제방정식과 윤리방정식 사이에서 갈등이 일어났던 경험이 있다면 그때 어떻게 행동했었는지 말해보자.

◆ 창의인성을 위한 서술·논술형 문제

1 홍길동 선생님의 재산을 x라 하면,

고아원에 $\dfrac{2}{5}x$, 양로원에 $(1-\dfrac{2}{5}x)\times\dfrac{5}{6}=\dfrac{1}{2}x$

구세군 냄비에 $(1-\dfrac{9}{10}x)\times\dfrac{2}{3}=\dfrac{1}{15}x$

따라서, $x-(\dfrac{2}{5}x+\dfrac{1}{2}x+\dfrac{1}{15}x)=200$(만 원)

$x-\dfrac{(12x+15x+2x)}{30}=\dfrac{1}{30}x=200$(만 원)

$\therefore x=6000$(만 원)

06

일차방정식 – 함께 하는 삶의 길에서

일차방정식의 개념과 원리를 통해서 더불어 살아가는 공동체 안에서의 의사소통 방법을 찾아보자.

(가) A가 하면 18일, B가 하면 27일이 걸리는 일이 있다. 둘이서 공동 작업으로 일을 시작했으나, 도중에 B가 일을 그만두어 끝마치기까지 14일이 걸렸다. 전체 일한 날 중 B가 참여하지 않은 날은 며칠인가?

(나) 우리는 일상에서 자신의 에너지를 소모하여 경제적 가치를 창출하는 모든 경우를 '일'이라고 정의한다. 물리에서 '일'은 $W=F \times S$, 즉 힘과 움직인 거리의 곱으로 표현된다. 힘과 거리에는 물리적인 것과 생물학적인 것, 또는 심리학적인 의미가 있다. 따라서 일도 물리적인 일과 생물학적인 일로 나눌 수 있다.

(다) 파커 J. 파머는 "공동체란 당신이 결코 함께 살고 싶지 않은 사람이 항상 함께 살고 있는 곳, 즉 당신이 싫어하는 사람이 이사를 가면 곧바로 당신이 싫어하는 또 다른 사람이 그 자리를 메꾸는 곳이다"라고 말했다. 이러한 사실을 받아들이는 것은 힘든 일이다. 하지만 이를 인정하고 받아들일 때 아름다운 공동체가 이루어지고, 이것이 곧 공동체가 우리에게 주는 선물이기도 하다.

1 인간은 사회적 동물이다. 그러므로 더불어 살아가는 공동체를 형성하고 있다. 공동체 안에서 우리는 일을 하며 살아간다.

    1-1 내가 하고 있는 일은 무엇인가?

    1-2 내가 하고 싶은 일은 무엇인가?

    1-3 함께 해야 하는 일은 무엇이 있는가?

2 글 (가)에서 A, B 두 사람이 공동 작업을 했을 때 A가 할 일의 양과, B가 중도에 그만둘 때 A가 해야 할 일의 양을 계산하여라.

    2-1 공동 작업을 끝까지 했을 때의 장점을 말해보자.

    2-2 한 사람이 중간에 그만두면서 발생하는 문제는 무엇일까?

3 글 (다)의 파커 J. 파머의 말과 관련하여 다음 물음에 답하여라.

    3-1 내가 살고 있는 공동체에 없어졌으면 하는 사람이 있는가?

    3-2 그렇다면, 누군가에게 내가 그런 존재가 되지는 않는가?

🔍 **생각 넓히기**

1 인간은 일을 통해 자신의 가치를 추구하며 살아간다.

    1-1 나는 무엇을 하고 싶은가?

    1-2 지금까지 경험한 행복했던 일과 힘들었던 일을 나누어보자.

2 아들러의 심리학에 의하면 모든 고민은 인간관계에서 비롯된다고 한다.

    2-1 글 (가)에 나오는 A나 B의 상황에 처해본 적이 있는가?

    2-2 공동 작업을 하다가 상대방이 그만두고 혼자 일을 끝마쳤을 때 내 기분은 어떠할까?

    2-3 공동 작업을 혼자 끝마쳐야 할 때 가장 중요한 것은 무엇일까?

💬 생각 나누기

1 우리는 혼자 해야 하는 일과 함께 해야 하는 일이 있다.

   1-1 어떤 것들이 있는지 나누어보자.

   1-2 함께 해야 하는 공동 작업에서 누군가 중간에 그만두었을 때, 남은 사람에게 미치는 영향은 무엇인가? 그때 우리는 어떻게 해야 할까?

2 글 (나)와 관련하여 아래 지문을 읽고, 질문에 답하여라.

> 사람이 벽을 밀어도 벽은 움직이지 않는다. 이 경우 힘은 작용하지만 벽의 이동이 없으므로 물리적으로 일은 0이 된다. 하지만 생물학적으로는 일을 한 것이다. 왜냐하면 사람이 벽을 미는 동안 인체의 근육에서는 ATP라는 화학물질이 계속 분해되며 에너지를 배출하기 때문이다. 따라서 물리적인 일은 0이고(=0), 생물학적 일은 0이 아닌(≠0) 경우가 발생한다.

   2-1 우리의 삶에서 물리적인 일과 생물학적인 일의 결과가 0이 되지 않기 위해서는 어떻게 해야 하는가?

   2-2 위에 제시된 사례에서 비록 물리적인 일은 0이지만 생물학적 일은 0이 아니다. 이와 같은 경우를 경험한 사례가 있다면 비교하여 설명해보자.

3 '일'이란 무엇인가? 각자 생각대로 정의해보자.

⇨ '나를 움직이는 힘'이라고 정의하고 싶다.

🔖 **수업 연계형 독서활동** 《생각대로 살지 않으면 사는 대로 생각하게 된다》

"내가 생각한 대로 삶을 주도적으로 만들어나가는 사람이 있고, 상황이 만들어지는 대로 순응하면서 수동적으로 살아가는 사람이 있다. 나는 어떻게 살고 싶은가?"

은지성 | 황소북스 | 2012

: 시련 뒤에 성공이 오니 포기하지 말고 마음가짐을 굳게 하라

天將降大任於斯人也(천장강대임어시인야)인대,
必先苦其心志(필선고기심지)하고,
勞其筋骨(노기근골)하며,
餓其體膚(아기체부)하며,
空乏其身(공핍기신)하여,
行拂亂其所爲(행불란기소위) 하나니
所以動心忍性(소이동심인성)하여,
增益基所不能(증익기소불능)이니라.

하늘이 장차 그 사람에게 큰 사명을 주려 할 때에는
반드시 먼저 그의 마음과 뜻을 흔들어 고통스럽게 하고
그 힘줄과 뼈를 굶주리게 하여 궁핍하게 만들어
그가 하고자 하는 일을 흔들고 어지럽게 하나니
그것은 타고난 작고 못난 성품을 인내로써 담금질하여
하늘의 사명을 능히 감당할 만하도록 그 기국과 역량을 키워주기 위함이다.

– 맹자(孟子)의 《고자장구 하(告子章句 下)》 15장

: 우주에 존재하는 4가지 힘은 중력, 전자기력, 약한 핵력, 강한 핵력이다

1 각각의 힘에 대하여 설명하여라.

2 가장 강한 힘은 핵력으로 힘의 크기를 비교하면 핵력>전자기력>중력순이라고 한다. 그런데 이에 대하여 대한이는 '가장 강한 힘은 보이지 않는다'고 주장한다. 대한이의 주장에 대하여 자신의 생각을 나누어보자.

생각 정리하기

처음부터 끝까지 함께 일을 마칠 수 있으면 좋겠지만, 상황은 바뀔 수도 있다. 이러한 경우에 어떻게 해야 하는지 배울 수 있었다.

먼저 상대가 도중에 일을 함께 하지 못하는 경우에는 상대에게 피치 못할 사정이 있을 수 있으니 상대를 이해한다. 억울하고 짜증이 나더라도 새롭고 열정적인 태도로 다시 남은 일을 수행해야 한다.

내가 도중에 일을 함께 하지 못하는 경우라면 상대가 지고 가야 할 부담과 많은 양의 일을 생각하며 미안한 마음을 표현한다. 그 후에 똑같은 상대와 일을 할 경우가 생기면 상대가 고생한 만큼 일하는 과정에서 배려한다. 또한 공동 작업을 할 때는 자신이 그만두어 상대에게 피해를 주는 경우를 최대한 다시 만들지 않는다.

물리적인 일 W=FxS에 대하여

F≠0, S=0이면, W=0이 된다. ⇨ 벽을 미는 것 / 엄마의 가정일

F=0, S≠0이면, W=0이 된다. ⇨ 숟가락만 얹는 경우

F=0, S=0이면, W=0이 된다. ⇨ 무기력한 경우

F≠0, S≠0이면, W≠0이 된다. ⇨ 일하지 않거든 먹지도 말라.

(가) A가 하면 18일, B가 하면 27일이 걸리는 일이 있다. 둘이서 공동 작업으로 일을 시작했으나, 도중에 B가 일을 그만두어 끝마치기까지 14일이 걸렸다. 전체 일한 날 중 B가 참여하지 않은 날은 며칠인가?

(나) 우리는 일상에서 자신의 에너지를 소모하여 경제적 가치를 창출하는 모든 경우를 '일'이라고 정의한다. 물리에서 '일'은 W=F×S, 즉 힘과 움직인 거리의 곱으로 표현된다. 힘과 거리에는 물리적인 것과 생물학적인 것, 또는 심리학적인 의미가 있다. 따라서 일도 물리적인 일과 생물학적인 일로 나눌 수 있다.

(다) 天將降大任於斯人也(천장강대임어시인야)할 때,
　　　必先苦其心志(필선고기심지)하며, 勞其筋骨(노기근골)하며,
　　　餓其體膚(아기체부)하며, 空乏其身(공핍기신)하여,
　　　行拂亂其所爲(행불란기소위) 하나니
　　　所以動心忍性(소이동심인성)하여, 增益基所不能(증익기소불능)이니라.
　　　　　　　　　　　　　　　　　　　　　　　　　－ 맹자(孟子)의《고자장구 하(告子章句 下)》15장

(라) 파커 J. 파머는 "공동체란 당신이 결코 함께 살고 싶지 않은 사람이 항상 함께 살고 있는 곳, 즉 당신이 싫어하는 사람이 이사를 가면 곧바로 당신이 싫어하는 또 다른 사람이 그 자리를 메꾸는 곳이다"라고 말했다. 이러한 사실을 받아들이는 것은 힘든 일이다. 하지만 이를 인정하고 받아들일 때 아름다운 공동체가 이루어지고, 이것이 곧 공동체가 우리에게 주는 선물이기도 하다.

1 글 (가)에서 전체 일한 날 중 B가 참여하지 않은 날수는 며칠인가?

2 함께 해야 할 일을 한 사람이 중간에 그만두었을 때 어떻게 하겠는가? 글 (라)의 파커 J. 파머가 제시한 공동체의 관점에서 말해보자.

3 글 (나)에서 제시한 '일'에 대한 자신의 생각을 글 (다)에 근거하여 설명하여라.

◆ 창의인성을 위한 서술·논술형 문제

1 B가 참여하지 않은 날수를 x라 할 때, 끝마칠 때까지 걸린 14일에서 B가 참여하지 않은 날수를 빼고 식을 세워 x를 구한다.

$$14 - x = \left\{ 1 - \left(\frac{1}{18} \times 14 \right) \right\} \div \frac{1}{27}$$

$$\therefore x = 8$$

따라서 B가 참여하지 않은 날수는 8일이다.

07

지수법칙 - 소 잃고 외양간 고친다

지수법칙의 개념과 원리를 통해 "시작은 미미하나 끝은 창대하리라"라는 삶의 가치를 추구하는 방법을 찾아보자.

(가) 5년 동안 전쟁이 지속된 A국과 B국이 있었다. A국은 병력이 약 7000만 대군에 달했고 B국은 700만 정도밖에 되지 않았다. 수적으로 열세인 B국은 전투마다 후퇴하기 급급했고 길어지는 전쟁에 점점 지쳐가고 있었다. 그러나 B국의 왕은 좌절하지 않고 친히 부하들의 사기를 북돋워주었다. 반면 A국의 왕은 넘치는 병력과 군사력을 믿고 자신의 병사들에게 크게 관심을 가지지 않았다. B국의 패배로 전세가 크게 기운 것처럼 보이던 어느 날, B국의 한 지혜로운 장수가 묘책을 세웠다. 세균이 많은 쥐들을 A국에 풀어놓는 작전이었다. B국은 A국에 몰래 스파이를 보내 세균이 득실거리는 쥐들을 풀어놓았고, 쥐가 옮긴 세균 때문에 A국에는 전염병이 번지기 시작했다. 병사들도 병으로 하나둘 쓰러져갔지만 A국의 왕은 대수롭지 않게 여기며 방치했다. 그로부터 25일이 지난 후, 전염병은 걷잡을 수 없이 퍼져 A국의 병력은 얼마 남지 않게 되었다. A국의 왕은 뒤늦게 조치를 취했지만 이미 회복은 어려웠다. 결국 B국은 적은 병력으로 전쟁에서 승리하게 되었다.

(나) $a^n(a > 0)$의 결과는 기하급수적으로 커지거나, 0에 가까워지거나, 아무 변함이 없는 세 가지 모습으로 나타난다. 이 수식의 밑 a를 '자신'으로 치환한다면, 나는 어떤 모습일까? 각각의 경우에 대하여 인간의 감정을 설명할 수 있다. 예컨대, "☹ 😐 ☺"에 대하여 인문학적인 관점으로 나를 돌아보자.

> ☹ $0 < a < 1$: a^n는 점점 작아진다. ⇨ 자격지심
> 😐 $a = 1$: a^n는 변함이 없다. ⇨ 자신만을 생각하면
> ☺ $a > 1$: a^n는 점점 커진다. ⇨ 진정한 행복이…

(다) "$1^{365} = 1$, $(1.01)^{365} = 37.5$"는 작은 차이가 큰 차이가 된다는 것을 엿볼 수 있는 사례이다. 〈욥기〉 8:7에서는 "네 시작은 미미하나 네 끝은 창대하리라"고 말한다.

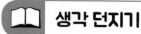 **생각 던지기**

1 각 국가 지도자의 판단에 따라 전쟁의 결과는 어떻게 달라졌는가?

2 지수법칙은 등비수열의 합과 밀접한 관련이 있다. 글 (가)에서 A국의 병력 7000만 명이 25일 후에 몇 명으로 줄었는가?

3 글 (가)를 읽고 생각해보자.

　3-1 A국 왕의 어리석음은 무엇인가?

　⇨ A국의 왕은 전염병을 너무 가볍게 생각하여 자신의 군사들과 백성들, 결국 나라까지 지키지 못하는 어리석음을 범한다.

　3-2 B국 장수의 지혜로움은 무엇인가?

　⇨ 전쟁에서 부족한 병력으로 직접적인 싸움을 하지 않고 전염병을 이용해 A국에 최대한의 피해를 주고 최소의 피해로 승리하였다. 이것이 지혜이다.

 생각 넓히기

1 내 삶에 있어 전쟁이란 무엇일까?

　1-1 전쟁이 일어나는 이유는 무엇인가?

　1-2 이를 극복할 수 있는 방법은 무엇인가?

2 전쟁에서 열세였던 어려움이 B국에는 오히려 기회가 되었다.

　2-1 위기가 기회가 되었던 사례가 있다면 나누어보자.

1 현재 내가 가진 것에 대하여 어떤 규칙이 있는가? 그에 따른 삶의 결과는 어떻게 나타나는가? 다음 세 가지 경우에 빗대어 말해보자.

　　1-1 기하급수적으로 커져가는 경우

　　1-2 0에 가까워져가는 경우

　　1-3 지금의 상태가 계속되는 경우

2 '꿈꾸는 내 삶의 모습'을 위의 각각의 경우에 대입하여 사례를 통해 설명해보자.

3 가끔 우리의 꿈이 너무 크게 느껴지고, 그에 비해 우리의 능력은 더없이 작아보일 때가 있다.

　　3-1 어떻게 이러한 상황을 극복할 것인가?

　　3-2 "네 시작은 미미하나 네 끝은 창대하리라"라는 〈욥기〉 8:7에 근거해서 이러한 상황을 설명해보자.

　　3-3 얕잡아 보았던 질병이 급속도로 퍼져 수많은 사람의 목숨을 앗아가는 것처럼, 우리 인생에 "소 잃고 외양간 고친다"는 속담이 적용되는 문제는 무엇이 있는가?

수업 연계형 독서활동　《코스모스》

대략 150억 년 전, 하나의 점에 불과했던 태초의 우주가 매우 높은 온도와 밀도에서 대폭발(빅뱅)을 일으켜 엄청나게 팽창해 현재의 상태에 이르게 되었다. 우주 팽창설에 의하면 현재도 계속 일정한 수만큼 규칙적으로 팽창하고 있다. 이러한 우주에도 태양계와 같이 여러 질서가 공존한다. 여기서 '코스모스'는 눈에 보이지 않는 우주 속의 질서를 뜻한다.

칼 세이건 | 사이언스북스 | 2004

: 영화 〈아름다운 세상을 위하여〉 – 지수법칙 a^n

새 학기가 시작되고 중학교 사회 선생님인 유진은 세상에 대해 부정적 사고를 가진 학생들에게 '우리가 사는 세상을 좀 더 나은 세상으로 바꿀 수 있는 방법'을 생각해 오라는 숙제를 낸다. 다른 아이들은 '숙제는 숙제일 뿐'이라고 생각하지만, 트레버는 진심으로 이 숙제를 받아들이고 '사랑 나누기'라는 아이디어를 제안한다. '아무 조건 없이 세 사람에게 도움을 주고, 도움을 받은 사람 역시 서로 다른 세 사람에게 똑같은 방법으로 도움을 준다면' 이 세상은 금방 아름다워진다는 것이다.

트레버는 자신의 어머니와 선생님을 비롯한 주변 사람들에게 자신의 계획을 실천하기 시작한다. 그러나 트레버의 순수한 생각만큼 세상사는 만만하지 않다. 세상을 변화시키려는 그의 용기와 노력은 번번이 좌절되고 마는데……. 트레버의 세상 바꾸기 프로젝트는 성공할 수 있을까?

1 우리 반 38명 개개인에게 샛별이가 문제를 설명할 때 영화에서와 같은 규칙에 따라 설명한다고 치자. 이때 소요되는 시간을 각각 계산해보고, 계산 결과가 어떤 의미가 있는지 생각해보자 (한 문제를 설명하는 데 1분이 소요된다고 가정한다).

1-1 샛별이가 개개인에게 설명할 때, 필요한 시간을 구하라.

1-2 위의 규칙에 따라 한 사람이 세 사람에게 문제를 설명할 때, 소요되는 최소의 시간을 구하라.

1-3 이 문제가 우리에게 주는 교훈은 무엇일까?

삶에 녹아 있는 지수법칙 이야기

– 사과의 조금 곪은 부분을 바로 잘라내지 않고 방치해두면 상한 부분이 다른 사과에까지 옮아 곪은 사과의 수가 점점 늘어나게 된다.

– 의혈궤제(蟻穴潰堤)는 개미구멍이 둑을 무너뜨린다는 뜻이다.

– 바늘도둑이 소도둑 된다.

– "욕심이 잉태한즉 죄가 되고 죄가 장성하여 사망을 낳느니라."　　 – 〈야고보서〉 1:15

– "네 시작은 미미하나 네 끝은 창대하리라."　 – 〈욥기〉 8:7

수학 교과를 중심으로 타 교과와 연계한 융합적 사고와 창의적 사고의 역량을 기르는 기회가 되었다. 여러 인문학적인 요소들을 수학적 개념과 원리를 통해 해석하고 내가 걸어온 삶의 발자취를 돌아보며 현재 경험하고 있는 상황에 적용하여 대안을 찾아낼 수 있었다.

항상 나의 삶을 a^n에 대입해보며 살아가야겠다. 여기에는 나의 잘못된 행동을 지금 고치지 않으면 나중에 큰 재앙으로 바뀐다는 의미가 담겨 있다. 다른 한편으로는 좋은 생각, 좋은 습관을 가지면 그것들이 모여 아름다운 나의 모습을 만든다는 의미이기도 하다. 그러므로 나의 잘못된 행동을 인정하고 즉시 고치기 위해 노력하며, 꿈꾸는 내일의 모습을 위해 주어진 일에 최선을 다하는 사람이 되리라 다짐해본다.

창의인성을 위한 서술·논술형 문제

1 a^n은 밑 a에 따라 세 가지 모습으로 나타난다.

1-1 세 가지의 특성을 설명하여라.

1-2 '작은 차이가 큰 차이가 된다'는 말의 의미를 $1^{365}=1$, $(1.01)^{365}=37.5$를 통해 알 수 있다. 이를 통해 얻을 수 있는 교훈을 키워드를 제시하여 설명하여라.

2 다음 글을 읽고 물음에 답하여라(단, $2^{10}=10^3$으로 계산한다).

신문지를 반으로 접어보자. 그것을 또 반으로 접고, 그리고 그것을 또 반으로 접어보자. 신문지 한 장의 두께가 0.1mm라 할 때, 신문지를 반으로 접는 과정을 반복한다면 42번 접힌 신문지의 두께는 지구에서 달나라까지의 거리가 된다고 한다.

2-1 0.1mm는 몇 km인지 거듭제곱을 사용하여 나타내어라.

2-2 신문지 한 장의 두께가 0.1mm라 할 때, 42번 접힌 신문지의 두께는 몇 km인가?

2-3 지구에서 태양까지의 거리가 1억 5000km라고 할 때, 신문지를 반으로 접는 과정을 최소한 몇 번 반복해야 지구에서 태양까지의 거리가 되겠는가?

2-4 "티끌모아 태산이다"라는 격언과 연결 지어 자신의 생각을 서술하여라.

◆ 생각 던지기

2 A국의 왕은 전염병에 걸린 병사가 한 명만 있어도 그 피해가 지수법칙에 따라 증가한다면 엄청난 재앙이 될 수 있다는 점을 간과했다. 그 결과, 전염병이 시작된 지 25일째에 A국의 병력 7000만 중에 6710만 8863명이라는 기하학적인 수의 군사를 잃었다.

(쓰러져가는 군사의 총량)$=1+2+2^2+2^3+\cdots+2^{24}=2^{25}-1=67,108,863$

◆ 융합교과 탐구활동

1-1 샛별이를 제외한 학생이 37명이므로 37분이 소요된다.

1-2 $3^0+3^1+3^2+24$(명) 단계를 거치면 되므로 3분이 소요된다.

1-3 혼자 하면 많은 시간이 소요되지만 함께 하면 짧은 시간에 해결할 수 있다.

◆ 창의인성을 위한 서술·논술형 문제

2-1 $1\text{km}=10^3\text{m}$, $0.1\text{mm}=10^{-4}\text{m}$

$(x^a)^b=x^{ab}$

$(10^3)^x=10^{3x}=10^{-4}$, $-4=3x$

$\therefore x=-\dfrac{4}{3}$

2-2 $2^{42}=4,398,046,511,104$이므로

$\therefore 0.1\text{mm}\times4,398,046,511,104=439,805\text{km}$

2-3 $2^{50}=112,590,000,000,0000$이므로

$\therefore 0.1\text{mm}\times112,590,000,000,000=112,590,000\text{km}$

$2^{51}=337,770,000,000,0000$이므로

$\therefore 0.1\text{mm}\times337,770,000,000,000=337,770,000\text{km}$

⇨ 1억 5000km를 넘으려면 신문지를 반으로 접는 것을 총 51번 반복해야 한다.

두 번째 생각여행

모자람만
못한 넘침

08

비례식 – 마음을 다스리는 사람

인생이 게임이라고 한다면, 어떠한 게임을 어떻게 할 것인지, 그 게임의 과정과 결과를 어떻게 받아들일 것인지를 비례식의 개념과 원리를 통해 탐구해보자.

> (가) 갑, 을, 병, 세 어린이가 구슬치기를 하였다. 세 어린이가 처음에 가진 구슬의 비는 7:10:13이었고, 놀이가 끝난 후 구슬의 비는 3:4:5가 되었다. 이때 누구의 구슬이 가장 많이 늘어났는가?
>
> (나) 평등은 인간의 존엄, 권리, 인격, 가치, 행복의 추구 등에 있어서 차별이 없는 상태를 말한다. 평등은 다양한 의미를 내포하고 있어 사용하는 사람의 사상과 철학에 따라 중층적 의미를 띤다. 평등에는 절대적 평등과 상대적 평등이 있다. 절대적 평등이란 어떠한 조건에 관계없이 모든 사람에게 동등한 자격을 주는 것이라면, 상대적 평등은 어떠한 조건으로 모든 사람에게 동등한 자격을 주는 것을 말한다. (중략) 따라서 ㉠절대적 평등이 기회의 평등이라면, 상대적 평등은 결과의 평등이라 할 수 있다.
>
> (다) 예수께서 헌금함을 대하여 앉으사 무리가 어떻게 헌금함에 돈 넣는가를 보실새 여러 부자는 많이 넣는데 한 가난한 과부는 와서 두 렙돈 곧 한 고드란트를 넣는지라. 예수께서 제자들을 불러다가 이르시되 내가 진실로 너희에게 이르노니 이 가난한 과부는 헌금함에 넣는 모든 사람보다 많이 넣었도다. 그들은 다 그 풍족한 중에서 넣었거니와 이 과부는 그 가난함 중에서 자기의 모든 소유 곧 생활비 전부를 넣었느니라 하시니라.
>
> – 〈마가복음〉 12:41~44

 생각 던지기

1 게임을 하기 전과 게임을 마친 후의 마음은 달라진다.

　1-1 게임 전의 상태는 어떠한가?

　1-2 게임 후, 구슬을 딴 사람과 본전인 사람, 그리고 잃은 사람의 마음은 어떨까?

2 누구나 평등한 사회를 꿈꾼다.

　2-1 절대적 평등과 상대적 평등의 장단점을 나누어보자.

　2-2 절대적 평등과 상대적 평등의 균형을 이루는 방안을 나누어보자.

3 세상에는 부자와 가난한 자의 삶이 존재한다.

　3-1 예수의 평가에 대하여 부자와 가난한 자 각각의 입장에서 어떤 생각이 들까?

　3-2 부자와 가난한 자의 헌금에 대한 예수의 평가는 일반적인 사람들의 평가와 반대였다. 그 의미는 무엇일까?

 생각 넓히기

"인성도 실력이다"라는 말이 있다. 아무리 실력이 좋아도 인성이 좋지 않으면 사회에서 인정받지 못한다. 현대 사회는 새로운 아이디어와 기술 발명이 중심이 되는 사회요, 정보가 성패와 우열을 가리는 정보화 시대라고 한다. 그래도 중요한 것은 인성이다. 그 이유는 '관계성' 때문이다.

1 인간의 삶을 게임이라고 한다면,

　1-1 나와 함께 하고 있는 사람은 누구인가?

　1-2 어떤 게임을 하고 있는가?

　1-3 그 게임의 과정과 결과는 어떠한가?

　1-4 그에 따른 심리 상태는 어떠한가? (〈잠언〉 4:23과 〈빌립보서〉 4:6~7에 비추어 답해보자.)

2 평등한 대우를 받고 싶은 만큼 상대에게 평등한 대우를 하고 있는가?

3 '부자'와 '가난한 자'라는 이분법의 기준은 무엇인가?

　3-1 무엇이 가난하고, 무엇이 부유하다고 말할 수 있는가?

　3-2 나의 생각과 다른 상대방의 평가에 따라서 마음 상태가 달라지는가?

💬 생각 나누기

글 (나)에서 밑줄 친 ㉠의 '절대적 평등'과 '상대적 평등'의 개념을 수능을 예로 들어 설명해보자. 남자든 여자든 장애인이든, 상관없이 똑같은 점수면 모두에게 동일하게 입학 자격을 주는 것이 절대적 평등이다. 반면, 점수가 같아도 농어촌 특례 등 특정 기준에 부합하는 이들에게 특혜를 주어 대학 입학을 결정하는 것이 상대적 평등이다. 이러한 제도는 서울에 거주하는 사람보다 농어촌에 거주하는 사람이 상대적으로 교육의 혜택을 적게 받을 수밖에 없다는 가정하에, 상대적 평등을 적용한 예라 할 수 있다.

1 이러한 상대적 평등의 긍정적인 면과 부정적적인 면에 대하여 자신의 생각을 나누어보자.

   1-1 또 다른 사례를 제시하고 그에 따른 자신의 생각을 나누어보자.

2 게임은 승리를 목적으로 하는 것인가? 즐거움을 목적으로 하는 것인가?

   2-1 과정과 결과 모두가 아름다울 수 있는 방법은 무엇인가?

▌수업 연계형 독서활동　《마음을 다스리는 지혜》

사회 생활은 사람과 사람의 부딪침에서 출발한다. 그러한 치열한 부딪침 속에서 믿을 만한 사람을 얻는다면, 성공한 것이나 다름없다. 하지만 믿을 만한 사람을 얻기란 쉬운 일이 아니라 늘 갈등과 고민이 생긴다. 이 책은 믿을 만한 사람을 찾기 전에 스스로 믿을 만한 사람이 될 것을 권한다. 아울러 믿을 만한 사람이 될 수 있는 방법을 가르쳐준다. 이 책을 통해 우리가 서로에게 올바른 믿음을 주고 있는지 다시 한 번 생각해보게 되었다.

박기현 | 김＆정 | 2007

72

⚛ 융합교과 탐구활동

: 진정으로 지켜야 할 것

(가) 돈을 잃으면 조금 잃은 것이요,

　　명예를 잃으면 반을 잃은 것이요,

　　건강을 잃으면 전부를 잃은 것이다.

건강은 최상의 이익이요, 만족은 최상의 재산이요, 신뢰는 최상의 인연이다. 그러나 마음의 평안보다 더 행복한 것은 없다.

－〈법구경〉

(나) 모든 지킬 만한 것 중에 더욱 네 마음을 지키라. 생명의 근원이 이에서 남이니라. 구부러진 말을 네 입에서 버리며 비뚤어진 말을 네 입술에서 멀리하라. 네 눈은 바로 보며 네 눈꺼풀은 네 앞을 곧게 살펴 네 발이 행할 길을 평탄하게 하며 네 모든 길을 든든히 하라. 좌로나 우로나 치우치지 말고 네 발을 악에서 떠나게 하라.

－〈잠언〉 4:23~27

(다) 아무것도 염려하지 말고 다만 모든 일에 기도와 간구로 너희 구할 것을 감사함으로 하나님께 아뢰라. 그리하면 모든 지각에 뛰어난 하나님의 평강이 그리스도 예수 안에서 너희 마음과 생각을 지키시리라.

－〈빌립보서〉 4:6~7

1 인간이 살아가면서 진정으로 지켜야 할 것이 무엇인지 글 (가), (나), (다)에서 공통으로 나타나는 단어를 제시하고 그에 따른 실천 방안을 서술하라.

생각 정리하기

제시문 (가)의 결과를 보면 갑은 구슬을 1개 더 얻었고, 을은 게임 전과 후의 개수가 같았고, 병은 구슬의 개수가 1개 줄었다. 결과만 보면 갑의 승리지만 게임 과정을 본다면 속단할 수 없다. 첫째, 처음부터 서로가 평등하게 같은 구슬 개수로 시작했다면 어땠을까? 이러한 상황을 보고 절대적 평등과 상대적 평등의 개념을 떠올릴 수 있었다. 둘째, 각각이 게임에 임하는 자세는 어떠했을까. 나는 여기서 과정과 결과의 상관관계를 생각해보았다. 과연 나는 삶이라는 게임에서 결과를 중시하며 살아왔는가, 과정을 중시하며 살아왔는가?

나는 내가 원하는 대학에 진학하기 위해 앞만 보고 달려가고 있다는 생각이 들었다. 이번 활동을 통해 결과도 중요하지만 그 결과를 이루기 위해 노력하는 과정들이 나를 더욱 성장시킬 것이라는 생각을 했다. 공부를 할 때도 목표를 향한 과정을 즐길 줄 아는 사람이 되어야겠다고 다짐했다.

창의인성을 위한 서술·논술형 문제

(가) 갑, 을, 병, 세 어린이가 구슬치기를 하였다. 세 어린이가 처음에 가진 구슬의 비는 7:10:13이었고, 놀이가 끝난 후 구슬의 비는 3:4:5가 되었다. 이때 누구의 구슬이 가장 많이 늘어났는가?

(나) 평등은 인간의 존엄, 권리, 인격, 가치, 행복의 추구 등에 있어서 차별이 없는 상태를 말한다. 평등은 다양한 의미를 내포하고 있어 사용하는 사람의 사상과 철학에 따라 중층적 의미를 띤다. 평등에는 절대적 평등과 상대적 평등이 있다. 절대적 평등이란 어떠한 조건에 관계없이 모든 사람에게 동등한 자격을 주는 것이라면, 상대적 평등은 어떠한 조건으로 모든 사람에게 동등한 자격을 주는 것을 말한다. (중략) 따라서 ㉠절대적 평등이 기회의 평등이라면, 상대적 평등은 결과의 평등이라 할 수 있다.

(다) 예수께서 헌금함을 대하여 앉으사 무리가 어떻게 헌금함에 돈 넣는가를 보실새 여러 부자는 많이 넣는데 한 가난한 과부는 와서 두 렙돈 곧 한 고드란트를 넣는지라. 예수께서 제자들을 불러다가 이르시되 내가 진실로 너희에게 이르노니 ⓛ이 가난한 과부는 헌금함에 넣는 모든 사람보다 많이 넣었도다. 그들은 다 그 풍족한 중에서 넣었거니와 이 과부는 그 가난함 중에서 자기의 모든 소유 곧 생활비 전부를 넣었느니라 하시니라.

– 〈마가복음〉 12:41~44

(라) 다음 〈보기〉와 같이 수가 적혀 있는 5개의 공이 있다.

보기

⑭ ⑰ ⑳ ㉘ ㉞

A, B 두 사람이 각각 2개씩의 공을 가져간 후 각 사람의 공에 적힌 수를 합해보니 그 비가 3:2이었다. 이때, 남아 있는 공에 적힌 수는?

1 글 (가)를 읽고 물음에 답하여라.

　1-1 구슬이 더 많아진 어린이는 누구인지 말하고, 이유를 설명하라.

　1-2 놀이가 끝난 후 결과에 대하여 갑, 을, 병은 각각 어땠을지 심리 상태를 제시하고, 그에 대한 자신의 꿈과 비전을 '삶의 의미'와 연결하여 서술하라.

2 글 (나)의 밑줄 친 ㉠을 설명할 수 있는 사례를 제시하라.

　2-1 글 (가)의 게임을 중심으로 밑줄 친 ㉠을 설명하여라.

3 밑줄 친 ⓛ의 의미를 글 (가)와 (나)를 이용하여 설명하여라.

4 글 (라)를 읽고 문제를 풀어라.

◆ 창의인성을 위한 서술·논술형 문제

1-1

	갑	을	병
게임하기 전	$\dfrac{7}{30}\left(\dfrac{14}{60}\right)$	$\dfrac{10}{30}\left(\dfrac{20}{60}\right)$	$\dfrac{13}{30}\left(\dfrac{26}{60}\right)$
게임 후	$\dfrac{3}{12}\left(\dfrac{15}{60}\right)$	$\dfrac{4}{12}\left(\dfrac{20}{60}\right)$	$\dfrac{5}{12}\left(\dfrac{25}{60}\right)$

4 답: 28

$a=14$라고 가정하면, 〈보기〉의 수들을 a, $a+3$, $a+6$, $2a$, $2a+6$로 나타낼 수 있다.

이때, A가 가져간 수가 $a+3$, $2a+6$이면 그 합은 $3a+9$가 된다.

B가 가져간 수가 a, $a+6$이면 그 합은 $2a+6$이 된다.

따라서 두 사람이 가져간 공의 비는 $3(a+3):2(a+3)$이므로 3:2의 비가 성립한다.

그러므로 남는 수는 $2a$이므로 28이 써져 있는 공이 남는다.

[다른 풀이]

두 사람이 가져간 공의 합의 비가 3:2이므로 4개의 합은 5의 배수가 된다. 다섯 개의 공에 적힌 수들의 합은 ⑭+⑰+⑳+㉘+㉞=113이다. 따라서 5로 나눈 나머지가 3이 되는 숫자, 즉 28이 남은 공이 된다.

09 등차수열 – 상황을 극복하는 힘

등차수열, 또는 약수와 배수의 개념과 원리를 통해 삶의 원리를 아는 사람과 모르는 사람이 더불어 살아가는 공동체의 삶에 대하여 알아보자.

(가) 대한이와 민국이는 정동진으로 기차 여행을 떠났다. 기차 안에서 심심해진 둘은 오징어와 땅콩 내기 게임을 했다. 둘이 한 게임은 '30까지 세기'를 응용한 것으로 30개의 바둑알을 두고 번갈아가며 1개 혹은 2개씩 바둑알을 집어서 없애나가다가 마지막으로 바둑알을 없앤 사람이 지는 게임이었다. 게임 결과 대한이가 이겨서 오징어와 땅콩을 가졌다. 이후 다른 것을 걸고 다시 게임을 했지만 어쩐지 계속 대한이가 이겼다. 50개의 바둑돌을 없애는 것으로 하거나, 한 번에 3개의 바둑돌까지 없앨 수 있도록 규칙을 바꿔도 대한이가 이기기는 마찬가지였다. 대한이가 항상 이길 수 있었던 이유는 무엇인가?

(나) 게임에서 승리하려면 먼저 그 게임의 규칙을 배워야 한다. 그리고 규칙을 배운 후에는 누구보다 더 그 게임에 몰입해야 한다.

– 아인슈타인

(다) 일하는 시간과 노는 시간을 뚜렷이 구분하라. 시간의 중요성을 이해하고 매순간을 즐겁게 보내고 유용하게 활용하라. 그러면 젊은 날은 유쾌함으로 가득 찰 것이고 늙어서도 후회할 일이 적어질 것이며 비록 가난할 때라도 인생을 아름답게 살아갈 수 있다.

– 루이사 메이올콧

 **생각 던지기**

1 글 (가)의 게임에는 승리할 수 있는 규칙이 있다.

1-1 이 게임을 반드시 이길 수 있는 원리는 무엇인가?

1-2 먼저 하는 사람과 나중에 하는 사람 중에 누가 유리한가?

1-3 20이나 45까지 세는 게임에서도 이기는 원리는 같은가?

2 게임의 원리를 아는 사람과 모르는 사람이 게임에 임하는 자세는 어떻게 다를까?

2-1 두 사람 모두 게임의 원리를 아는 경우

2-2 한 사람만 게임의 원리를 아는 경우

2-3 두 사람 모두 게임의 원리를 모르는 경우

3 수학 개념인 등차수열에 대하여 말해보자.

생각 넓히기

맥휘니(W. McWhinney)는 인생에는 4가지 종류의 게임이 있다고 했다. '일정 규칙 게임, 규칙 정하기 게임, 가치 창출 게임, 의미 만들기' 게임이다.

1 맥휘니의 게임 분류로 본다면 30까지 숫자 세기 게임은 4가지 중 어디에 속할까?

2 대부분의 사람들은 일정 규칙 게임에서는 장점을 발휘하지만, 나머지 종류의 게임에 대해서는 자신 없어 하는 경우가 많다. 그 이유는 무엇일까?

3 인생을 게임이라고 한다면, 게임에 임하는 나의 자세는 어떠한가?

4 나는 오늘 어떤 게임을 했는가?

4-1 그 게임을 재미있게 즐겼는가?

4-2 그 게임이 나에게 어떤 의미가 있었는가?

78

이 세상은 불공정한 게임이 너무 많다. 마치 거북이와 토끼를 경주시키는 것처럼 말이다. 한편, 같은 인간이라 할지라도 그 게임의 원리에 대하여 아는지 모르는지에 따라 게임의 상황은 전혀 다르게 나타난다. 그렇다면, 우리가 꿈꾸는 가장 이상적인 게임이란 무엇일까?

첫째, 두 사람 모두 게임의 원리를 아는 경우
둘째, 한 사람만 게임의 원리를 아는 경우
셋째, 두 사람 모두 게임의 원리를 모르는 경우

1 위의 상황 중에 불공정하다고 느껴지는 경우는 무엇인가?

2 자신은 게임의 규칙을 알지만 상대가 모르는 경우 그 게임을 진행하는 것은 옳은 일인가?

▌수업 연계형 독서활동 《머니볼》

"사실 우리는 다른 팀들과는 비교도 안 될 정도로 불공정한 조건에 처해 있던 팀이었고, 너무나 당연하듯이 패배 의식에 찌들어 있는 팀이었다. 하지만 우리의 성공으로 어렵고 힘든 여건에 처해 있는 자들에게 이를 극복할 수 있다는 희망을 줄 수 있어 기쁘다."

대한이와 민국이의 바둑돌 없애기 게임에서 게임의 규칙을 아는 것과 모르는 것의 차이가 극명하게 나타나는 것처럼, 《머니볼》에서 '오클랜드 어슬레틱스' 팀과 부자 구단인 '뉴욕 양키스'의 차이는 극명하다. 오클랜드 어슬레틱스는 뉴욕 양키스의 최정상급 스타 1명의 연봉과 선수단 전체의 연봉이 맞먹을 정도로 열악한 조건의 팀이었다. 그러나 빌리 빈 단장이 취임하고 난 후, 4년 연속 포스트시즌 진출이라는 성과를 이뤄낸다. 이는 빌리 빈 단장이 100년 넘게 이어오던 관습을 버리고 타율보다는 출루율, 타점보다는 장타율에 초점을 맞추어 선수를 영입하고 육성했기 때문에 나타난 성과다. 이러한 오클랜드 어슬레틱스의 성공 사례는 불공정한 여건에 처했을 때 이를 극복하기 위해서는 남들이 생각하지 못하는 새로운 면에 주목하여 차이를 이끌어내야 한다는 교훈을 준다.

마이클 루이스 | 비지니스맵 | 2011

: 다윗과 골리앗

골리앗

블레셋 사람들의 진영에서 싸움을 돋우는 자가 왔는데 그의 이름은 골리앗이요 가드 사람이라 그의 키는 여섯 규빗 한 뼘이요. (중략) 그가 서서 이스라엘 군대를 향하여 외쳐 이르되 너희가 어찌하여 나와서 전열을 벌였느냐. 나는 블레셋 사람이 아니며 너희는 사울의 신복이 아니냐. 너희는 한 사람을 택하여 내게로 보내라.

– 〈사무엘상〉 17:4,8

다윗

손에 막대기를 가지고 시내에서 매끄러운 돌 다섯을 골라서 자기 목자의 제구 곧 주머니에 넣고 손에 물매를 가지고 블레셋 사람에게로 나아가니라. (중략) 손을 주머니에 넣어 돌을 가지고 물매로 던져 블레셋 사람의 이마를 치매 돌이 그의 이마에 박히니 땅에 엎드러지니라. 다윗이 이같이 물매와 돌로 블레셋 사람을 이기고 그를 쳐죽였으나 자기 손에는 칼이 없었더라.

– 〈사무엘상〉 17:40,49~50

1 다윗과 골리앗의 사례에 대해 분석해보자.

  1-1 키가 2m가 넘는 건장한 체구를 가진 골리앗과 아직 어리고 키도 작은 다윗의 대결은 불공정한 조건에서 이루어진 게임이다. 하지만 결과를 보면 알 수 있듯이 대결은 다윗의 승리로 끝났다. 다윗은 어떻게 불리한 상황을 극복할 수 있었을까?

  1-2 상대방(골리앗)과 비교했을 때 다윗처럼 매우 불리한 상황에 처해 있었음에도 이를 극복한 경험이 있는지 생각해보고, 이런 경험이 없다면 충분히 도전해볼 만한 상황이었음에도 포기한 적은 없는지 되돌아보자.

생각 정리하기

내가 생각하는 30까지 숫자 세기 게임에서 가장 이상적인 경우는, 게임에 참가하는 두 사람 모두가 게임의 필승 전략을 모르는 것이다. 그렇게 생각한 이유는 첫째로, 전략이나 원리를 모를 때 사람들이 가장 순수하게 열정적으로 게임에 참여한다고 생각하기 때문이다. 둘째는, 전략을 이용하여 쉽게 접근하는 편법을 쓰지 못하기 때문에 비교적 공정한 경쟁이 가능하다고 생각하기 때문이다.

 창의인성을 위한 서술·논술형 문제

다음과 같은 규칙을 가진 게임이 있다.

> [규칙1] 두 사람 A, B가 교대로 1부터 30까지의 자연수를 작은 수부터 순서대로 말한다.
> [규칙2] 한 번에 말할 수 있는 수는 1개 또는 2개 또는 3개이다.
> [규칙3] 30을 말하는 사람이 진다.

1 규칙에 따라 A가 항상 이기기 위하여 A의 차례에서 말해야 하는 수 중 마지막 수를 작은 수부터 나열하여 만든 수열을 $\{a_n\}$이라 하자.

1-1 수열 $\{a_n\}$을 나열하여라.

1-2 수열 $\{a_n\}$의 각 항 사이의 관계식을 구하여라.

1-3 일반항 a_n을 구하여라.

1-4 A가 승리하려면 숫자를 먼저 말해야 하는가, 나중에 말해야 하는가?

2 A, B가 위의 규칙에 의해 게임을 할 때, 다음 〈보기〉를 보고 물음에 답하라.

> **보기**
>
> ㄱ. 두 사람 모두 게임의 원리를 알고 있는 경우　　⇨ O - O
> ㄴ. 한 사람만 게임의 원리를 알고 있는 경우　　　⇨ O - X
> ㄷ. 두 사람 모두 게임의 원리를 모르고 있는 경우 ⇨ X - X

2-1 〈보기〉의 경우 중 하나를 선택하여, 게임에 임하는 두 사람의 자세와 게임 후의 심리적 상태를 서술하라.

2-2 인간은 가치를 추구하는 동물이다. 또한, 인간은 꿈이 있는 동물이다. 꿈에는 야망과 비전이 있다. 야망이 내가 이루고 싶은 꿈이라면, 비전은 다른 사람들이 나를 통해 이루고 싶은 꿈이라고 한다. 2-1의 답을 근거로 자신의 야망과 비전을 설명하여라.

◆ 창의인성을 위한 서술 · 논술형 문제

1-1 $\{a_n\} = \{1,\ 5,\ 9,\ 13,\ 17,\ 21,\ 25,\ 29\}$

1-2 $a_{n+1} = a_n + 4$

1-3 $a_n = 4n - 3$

1-4 A가 먼저 1을 말해야 한다.

유한집합의 개수에 대한 개념과 원리를 통해서 중복된 삶의 이야기가 인간관계에서 오해를 불러오는 경우가 있음을 찾아보자.

(가) 엄마 둘과 딸 둘이 함께 낚시를 갔다. 낚시가 익숙하지는 않았지만 몇 시간 안 되어 한 사람당 한 마리씩 물고기를 잡았다. 그런데 물고기들을 통에 담아서 집으로 가져와 세어보니 모두 3마리였다. 어떻게 된 것일까? (단, 물고기는 죽지 않았고, 서로 잡아먹거나 먹히지 않았다. 물통 밖으로 나온 흔적도 없다.)

(나) 유한집합 A, B에 대하여 $n(A \cup B) = n(A) + n(B) - n(A \cap B)$이 성립한다.

(다) 오늘은 어버이날이다. 나에게는 부모님도 계시지만 자녀들에게는 내가 부모가 된다. 이런 날에 자녀로서, 부모로서 의미 있고 유익한 날이 될 수 있기를 소망해본다.

(라) 자녀들아, 주 안에서 너희 부모에게 순종하라. 이것이 옳으니라. 네 아버지와 어머니를 공경하라. 이것은 약속이 있는 첫 계명이니 이로써 네가 잘되고 땅에서 장수하리라. 또 아비들아, 너희 자녀를 노엽게 하지 말고 오직 주의 교훈과 훈계로 양육하라.

– 〈에베소서〉 6:1~4

1 집합을 정의하여라.

　　1-1 글 (가)에서 물고기가 3마리인 이유를 글 (나)에 근거하여 설명하여라.

　　1-2 낚시 여행을 갔다가 갈등(불신)이 유발될 수 있다면 그 원인은 무엇 때문일까?

2 샌드위치 인생이란 무엇인가?

　　2-1 양쪽에 걸친 인생은 양자택일을 해야 하는 상황이 생기기도 한다. 이와 같은 사례가 있었다면 나누어보자.

　　2-2 위와 같은 상황에서는 양쪽에 균형을 이루는 것이 중요하다. 그 방법은 무엇인가?

생각 넓히기

1 가족이 함께 여행을 떠나본 경험을 나누어보자.

　　1-1 가족 여행의 의미는 무엇인가?

　　1-2 가족 여행에서 가장 중요하게 생각되는 것은 무엇인가?

　　1-3 가족 여행에서 좋았던 점과 갈등을 유발했던 사례를 나누어보자.

2 글 (다)와 (라)에는 '할머니, 할아버지 – 나 – 자녀'로 연계되는 가계도에서 부모와 자녀를 어떻게 대해야 하는지에 대한 도리가 제시되고 있다.

　　2-1 자녀로서 부모에게 효도해야 하는 당위성과 그에 따른 삶의 실천 방안은 무엇인가?

　　2-2 부모로서 자녀를 교육해야 하는 당위성과 그에 따른 삶의 실천 방안은 무엇인가?

1 여행이란 그 자체만으로도 가치가 있다. 그러나 좋은 추억이 될 수도 있지만, 갈등으로 인하여 나쁜 추억이 될 수도 있다. 진정한 여행의 의미를 함께 공유하기 위한 방안은 무엇일까?

2 이 세상의 모든 것을 명확하게 구분 짓기란 쉽지 않다. 몸은 하나인데 나를 필요로 하는 곳은 여러 곳일 수 있다. 이러한 경우에 어떻게 해야 하는가?

3 진정한 소통은 앎과 무지의 차이라고 할 때, 공부를 열심히 해야 하는 이유를 제시문을 근거로 이야기해보자.

📑 수업 연계형 독서활동 《샌드위치 인생》

우리가 즐겨먹는 샌드위치는 가운데에서 눌림을 당할지라도 중간 역할을 하는 고기나 야채 등의 식재료가 없으면 맛이 없다. 아무리 빵이나 떡이 커도 속에 팥이나 야채, 고기와 같은 내용물이 들어 있지 않으면 사람들이 찾지 않을 것이다. 가운데에 끼어 있는 재료의 역할이 얼마나 중요한지는 말할 필요도 없다. 그런데 언제부터인가 이렇게 중요한 중간자의 위치나 역할을 가볍게 여기고 마다하는 풍조가 생겼다.

나무에 가위질을 하는 것은 나무를 사랑하기 때문이라고 한다. 부모에게 야단을 맞지 않고 자라는 아이는 똑똑한 사람이 될 수 없다. 겨울 추위가 심한 해일수록 오는 봄의 나뭇잎은 한층 푸르다. 사람도 역경에 단련되지 않고서는 결코 큰 인물이 될 수 없다. 가정이 제 역할을 못하면 학교도 제대로 된 교육을 할 수가 없다. 그런데 우리는 가운데에서 눌림을 당하는 것이 힘들고 어려워서 자꾸 피하려고만 하는 것 같다.

샌드위치 세대, 샌드위치 인생, 듣기 좋은 말도 아니지만 벗어나기도 어려운 것이다. 여기저기 끼어 있는 상황이 힘들더라도 그 역경을 이겨낸다면, 진정한 맛을 내는 재료가 될 수 있을 것이다.

배진건 | 코람데오 | 2006

융합교과 탐구활동

: 읍참마속(泣斬馬謖)

사회적 지위에 따른 역할 갈등 사례는 고사성어에서도 찾아볼 수 있다.

제갈량이 위나라를 공격했을 때의 일이다. 제갈량의 공격을 받은 조예는 명장 사마의를 보내 방비하도록 했다. 사마의의 명성과 능력을 잘 알고 있던 제갈량은 누구를 보내 그를 막을 것인지 고민했다. 이에 제갈량의 친구이자 참모인 마량의 아우 마속이 자신이 나아가 사마의의 군사를 방어하겠다고 자원했다. 제갈량은 마속이 훌륭한 장수이지만 사마의에게 대항하기는 부족하다고 여겨 주저했다. 그러자 마속은 실패하면 목숨을 내놓겠다며 거듭 자원했고 결국 제갈량은 신중하게 처신할 것을 권유하며 지시를 내렸다. 그러나 마속은 제갈량의 명령을 어기고 다른 전략을 세웠다가 대패하고 말았다. 결국 제갈량은 눈물을 머금으며 마속의 목을 벨 수밖에 없었다. 엄격한 군율이 살아 있음을 전군에 알리기 위해서는 어쩔 수 없는 일이었다.

제갈량은 마속의 형의 친구라는 지위와 군 지도자라는 지위를 동시에 갖고 있었다. 전자에 맞게 행동하려면 마속의 실수를 눈감아 줘야 하고, 후자에 맞게 행동하려면 마속을 엄격하게 처벌해야 한다. 제갈량은 이러한 역할 갈등 속에서 후자에 더 비중을 실었고, 결국 마속을 처형할 수밖에 없었다.

생각 정리하기

우리는 다양한 집합에 속하게 된다. 예를 들어, 나는 학교, 가정, 동네 등 다양한 집단에 속한다. 이런 집단들에는 교집합이 생기기 마련이다. 이 교집합들의 요구에 나는 분명히 행동해야 한다. 그러지 않으면 그 관계가 어려워지기 때문이다.

나는 부모님께는 딸이기도 하면서 동료들에게는 친구가 되기도 한다. 만약 부모님의 생신에 친구들과의 약속이 겹쳤다면 어떻게 해야 할까? 부모님인가? 친구인가? 이 상황에서 가장 좋은 답은 친구들과의 약속을 일찍 마친 후 집에 돌아가서 부모님과 시간을 보내는 것이라고 할 수 있다. 이렇듯 걸친 인생, 즉 샌드위치 같은 인생을 살아가는 데에 있어서 균형을 맞추는 것이 중요하다. 이를 위해서는 우선순위를 정하는 것도 한 방법임을 알게 되었다.

창의인성을 위한 서술·논술형 문제

(가) 엄마 둘과 딸 둘이 함께 낚시를 갔다. 낚시가 익숙하지는 않았지만 몇 시간 안 되어 한 사람당 한 마리씩 물고기를 잡았다. 그런데 물고기들을 통에 담아서 집으로 가져와 세어보니 모두 3마리였다. 어떻게 된 것일까? (단, 물고기는 죽지 않았고, 서로 잡아먹거나 먹히지 않았다. 물통 밖으로 나온 흔적도 없다.)

(나) 유한집합 A, B에 대하여 $n(A \cup B) = n(A) + n(B) - n(A \cap B)$이 성립한다.

(다) 오늘은 어버이날이다. 나에게는 부모님도 계시지만 자녀들에게는 내가 부모가 된다. 이런 날에 자녀로서, 부모로서 의미 있고 유익한 날이 될 수 있기를 소망해본다.

(라) 자녀들아, 주 안에서 너희 부모에게 순종하라. 이것이 옳으니라. 네 아버지와 어머니를 공경하라. 이것은 약속이 있는 첫 계명이니 이로써 네가 잘되고 땅에서 장수하리라. 또 아비들아, 너희 자녀를 노엽게 하지 말고 오직 주의 교훈과 훈계로 양육하라.

– 〈에베소서〉 6:1~4

1 글 (가)의 내용을 글 (나)에 근거하여 설명하여라.

2 글 (다)는 '낀 세대'를 나타내는 내용이다. 이에 대하여 낀 세대가 살아가야 하는 방법을 글 (라)를 통하여 설명하여라.

(가) 10층 높이의 건물에서 두 대의 로봇 $R1$, $R2$가 전기 작업과 드릴 작업을 각각 수행하고 있다. 로봇의 작업 스케줄은 [1 2 2 2 4 4]처럼 표시되는데 서로 다른 숫자는 작업이 필요한 층수를 나타내고, 반복되는 횟수는 필요한 작업 시간을 10분 단위로 나타낸다. 예를 들어 위의 작업일지는 1층에서 10분, 2층에서 30분, 4층에서 20분의 작업을 의미하며 모든 작업을 끝내는 데 60분이 소요된다.

$R1$이 모든 작업을 마치고 난 후 $R2$가 자신의 작업을 시작한다. 현재 $R1$과 $R2$의 작업 스케줄은 [1 2 5 8 9]와 [1 2 2 8 8 8 9 9]이며, 따라서 모든 작업을 끝내는 데 130분의 시간이 소요된다.

로봇의 작업 시간을 단축시키기 위해 두 로봇을 하나의 로봇으로 결합시킨 새로운 로봇 $R3$는 같은 층에서의 작업을 동시에 수행한다. $R3$를 위한 작업 스케줄은 $R1$과 $R2$의 작업 스케줄을 조합하여 쉽게 생성할 수 있다. 예를 들어, 위에 주어진 $R1$과 $R2$의 작업 스케줄을 수행하기 위한 R3의 작업 스케줄은 [1 2 2 5 8 8 8 9 9]이고 이 경우 작업 시간은 90분으로 단축된다.

(나) A는 얼굴을 맞대고 앉아 서로의 소식을 묻고 전화기 너머로 상대방의 목소리를 들으면서 일대일로 소통하는 전통적인 관계 유지 방식은 지나치게 많은 시간과 노력을 필요로 한다고 생각한다. 소셜미디어를 이용하면 많은 시간을 투자하지 않아도 기존에 알고 지내던 지인들과 지속적으로 짧고 빈번한 접촉을 유지할 수 있음은 물론, 나와 취향이 비슷하고 성격이 잘 맞는 그야말로 '잘 통하는' 새로운 친구들을 얼마든지 찾을 수 있기 때문이다. A는 "나는 디지털 인맥을 통해 소속감과 심리적 안정감을 충분히 느끼고 있다. 이제는 오프라인으로 사람을 만나야 하는 이유를 잘 모르겠다. 동기 모임이나 친목 모임들도 모두 소셜미디어상에서의 모임으로 전환할 생각이다"라고 말한다.

(2016 고려대 수시전형 평가문항)

1 제시문 (가)에서 $R1$, $R2$의 작업 스케줄로부터 밑줄 친 $R3$의 작업 스케줄을 생성하는 과정을 설명하라.

2 제시문 (가)에서 $R3$ 개발로 인한 작업 시간의 단축 효과는 기존 로봇의 작업 스케줄에 따라 다르게 나타난다.

　2-1 작업 시간의 단축 효과가 큰 작업 스케줄의 유형을 설명하라.

　2-2 작업 시간의 단축 효과가 나타나지 않는 작업 스케줄 유형을 설명하라.

3 제시문 (나)의 A와 같은 생각을 가지는 사람이 늘어난다면 전통적인 인간관계가 어떻게 변화할 것이라고 생각하는가? 이를 바탕으로 A의 의견에 대한 본인의 입장을 밝혀라.

출제 의도 ────────────────────────────

1. 제시문에서 설명하고 있는 원칙을 이해하여 원소의 중복이 허용되고 오름차순으로 정렬된 두 집합을 통합하는 과정을 설명할 수 있는지를 확인하고자 하였다.

2. 제시문에서 설명하고 있는 원칙을 바탕으로 원소의 중복이 허용되는 두 집합을 통합할 때 통합된 집합의 크기를 결정하는 요소를 파악해낼 수 있는지를 확인하고자 하였다.

3. 제시문에 소개된 사례를 바탕으로 디지털 미디어 시대 인간관계의 특성과 변화 방향에 대해 설명할 수 있는지를 확인하고자 하였다.

◆ 창의인성을 위한 서술·논술형 문제

1 할머니 – 엄마 – 딸이 함께 낚시를 간 것이다.

할머니는 엄마의 엄마니까 엄마가 둘이고, 엄마는 할머니의 딸이니까 딸이 둘이다.

$n(A \cup B) = n(A) + n(B) - n(A \cap B) = 2 + 2 - 1 = 3$

11

확률 – 빛과 어둠은 공존한다

확률의 기댓값에 대한 개념과 원리를 통해서 불확실한 사건에 대하여 우리가 기대하는 삶의 가치를 추구하는 방법과 지혜를 찾아보자.

(가) 기댓값(期待값, expected value)은 각 사건이 벌어졌을 때의 이득과 그 사건이 벌어질 확률을 곱한 것을 전체 사건에 대해 합한 값이다. 이것은 어떤 확률적 사건에 대한 평균의 의미로 생각할 수 있다.

(나) 다음과 같은 선택지 A, B가 있을 때, 어떤 선택을 할 것인가?

A: 1억 원 받을 확률 100%

B: 1억 원 받을 확률 89%

　5억 원 받을 확률 10%

　아무것도 받지 못할 확률 1%

(다) 다음과 같은 선택지가 있을 때 어떤 선택을 할 것인가?

A: 동전을 던져 앞면이 나오면 1000원을 받고, 뒷면이 나오면 2000원을 받는다.

B: 동전을 던져 앞면이 나오면 2000원을 받고, 뒷면이 나오면 1000원을 내놓는다.

C: 동전을 던져 앞면이 나오면 1억 원을 받고, 뒷면이 나오면 1000만 원을 내놓는다.

D: 동전을 던져서 앞면이 나오면 1억 원을 받고, 뒷면이 나오면 심장을 내놓는다.

E: 동전을 던져서 앞면이 나오면 살고, 뒷면이 나오면 죽는다.

(라) 우리가 옳은 선택을 하는 것은 하나님 아버지에 대한 사랑과 그분의 뜻을 행하려는 우리의 소망을 나타내 보이는 것이다.

– 〈요한복음〉 14:15

📖 생각 던지기

1 인간의 삶은 선택의 연속이다. 그 이유는 그에 대한 기대감이 있기 때문이다.

    1-1 글 (나)에서 선택지 A와 B 중 어느 쪽이 더 합리적인 선택인지 확률(기댓값)로 설명하라.

    1-2 선택지 A의 선택 비율은 무시하지 못 할 만큼 높다. 선택지 B가 논리적으로 더 합리적임에도 불구하고 선택하지 않는 이유는 무엇인가? '제한된 합리성'의 개념으로 설명하라.

    ▷ 제한된 합리성: 의사결정을 할 때 제한된 정보와 능력, 상황에서 최적의 대안을 선택하게 되는 경우를 제한된 합리성하에서의 의사결정이라고 말한다.

2 글 (나)에서 돈의 단위를 억에서 천으로, 또는 억에서 조로 바꾸면 어떻게 될 것인지 '부킹 프라이스'로 설명하라.

▷ 부킹 프라이스(booking price)란 경제심리학 용어로 마음속에 기입하는 금액을 의미한다. 다시 말해서 우리가 받았다고 치거나 잃었다고 치는 돈이다.

3 글 (다)와 같은 조건이 나에게 주어진다면 어떤 선택을 할 것인가?

🔍 생각 넓히기

1 인생은 내일에 대한 기대(소망)를 가지고 살아가게 되어 있다. 문제는 세상 일이 내 뜻대로 되지만은 않는다는 것이다. 그럼에도 불구하고 우리는 주어진 환경을 극복하며 살아가야 한다. 이에 대하여 글 (다)의 내용을 통해 자신의 내면을 만나보자.

    1-1 각각의 조건에 대하여 수학적 논리로 설명해보자.

    1-2 각각의 조건에 대하여 내 삶과 연결하여 설명해보자.

    1-3 글 (다)를 통해 배울 수 있는 교훈은 무엇인가?

2 사람의 판단 기준에는 이성과 감성이 있다. 이에 대해 글 (나)와 (다)를 읽고 물음에 답해보자.

    2-1 이성이란 진위와 선악을 식별하여 바르게 판단하는 능력으로, 다른 동물과 구별되는 인간의 본질적 특성이다. 또한 이것은 자신이 추구하고자 하는 가치를 기준으로 한다. 그것은 무엇인가?

2-2 감성이란 무엇인가?

⇨ 감성이란 이성에 대응되는 개념으로, 외계의 대상을 오관으로 감각하고 지각하여 표상을 형성하는 인간의 인식 능력이다.

3 이성과 감성의 균형적 감각을 가지고 조화를 이루어내는 사례를 나누어보자.

3-1 세상에는 이성만으로는 설명되지 않는 일들이 많다. 애초에 글 (다)의 사람은 왜 이렇게 큰돈을 선뜻 준다고 했을까?

3-2 나는 누군가에게 이유 없는 도움을 주거나 받은 적이 있는가?

3-3 더 합리적인 길임에도 불구하고 택하지 않았던 적이 있는가?

3-4 만약 나에게 이렇듯 갑작스러운 인생 역전의 기회가 생긴다면 어떻게 할 것인가?

 생각 나누기

1 우리는 매순간 선택하며 살아가는 존재들이다.

1-1 선택의 기준은 무엇인가?

1-2 이성과 감성 사이에서 양자택일을 해야 하는 경우가 있다면 어떤 선택을 할 것인가?

2 세상에는 찬성과 반대되는 상반된 의견을 가진 사람들이 많다.

2-1 다양한 의견을 가진 사람들이 조화를 이루며 살아갈 수 있는 방안은 무엇인가?

2-2 '이중개념주의' 사회에서는 어떤 가치를 추구하며 살아가야 하는가?

3 다음 글을 읽고 갑과 을이 어떤 선택을 할지 물음에 답하여라.

다음은 새 학기가 되어 담당할 학급에 관해 두 선생님이 나눈 대화 내용이다.

> 갑: 두 학급이 모두 같은데 먼저 선택하세요.
> 을: 그럼, 제가 먼저 선택할게요.

A, B 두 학급은 각각 다음과 같은 교과 성적을 가진 10명의 학생으로 구성되어 있다.

A = {100, 99, 98, 97, 96, 0, 1, 2, 3, 4}

B = {45, 46, 47, 48, 49, 51, 52, 53, 54, 55}

3-1 서로 상관없으니 먼저 선택하라고 한다면 어떻게 될까?

3-2 서로 상대의 선택에 민감하게 반응한다면 어떻게 될까?

3-3 평균과 분산을 구하여 설명하여라.

4 다음 글을 읽고 물음에 답하여라.

병만 족장을 비롯해 7명이 낚시를 하러 갔다. 이들이 잡은 물고기 수의 평균은 5마리, 중앙값은 4마리, 최빈값은 3마리였다. 병만족은 각각 몇 마리의 물고기를 잡았을까?

4-1 7명의 총합은 35이다. 평균은 얼마인가?

4-2 총합은 35이고, 평균이 5일 때, 7명 각각이 잡은 물고기 수는 몇 마리인가?

4-3 물고기를 가장 많이 잡은 사람이 병만 족장이라고 할 때, 병만 족장이 잡았을 최대 마리 수와 최소 마리 수는 얼마인가?

수업 연계형 독서활동 《프레임 전쟁》

"당신이 참으로 믿는 것을 충실히 따르라. 당신의 입장을 당신이 신봉하지 않는 입장으로 바꾸면 당신 본연의 모습이 사라지며, 그것은 결함이 있고 비효율적인 전략이다."

"당신의 가치가 현재 인정을 받지 못하더라도 진정성을 유지한다는 것은 용기가 있음을 뜻한다. 용기가 있다는 것은 현명하지 못하다는 것을 의미하지 않으며, 자신의 선거구민들에게 상처 주는 것을 의미하지도 않는다."

사람들의 성향을 한 번의 선택으로 정할 수는 없을 것이라고 생각했다. 이 책에서는 '이중개념주의'라는 내용이 나온다. 그 사람의 정치적 성향에 대한 것도 사람들은 획일화된 개성으로 받아들이지만, 상황에 따라 달라질 수 있다는 것이다. 이러한 과정에서 가장 중요한 것은 진정으로 자신이 하고 싶은 선택을 하는 것이라는 생각이 들었다.

조지 레이코프 | 창비 | 2007

융합교과 탐구활동

: 머피의 법칙과 셸리의 법칙

우연이 계속 겹쳐 일이 계속 안 좋게 꼬이는 경우를 '머피의 법칙'이라고 한다. 그와 반대의 경우는 '셸리의 법칙'이라 한다.

1 그림과 같이 한 변의 길이가 10인 정사각형의 지도에서 한 지점을 짚었을 때 어두운 부분에 속할 확률은 얼마인가? (단, 음영부분의 간격은 1이다.)

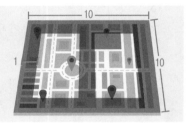

확률이란 하나의 사건이 일어날 수 있는 가능성을 수로 나타낸 것으로 그림에서 어두운 부분을 머피의 영역이라고 부른다.

1-1 머피의 영역에 대한 넓이를 구해보자.

1-2 셸리의 영역에 대한 넓이를 구해보자.

1-3 머피의 법칙과 셸리의 법칙 사이의 관계를 설명해보자.

2 '건널목 앞에 서자 신호등이 파란불로 바뀐다, 시험 시간 5분 전에 공부한 부분에서 시험 문제가 나온다, 집에 들어오자마자 소나기가 내린다' 등은 좋은 일이 우연히 겹치는 셸리의 법칙이라 할 수 있다. 사람들은 대부분 셸리의 법칙을 소원한다.

2-1 우리의 삶에는 머피의 법칙이 더 많이 일어나는가? 아니면 셸리의 법칙이 더 자주 일어나는가?

2-2 두 법칙을 간단하게 생각하면 순전히 운(運)에 따라 결과가 나타나는 것 같으나 깊이 생각해보면 그러한 결과들은 결코 우연(偶然)이 될 수 없다. 왜 그러한지 생각해보자.

2-3 자아(自我)를 벗어나지 못하면 머피의 법칙이 자주 적용될 것이고, 자신을 벗어나 한 알의 밀알로 살아갈 때는 셸리의 법칙이 더 잦아질 것이다.

생각 정리하기

세계 최고의 도박을 이해하려면 '기댓값'이라는 말을 알아야 한다. 파스칼은 확률론의 개념을 탄생시킨 프랑스의 수학자로 세계 최고의 도박에 대해 이야기한 사람으로 유명하다. 바로 '신(God)의 존재에 관한 도박'이다. 파스칼은 A를 선택하는 것을 '신을 믿지 않는 것'으로 B를 선택하는 것을 '신을 믿는 것'으로 바꾸고, 동전의 앞면은 '신이 있다'로 동전의 뒷면은 '신이 없다'로 대신하였다. 신이 있을 확률과 없을 확률은 50대 50이라고 가정하고 이것을 표로 나타내면 다음과 같다.

	신이 있을 경우(동전 앞면)	신이 없을 경우(동전 뒷면)
신을 믿지 않을 경우(A)	지옥($-\infty$)	이득 없음(0)
신을 믿을 경우(B)	천국(∞)	이득 없음(0)

B를 선택한 경우에 대하여 신을 믿는 경우의 기댓값을 구하여보자. 동전의 뒷면, 즉 '신이 없다'일 경우 받게 되는 보상은 0이다. 신자가 되었는데 실제로는 신이 없어서 죽으면 무(無)로 사라지게 되기 때문이다. 반대로, 동전의 앞면, 즉 '신이 있다'일 경우 받게 되는 보상은 ∞(무한대)이다. 신자가 되어 천국에서 영광 속에 살며 영생을 누리기 때문이다. 따라서 B를 선택한 경우, 즉 유신론자가 되는 경우의 기댓값은 어떻게 될까?

A를 선택한 경우, 즉 무신론자가 되는 경우의 기댓값을 구하여보자. 동전의 뒷면, 즉 '신이 없다'일 경우 받게 되는 보상은 0이지만 동전의 앞면, 즉 '신이 있다'일 경우 받게 되는 보상은 $-\infty$이다. 지옥에서 영원히 고통을 당하기 때문이다. 따라서 B를 선택한 경우, 즉 유신론자가 되는 경우의 기댓값이 ∞인 것과는 달리 A를 선택한 경우, 즉 무신론자가 되는 경우의 기댓값은 $-\infty$임을 알 수 있다. 이것이 바로 파스칼이 말한 '세계 최고의 도박'이다.

정확한 계산과 논리의 결과를 판단의 기준으로 삼는 수학자 파스칼은 기댓값이 큰 유신론자가 되는 길을 택했고 《팡세》와 같은 훌륭한 수필을 남긴 신학자로도 이름을 떨쳤다.

창의인성을 위한 서술·논술형 문제

(가) 기댓값이란 어떤 확률을 가진 사건을 무한히 반복했을 때 얻을 수 있는 값의 평균으로 기대할 수 있는 값이다.

(나) 다음과 같은 선택지가 있을 때, 어떤 선택을 할 것인가?

> A: 1억 원 받을 확률 100%
> B: 1억 원 받을 확률 89%
>   5억 원 받을 확률 10%
>   아무것도 받지 못할 확률 1%
> C: 1억 원을 받을 확률 50%
>   1000만 원을 받을 확률 40%
>   2000만 원을 내놓을 확률 10%
> D: 1억 원을 받을 확률 10%
>   1000만 원을 받을 확률 20%
>   5000만 원을 내놓을 확률 10%
>   1000만 원을 내놓을 확률 40%
>   아무것도 받지 못할 확률 20%

(다) 우리가 옳은 선택을 하는 것은 하나님 아버지에 대한 사랑과 그분의 뜻을 행하려는 우리의 소망을 나타내 보이는 것이다.

– 〈요한복음〉 14:15

1 글 (나)에서 합리적인 선택을 위한 방법을 글 (가)에 근거하여 설명하여라.

2 글 (다)에서는 우리의 선택에 대한 기준을 제시하고 있다. 선택의 기준은 자신이 추구하고자 하는 가치를 가질 때 가능하고, 그 가치의 기준은 꿈으로부터 나온다. 꿈에는 야망과 비전이 있다. 야망이 내가 이루고 싶은 꿈이라면 비전은 나를 통해 이루고 싶은 사람들의 꿈이라고 할 수 있다.

  2-1 자신의 꿈을 야망과 비전의 관점에서 서술하여라.

  2-2 야망과 비전이 서로 다를 때 어떻게 하겠는가?

3 중기와 혜교는 오후 10시부터 10시 30분 사이에 어떤 인터넷 사이트 대화방에서 만나기로 약속하고, 누가 먼저 접속하더라도 10분 이상은 기다리지 않기로 했다. 두 사람이 만나면 9만 원을 받고, 만나지 못하면 5만 4000원을 내놓는다고 할 때 기댓값은 얼마가 될까?

기출문제 엿보기

다음 글을 읽고 물음에 답하여라.

(가) 기댓값이란 일어날 수 있는 사건 전체에 대하여 각각의 사건이 일어날 때의 이득과 그 각각의 사건이 일어날 확률을 곱한 값을 모두 합한 값이다.

(나) 다음 중 하나를 선택해야 할 때, 사람들은 일반적으로 B를 선택한다고 한다.

> A: 10억의 수익을 올릴 확률이 90%이고,
>   수익을 올리지 못할 확률이 10%
> B: 8억의 수익을 올릴 확률이 100%

(다) 다음 중 하나를 선택해야 할 때, 사람들은 일반적으로 C를 선택한다고 한다.

> C: 10억의 손실을 입을 확률이 90%이고,
>   손실을 입지 않을 확률이 10%
> D: 8억의 손실을 입을 확률이 100%

(2016 고려대 수시전형 문항)

1 제시문 (나)와 (다)에서 사람들이 선택할 때 보이는 경향에 대해 제시문 (가)와 관련지어 설명하라.

2 과학 과목 또는 자연현상에서 제시문 (나) 또는 (다)와 유사한 예를 제시하라.

3 다음 중 환자에게 어떤 신약을 처방할지 선택하고 그 이유를 제시하라.

E: 치료율이 높지만 부작용이 발생할 가능성도 높은 신약

F: 부작용이 발생할 가능성이 낮지만 치료율도 낮은 신약

출제 의도

1. 제시문을 통해 관찰되는 현상과 그 원인을 올바르게 판단할 수 있는지 파악하여 전공적합성을 알아보고자 한다.
2. 과학 과목 또는 자연현상에서 위험을 피하고 안정을 추구하는 현상을 적절히 찾아낼 수 있는지 파악하고자 한다.
3. 전공 분야에서 갈등 요소가 발생할 때 적절히 판단할 수 있는지 파악하여 인성을 알아보고자 한다.

문제 풀이

◆ 생각 나누기

3-1 A와 B의 평균은 모두 50으로 같다. 하지만 A의 분산, 즉 편차 제곱의 평균은 2306이고, B의 분산은 11로 B학급 학생들의 점수가 더 고르게 분포되어 있다.

3-2 수업에 대한 가치관에 따라 선택이 달라질 것이다. 두 학급의 평균은 같지만 B학급의 성적은 50점 근처에 대부분 몰려 있어서 비슷한 수준으로 맞추어 수업할 수 있고, 덕분에 수업 분위기도 좋을 것이다. 하지만 최상위권 대학으로 진학하는 학생은 없을 수도 있다. A학급은 우수한 학생도 있지만 수학을 포기한 학생도 있어 모두가 만족하는 수준의 수업을 진행하기 어려울 수 있다. 그래서 수업 분위기는 좋지 않을 수 있지만, 최상위권 대학에 진학하는 학생이 나올 수 있다.

◆ 융합교과 탐구활동

1 머피의 영역의 넓이는 한 변의 길이가 10인 정사각형에서 가로의 길이가 3, 세로의 길이가 8인 직사각형 두 개를 뺀 값과 같다.

(전체 지도에서 머피의 영역을 고를 확률)$= \dfrac{\text{머피의 영역의 넓이}}{\text{전체 지도의 넓이}}$

(전체 지도의 넓이)$=10 \times 10 = 100$

(머피의 영역의 넓이)$=10 \times 10 - (3 \times 8 \times 2) = 52$

(머피의 영역을 고를 확률)$=52\%$

(셀리의 영역을 고를 확률)$=48\%$

2 지도에서 아무 곳이나 짚으면 내가 짚은 곳이 가장자리이거나 접힌 부분일 때가 많다. 우리는 이러한 상황에서 하필이면 내가 짚은 곳이 구석이라며 짜증을 낸다. 하지만 확률을 계산해보면 아무 곳이나 짚으면 중앙보다 가장자리에 해당할 확률이 더 크다는 것을 알 수 있다. 우리가 원하는 일만 일어나는 것보다 그렇지 못할 확률이 큰 게 당연하다는 의미이다. 어쩌면 우리는 인생이 뜻대로 해결되기만을 원하기 때문에 그에 반하는 상황이 오면 '머피의 법칙'이라고 하는 것일 수도 있다. 모든 것이 내 뜻대로 해결되기를 바라지 않는다면 나에게만 불행이 일어난다는 생각도 자연스럽게 없어진다. 지나친 욕심을 부리기보다는 주어진 일에 늘 감사한 마음을 가질 때 행복해질 수 있다.

◆ 창의인성을 위한 서술·논술형 문제

1 기댓값은 (각 경우별 이익)×(확률)의 합으로 구할 수 있다.

A의 기댓값을 구해보면, 1억$\times\dfrac{100}{100}$=1억

B의 기댓값을 구해보면, $(1$억$\times\dfrac{89}{100})+(5$억$\times\dfrac{10}{100})$=1억 3900(만 원)

C의 기댓값을 구해보면, $(1$억$\times\dfrac{50}{100})+(1000\times\dfrac{40}{100})-(2000\times\dfrac{10}{100})$=5200(만 원)

D의 기댓값을 구해보면, $(1$억$\times\dfrac{10}{100})+(1000\times\dfrac{20}{100})-(5000\times\dfrac{10}{100})-(1000\times\dfrac{40}{100})$=300(만 원)

3 중기가 사이트에 접속하는 시각을 10시 x분, 혜교가 사이트에 접속하는 시각을 10시 y분이라면, $0 \leq x \leq 30$, $0 \leq y \leq 30$ 두 사람이 서로 만나려면 $|x-y| \leq 10$

$$\therefore p = \dfrac{30^2 - 2 \times \dfrac{1}{2} \times 20^2}{30 \times 30} = \dfrac{5}{9}$$, 만나지 못할 확률은 $\dfrac{4}{9}$

따라서, 기댓값은 $\dfrac{5}{9} \times 90000 + \dfrac{4}{9} \times (-54000) = 26000$(원)

12

연립부등식 – 닭장에 갇힌 삶을 벗어나라

연립부등식의 개념과 원리를 통해 나를 보호하는 삶의 울타리와 나를 가두는 삶의 울타리에 대한 의미를 찾아보자.

(가) 길이가 60m인 울타리를 둘러서 그림과 같이 닭장을 만들려고 한다. 이때, 막힌 담장 부분에는 울타리를 치지 않으며, 닭장의 넓이가 250m² 이상, 400m² 이하가 되도록 하려고 한다. 닭장의 가로의 길이를 xm라고 할 때, x는 어떤 조건을 만족하여야 할까?

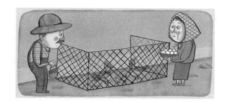

(나) 내 삶의 공간에는 여섯 개의 문들이 버티고 서 있다. 그 문들이 있기에 나만의 공간이 생기고 평안한 쉼을 가질 수 있는 반면, 한편으로는 소통되지 않는 공간이 되기도 한다. 그것들은 자물쇠가 없는 문들이기에 손을 내밀어 열어젖히면 언제나 스르르 열리는 여섯 개의 문들이다. 그런데 어떤 때는 자물쇠가 없음에도 불구하고 굳게 닫힌 철문처럼 답답할 때가 있다. 자존심을 내려놓으면 모든 것으로부터 자유로워지는 아름다운 세상! 함께 만들어 가고 싶다. (중략) 집을 나서면 수많은 자물쇠들이 나를 기다린다. 그때마다 그에 맞는 열쇠 꾸러미를 손에 쥐고 가야 한다. 하지만 마스터키가 있다면 어떠한 상황도 문제가 되지 않아 세상은 아름답기만 할 것이다.   – 썩은 박의 〈아침을 열며〉

(다) 도마뱀은 정글에 살면 3년 정도 살고, 사람이 키우면 15년 정도 산다고 한다. 정글에 사는 도마뱀의 수명이 상대적으로 짧은 이유는 생존에 많은 에너지를 쓰기 때문이다.

    – 도마뱀의 법칙

관상어 중에 '코이'라는 잉어가 있다. 이 물고기는 작은 어항에 넣어두면 5~8cm까지 자라고, 커다란 수족관이나 연못에 넣어두면 15~25cm까지 큰다. 그리고 강물에 방류하면 90~120cm까지 성장한다고 한다.

-코이의 법칙

생각 던지기

1 닭장을 만들어 사용하는 목적은 무엇인가?

2 닭장은 닭의 입장과 주인의 입장에서 어떻게 다를까?

3 글 (다)의 도마뱀의 법칙과 코이의 법칙이 전해주는 메시지를 설명하여라. 긍정적인 부분과 부정적인 부분을 제시하여 어떠한 삶을 살아갈 것인지 자신의 포부를 밝혀라.

생각 넓히기

1 나의 삶에서 나를 가두려는 '닭장' 같은 것이 있다면 무엇인가?

　1-1 내가 닭장 같은 '틀 또는 편견'에 갇혀 있지 않기 위해서 어떻게 해야 할까?

　1-2 한편으로는 나 스스로 닭장 안의 삶을 원한다고 할 수도 있다. 그렇다면, 내가 닭장 안에 머무르려는 이유는 무엇인가?

2 나를 보호하기 위한 '자연적인 울타리'와 '물리적인 울타리'가 있다.

　2-1 내가 돌아가야 할 안전한 쉼의 공간을 '가족의 울타리'라고 말한다면, 그 이유는 무엇인가?

　2-2 나는 지금 수많은 울타리에 의해 보호받고 있다. 그러나 언젠가는 나도 누군가의 울타리가 되어주어야 한다. 누군가의 울타리가 되기 위해 필요한 것은 무엇인가?

🗨 생각 나누기

1 인간도 동물에 속한다.

　1-1 우리는 '무엇에 의해' 또는 '누구에 의해' 사육되거나 방목된다고 할 수 있나?

　1-2 자신의 삶을 '사육당하는 경우'와 '방목되는 경우'로 구분지어 설명해보자.

2 우리로 하여금 하고 싶은 일을 할 수 없게 하고 자유로운 삶을 제한하는 닭장 같은 존재는 무엇인지, 자신의 경험과 관련지어 말해보자.

3 나를 가두어두는 것들은 무엇인가?

　3-1 그것은 걸림돌인가, 디딤돌인가?

　3-2 그 이유는 무엇인가?

　3-3 나를 가두는 가장 큰 닭장은 '나 자신'이라고 말할 수 있나? 그렇다면 그 이유는 무엇인가?

📖 **수업 연계형 독서활동**　《스티브 잡스, 생각확장의 힘》

"누구나 자신만의 탁월함을 가지고 있다. 그것은 다른 사람이 보기에 특별할 수도, 보잘것없을 수도 있다. 그것이 특별하든 보잘것없든, 각자가 가진 탁월함을 자기의 특성으로 만드는 것이 바로 '생각확장의 힘'이다. 지금 당장 떠오르는 생각은 흩어진 점에 불과할지도 모르지만, 이 생각들이 언제, 어느 순간 이어져 인생을 바꿀 아이디어가 될지 모른다. 사소한 것부터 집중하면서 자신의 모든 능력을 발휘할 수 있도록 매 순간 최선을 다하라. 그러면 삶이 놀라운 보답을 선사할 것이다."

이 책은 혁신도 노력으로 일궈낼 수 있다고 말한다. 스쳐가는 생각을 편견이나 기존의 관습에서 벗어나 깊게 생각하고 행동으로 옮기는 습관을 기른다면 혁신적 인물이 될 잠재력을 가질 수 있다. 스티브 잡스와 같이 자신이 일하는 분야에서 특별한 존재가 되고 싶은 소망이 있다면 현재 나의 모습에서 어떤 차이를 만들어야 하는지 생각하게 해준다.

왕췬즈 | 왕의서재 | 2013

융합교과 탐구활동

: 울타리 안에 갇힌 우리 민족의 삶

산과 산이 마주 향하고
믿음이 없는 얼굴과 얼굴이 마주 향한
항시 어두움 속에서 꼭 한 번은
천둥 같은 화산(火山)이 일어날 것을 알면서
요런 자세(姿勢)로 꽃이 되어야 쓰는가

저어 서로 응시하는 쌀쌀한 풍경
아름다운 풍토는
이미 고구려(高句麗) 같은 정신도
신라(新羅) 같은 이야기도 없는가
별들이 차지한 하늘은 끝끝내 하나인데
우리 무엇에 불안한 얼굴의 의미(意味)는
여기에 있었던가

모든 유혈(流血)은 꿈같이 가고
지금도 나무 하나 안심하고
서 있지 못할 광장(廣場)
아직도 정맥은 끊어진 채
휴식(休息)인가 야위어가는 이야기뿐인가

언제 한 번은 불고야 말
독사의 혀 같은 징그러운 바람이여
너도 이미 아는 모진 겨우살이를
또 한 번 겪어야 하는가
아무런 죄(罪)도 없이 피어난 꽃은
시방의 자리에서
얼마를 더 살아야 하는가
아름다운 길은 이뿐인가

산과 산이 마주 향하고
믿음이 없는 얼굴과 얼굴이 마주 향한
항시 어두움 속에서 꼭 한 번은
천둥 같은 화산이 일어날 것을 알면서
요런 자세로 꽃이 되어야 쓰는가

– 박봉우, 〈휴전선〉

이 시는 1956년도 조선일보 신춘문예에 당선작이다. 이데올로기의 대립으로 인해 휴전선을 사이에 두고 남과 북으로 대치하고 있는 우리 민족의 현실에 대한 안타까움을 비판적 말투로 잘 표현하고 있는 작품이다. 화자는 1연과 5연에서 "믿음이 없는 얼굴과 얼굴이" 155마일 휴전선을 마주하고 있는 민족의 분단 상황을 담담한 어조로 표현하고 있다. 2연에서는 "서로 응시하는 쌀쌀한 풍경"의 휴전선의 모습을 통하여 팽팽한 긴장감으로 대립하고 있는 남과 북의 현실을 그리고 있다. 3연에서는 분단을 "나무 하나 안심하고 서 있지 못할 광장", "정맥이 끊어진 채 살아가야 하는 불구와 같은 삶"에 비유하고 있다. 4연에서는 동족 간의 전쟁이 다시 일어날지도 모른다는 불안감을 말하고 있다.

1 닭을 가두는 울타리처럼 '휴전선'이 우리 민족의 삶을 가두고 있다고 생각하는가?

  1-1 휴전선은 닭을 가두는 울타리, 바다로 둘러싸인 삼면은 담장에 빗대어 우리 민족의 삶을 이야기해보자.

2 분단이라는 울타리가 우리에게 주는 이익과 손해에 대해서 생각해보자.

  2-1 분단을 인정하고 불편함을 느끼지 못하는 삶에 대해 어떻게 생각하는가?

  2-2 분단을 극복하고 통일을 준비하기 위해 우리가 해야 할 일은 무엇인가?

생각 정리하기

처음에는 수학을 다른 교과와 어떻게 연결할 수 있을지, 주제 선정부터 어려움이 있었다. 하지만 스스로 문제를 만들고, 주제를 정해 함께 토론하는 활동을 통해 한층 더 성장할 수 있었다. 아마 '생각 던지기' 문제처럼 실제로 해본 적이 없다는 생각 때문에 내 안에 있던 두려움의 닭장에 갇혔던 것 같다. 이번 활동을 통해 나를 가두고 있던 닭장들로부터 한 꺼풀 벗어난 기분이 들었다.

창의인성을 위한 서술·논술형 문제

(가) 길이가 60m인 울타리를 둘러서 그림과 같이 닭장을 만들려고 한다. 이때, 막힌 담장 부분에는 울타리를 치지 않으며, 닭장의 넓이가 250m² 이상, 400m² 이하가 되도록 하려고 한다. 닭장의 가로의 길이를 xm라고 할 때, x는 어떤 조건을 만족하여야 할까?

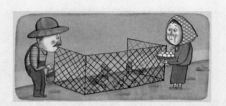

(나) 내 삶의 공간에는 여섯 개의 문들이 버티고 서 있다. 그 문들이 있기에 나만의 공간이 생기고 평안한 쉼을 가질 수 있는 반면, 한편으로는 소통되지 않는 공간이 되기도 한다. 그것들은 자물쇠가 없는 문들이기에 손을 내밀어 열어젖히면 언제나 스르르 열리는 여섯 개의 문들이다. 그런데 어떤 때는 자물쇠가 없음에도 불구하고 굳게 닫힌 철문처럼 답답할 때가 있다. 자존심을 내려놓으면 모든 것으로부터 자유로워지는 아름다운 세상! 함께 만들어 가고 싶다. (중략) 집을 나서면 수많은 자물쇠들이 나를 기다린다. 그때마다 그에 맞는 열쇠 꾸러미를 손에 쥐고 가야 한다. 하지만 마스터키가 있다면 어떠한 상황도 문제가 되지 않아 세상은 아름답기만 할 것이다.

– 썩은 박의 〈아침을 열며〉

1 글 (가)에서 닭장의 가로 길이 x의 값을 구하는 과정을 서술하여라.

2 넓이가 커질수록, 즉 x값이 커질수록 울타리의 개념을 넘어설 수 있다.

  2-1 그렇다면, 나는 어느 정도의 x값을 기대하고 있는가?

  2-2 x값에 상관없이 울타리의 경계를 넘어서는 방법은 무엇이 있을까?

3 글 (나)에서 상반되는 단어를 제시하고, 그에 대한 원인과 해결 방안을 서술하라.

4 글 (가)에서 닭장의 공간은 담장과 울타리로 구성되어 있다.

   4-1 내 삶의 공간은 무엇으로 구성되어 있는지 서술하라.

   4-2 내 삶의 울타리는 보호를 위함인가, 통제를 위함인가? 글 (나)의 내용을 중심으로 그 기준을 제시하고 그에 따른 대안을 서술하라.

◆ 생각던지기

1 울타리
– 닭이 돌아다녀 잃어버리지 않도록 하기 위해서이다. 즉 '통제'하기 위함이다.
– 닭의 안전을 위해서이다. 즉 '보호'하기 위함이다.

2 닭장은 닭의 안전을 보장하는 시설이기도 하지만, 닭의 입장에서는 감옥과 같은 의미를 가진 시설이기도 하다. 물론 닭 주인에게는 자신의 닭을 가두고 통제하는 장치일 것이다. 이처럼 같은 사물을 다르게 보는 생각의 차이는 소통의 걸림돌이 될 수 있다.

◆ 창의인성을 위한 서술·논술형 문제

1 닭장의 가로 길이를 xm라고 하면 세로 길이는 $\frac{1}{2}(60-x)$m이고, 닭장의 넓이는 250m^2 이상 400m^2 이하이어야 한다.

따라서 x는 다음의 세 부등식 $\frac{1}{2}(60-x) \times x \geq 250$, $\frac{1}{2}(60-x) \times x \leq 400$, $x > 0$을 만족하여야 한다.

즉, x는 연립부등식 $\begin{cases} x^2 - 60x + 500 \leq 0 \\ x^2 - 60x + 800 \geq 0 \\ x > 0 \end{cases}$의 해이다.

부등식 $x^2 - 60x + 500 \leq 0$을 풀면 $(x-50)(x-10) \leq 0$

그러므로 $10 \leq x \leq 50$ ⋯ ❶

부등식 $x^2 - 60x + 800 \geq 0$을 풀면 $(x-40)(x-20) \geq 0$

그러므로 $x \leq 20$, $x \geq 40$ ⋯ ❷

$x > 0$ ⋯ ❸

❶, ❷, ❸을 동시에 만족하는 x값의 범위는 $10 \leq x \leq 20$, $40 \leq x \leq 50$이다.

13

부등호 – 수학으로 본 새옹지마

부등호의 성질을 통해 서로 비교하고 비교당하는 우리의 모습을 돌아보고, 그 원인이 무엇인지 찾아보자.

(가) 실수의 세계에는 반드시 대소 관계가 있다. 임의의 두 실수 a, b는 $a > b$, $a = b$, $a < b$ 가운데 하나의 관계가 되고, $a < b$, $b < c$이면 $a < c$가 성립한다.

(나) 강아지는 친구들 중 자기가 최고라고 말한다. 두더지보다 훨씬 빠르고, 거위보다 땅을 잘 파고, 무당벌레보다 훨씬 크고, 당나귀보다 헤엄도 잘하기 때문이다. 뭐든지 강아지가 최고라서 친구들은 슬퍼한다. 그런데 하루는 강아지가 우울해하고 있다. 두더지는 강아지보다 굴을 더 깊게 팔 수 있고, 거위는 헤엄을 훨씬 잘하고, 당나귀는 훨씬 크고, 무당벌레는 날개가 없는 강아지보다 훨씬 더 잘 날기 때문에 각자가 최고라고 말했기 때문이다. 잘하는 게 하나도 없다고 생각한 강아지는 슬퍼하며 친구들에게 얄밉게 군 것을 미안해한다. 하지만 친구들은 강아지에게 털이 북실북실한 귀가 최고라며, 강아지를 위로해준다. 강아지는 다시 자기가 최고라고 생각하게 된다.

– 루시 커진즈, 《내가 최고야》中

(다) 새옹지마(塞翁之馬)

중국 국경 지방에 한 노인이 살고 있었다. 어느 날, 노인의 아들이 말을 타다가 낙마하여 그만 다리가 부러지고 말았다. 이에 마을사람들이 위로를 하자 노인은 "이게 복이 될지도 모르는 일이란 말이요"라며 표정을 바꾸지 않았다. 그로부터 얼마 지나지 않아 오랑캐가 침략해왔다. 나라에서는 징집령을 내려 젊은이들은 모두 전쟁에 나가야 했다. 그러나 노인의 아들은 다리가 부러진 까닭에 전쟁에 나가지 않아도 되었다.

1 실수 a, b, c에 대하여

1-1 a가 b보다 크고, b가 c보다 크다면 a가 c보다 크다고 할 수 있는가?

1-2 a가 b보다 크고, b가 c보다 작다면 a가 c보다 작다고 할 수 있는가?

⇨ b는 상대적으로 큰 수이고 작은 수이며, 그것은 다른 수를 통하여 규정된다. 수의 세계는 무한하기 때문에 절대적으로 큰 수는 없으며, 큰 수와 작은 수의 절대적 경계는 없다.

2 행복a < 행복b, 행복b < 행복c 라면, 행복a < 행복c는 옳은 판단인가?

⇨ 행복은 상대적이다. 그것은 다른 행복이나 불행과의 관계 속에서 비로소 규정된다. 영원한 행복은 존재하지 않으며, 행복과 불행 사이의 경계는 없다.

3 글 (가)의 부등호 관계가 우리 삶에서 성립하는지 생각해보고, 그 성립 여부를 글 (나)와 (다)를 활용하여 설명하라.

1 실수의 세계에는 반드시 대소 관계가 있다. 사람을 평가할 때도 마찬가지로 비교하게 된다.

1-1 사람들이 나를 평가할 때, 높게 평가하는 경우와 있는 그대로 평가하는 경우, 낮게 평가하는 경우가 있다면, 나를 향한 그들의 심리는 무엇인가?

1-2 그들의 평가에 대하여 나는 어떤 반응을 하게 되는가?

1-3 내가 사람들을 평가할 때 그 기준은 무엇인가?

2 글 (나)에서 모든 동물은 각자의 장단점이 있다.

2-1 나에게는 어떠한 장단점이 있는가?

2-2 "남의 떡이 더 커 보인다"는 말이 있다. 이에 대한 나의 생각을 말해보자.

3 글 (다)와 같이 '새옹지마'와 '전화위복'의 경험이 있다면 나누어보자.

💬 생각 나누기

1 사람은 각자의 개성을 가지고 있으며 비교해서는 안 되는 귀한 존재이다. 그럼에도 불구하고 우리 사회는 수많은 기준으로 서로를 비교하고 비교당하면서 살아가고 있다. 이에 대한 문제점을 제시하고, 그에 따른 대안을 나누어보자.

2 사자성어 '새옹지마'와 '전화위복'은 이중적인 의미를 가지고 있다. 예컨대, 노인의 아들이 말을 타다가 다리가 부러진 것은 슬픈 일이었지만, 오랑캐의 침략으로 징집령이 내려졌을 때 전쟁터에 나가지 않아도 되었기에 오히려 복이 됐다는 이야기다. 그렇다면 국가를 지키는 일은 누가 해야 하는가? 다른 사람은 위험한 전쟁터에 가도 괜찮다는 것인가? 또한, 노인의 아들은 자신의 부주의로 말을 타고 놀다가 다쳤는데 멀쩡한 사람들은 국가를 위해 전쟁터에 가는 것이 정당한 것인가? 이러한 주장들에 대해 어떻게 생각하는지 이야기해보자.

🔖 **수업 연계형 독서활동**   《십대답게 살아라》

"동기만 부여된다면 자신도 예상하지 못할 만큼 저력을 발휘할 수 있는 게 십대들의 특징이다. 그런데 왜, 보통의 십대들은 기량을 맘껏 발휘하며 살지 못하는 걸까?"

대부분의 아이들은 열정 있게 살고 싶어 한다. 그것을 어려워 할 뿐이다. 많은 이들이 청소년에게 열정을 가져라, 자기 주도적인 삶을 살라고 외치지만, 그렇게 살지 못하는 근본적인 이유에 대해 설명해주는 사람들은 드물다는 점에서 모순을 느꼈다. 이 책에서는 십대들이 자기 주도적으로 살지 못하는 이유가 '바이러스' 때문이라고 한다. 여기서 바이러스는 낮은 자존감, 분주함, 염려, 완벽주의 등등을 뜻하며, 십대들의 고유한 꿈을 멈추게 하고 의욕을 상실시키는 심각한 것이다. 작가는 이를 해결하기 위해서는 과거의 상처를 똑바로 쳐다봐야 한다고 말한다. 과거의 상처를 직시할 때, 비로소 어질러진 방 전체가 보인다는 것이다.

문지현 | 뜨인돌 | 2008

: 무엇이 더 큰가?

> (가) 누가 더 크니이까?
> 예수가 제자들에게 묻는다. "너희가 길에서 서로 토론한 것이 무엇이냐?" 하시되 그들이 잠잠하니 이는 길에서 "서로 누가 크냐" 하고 쟁론하였음이라. 예수께서 제자에게 이르되 "누구든지 첫째가 되고자 하면 뭇 사람의 끝이 되며 뭇 사람을 섬기는 자가 되어야 하리라."
>
> – 〈마가복음〉 9:33~37
>
> (나) 과부의 두 렙돈
> 예수께서 헌금함을 대하여 앉으사 무리가 어떻게 헌금함에 돈 넣는가를 보실새 여러 부자는 많이 넣는데 한 가난한 과부는 와서 두 렙돈 곧 한 고드란트를 넣는지라. 예수께서 제자들에게 이르시되 이 가난한 과부는 헌금함에 넣는 모든 사람보다 많이 넣었도다. 그들은 다 풍족한 중에서 넣었거니와 이 과부는 그 가난한 중에서 자기의 모든 소유 곧 생활비 전부를 넣었느니라 하니라.
>
> – 〈마가복음〉 12:41~44

1 글 (가)의 제자들은 '누가 더 크냐'에 관심이 있었다. 이에 대한 예수의 가르침은 무엇인가?

2 글 (나)를 보면 두 렙돈을 헌금한 가난한 과부와 많은 돈을 헌금한 부자를 대비하고 있다. 예수의 헌금에 대한 기준은 다른 사람들과 달랐다. 그것은 무엇이며, 예수의 가르침은 무엇인가?

생각 정리하기

대나무에는 많은 종류가 있다. 그중에서 모죽(毛竹)은 커다랗고 튼튼해서 최고의 대나무로 불린다. 그런데 모죽은 씨를 뿌린 후 아무리 좋은 땅에서 열심히 물을 주고 정성을 들여도 5년 동안은 싹이 나지 않는다. 하지만 5년이 지나면 어느 순간 작은 순이 돋아나면서 그때부터는 하루에 수십 센티미터씩 자라 금세 30m가 넘는 우람한 대나무로 성장한다. 그렇다면 지난 5년 동안 모죽은 자라지 않았던 것일까? 사실 그동안 모죽은 땅속에서 열심히 뿌리를 내리고 있었다. 어떤 바람에도 쓰러지지 않는 튼튼한 대나무가 되기 위해 오랜 시간 인내하며 준비했던 것이다.

이번 발표학습을 통해 비교하고, 비교당하는 것에 조급해하지 않고 차근차근 튼튼하게 뿌리를 내려가면 분명 멋진 성장의 순간이 찾아올 것이라는 사실을 깨닫게 되었다. 매우 의미 있고 유익한 시간이었다.

창의인성을 위한 서술·논술형 문제

(가) 실수의 세계에는 반드시 대소 관계가 있다. 임의의 두 실수 a, b는 $a > b$, $a = b$, $a < b$ 가운데 하나의 관계가 되고 ㉠ $a < b$, $b < c$이면 $a < c$가 성립한다.

(나) 강아지는 친구들 중 자기가 최고라고 말한다. 두더지보다 훨씬 빠르고, 거위보다 땅을 잘 파고, 무당벌레보다 훨씬 크고, 당나귀보다 헤엄도 잘하기 때문이다. 뭐든지 강아지가 최고라서 친구들은 슬퍼한다. 그런데 하루는 강아지가 우울해하고 있다. 두더지는 강아지보다 굴을 더 깊게 팔 수 있고, 거위는 헤엄을 훨씬 잘하고, 당나귀는 훨씬 크고, 무당벌레는 날개가 없는 강아지보다 훨씬 더 잘 날기 때문에 각자가 최고라고 말했기 때문이다. 잘하는 게 하나도 없다고 생각한 강아지는 슬퍼하며 친구들에게 얄밉게 군 것을 미안해한다. 하지만 친구들은 강아지에게 털이 북실북실한 귀가 최고라며, 강아지를 위로해준다. 강아지는 다시 자기가 최고라고 생각하게 된다.

– 루시 커진즈, 《내가 최고야》 中

(다) 새옹지마(塞翁之馬)

중국 국경 지방에 한 노인이 살고 있었다. 어느 날, 노인의 아들이 말을 타다가 낙마하여 그만 다리가 부러지고 말았다. 이에 마을사람들이 위로를 하자 노인은 "이게 복이 될지도 모르는 일이란 말이요"라며 표정을 바꾸지 않았다. 그로부터 얼마 지나지 않아 오랑캐가 침략해왔다. 나라에서는 징집령을 내려 젊은이들은 모두 전쟁에 나가야 했다. 그러나 노인의 아들은 다리가 부러진 까닭에 전쟁에 나가지 않아도 되었다.

(라) 대한이와 민국이의 대화 중 일부이다.

> 대한: 5는 0보다 강하고, 0은 2보다 강하고, 2는 5보다 강한 것은 뭘까?
> 민국: 말도 안 돼!
> 대한: 실수의 세계에서는 민국이 말이 맞지만 또 다른 세계에서는 성립한단다.
> 민국: 그게 뭔데?

1 밑줄 친 ㉠을 증명하고, 글 (가)의 부등호 관계가 우리의 삶에도 성립하는지 사례를 들어 설명하라.

1-1 그 성립 여부를 글 (나)와 (다)를 활용하여 설명하라.

1-2 글 (라)에서 대한이의 말이 어떻게 성립할 수 있는지 그 이유를 설명하고, 인문학적인 관점에서 배울 수 있는 교훈을 서술하여라.

2 a, b가 실수일 때, $a > 0$이면, $\dfrac{1}{a} > 0$이 성립함을 증명하고, $|a| < |b|$가 성립할 필요충분조건을 〈보기〉에서 골라라.

보기

ㄱ. $a < b$ ㄴ. $a^2 < b^2$ ㄷ. $\dfrac{1}{a} < \dfrac{1}{b}$ ㄹ. $|a| < b$ ㅁ. $a < |b|$

◆ 창의인성을 위한 서술·논술형 문제

1 $a-c=(a-b)+(b-c)$이고,

조건 $a<b$, $b<c$에서 $a-b<0$, $b-c<0$이므로

$(a-b)+(b-c)=a-c<0$

$\therefore a<c$

1-2 대한이가 낸 문제의 답은 '가위바위보'이다.

가위 < 바위 < 보 < 가위임에도 $a<b$, $b<c$, $c<a$이면 $a=b=c$가 성립하
지 않는다.

즉, 서로 다르지만 동등하다는 의미를 가지고 있다.

연산에는 사칙연산과 이항연산이 있다. 대한이의 말은 일반적인 대수에서 사칙연산의 관점으로 보면 이해할 수 없는 논리이다. 하지만 이항연산에서는 전체집합을 가위바위보라는 '약속 게임'으로 정의한다면 성립 가능한 논리이다. 그러므로 우리는 이항연산과 사칙연산의 균형을 가져야 한다.

인문학적 관점에서 보면, 가위, 바위, 보가 함께 있으면 서로 동등하지만 누군가 하나라도 빠지면 그곳에는 균형이 깨어지고 승자와 패자, 갑과 을의 관계가 형성되고 만다는 교훈을 얻을 수 있다.

2 $\dfrac{1}{a}$은 실수이므로 $\dfrac{1}{a}>0$, $\dfrac{1}{a}=0$, $\dfrac{1}{a}<0$ 중 어느 하나만 성립한다.

(i) $\dfrac{1}{a}=0$일 때, $\dfrac{1}{a}=0$의 양변에 a를 곱하면 $1=0$이 되어 모순이다.

(ii) $\dfrac{1}{a}<0$일 때, $\dfrac{1}{a}<0$의 양변에 a를 곱하면 $1<0$이 되어 모순이다.

따라서 (i), (ii)에서 $\dfrac{1}{a}>0$이다.

정답: ㄴ. $a^2<b^2$

14

소수 – 모든 것에는 원리와 의미가 있다

소수의 개념과 의미를 통해 삶의 지혜와 자연의 질서를 찾아보자.

(가) 마술사가 마술 쇼를 했다. 그는 함께 할 사람으로 영희를 관중 가운데서 불러낸 후, 주머니에서 7개의 카드를 꺼냈다. 마술사는 카드를 섞어서 "당신은 하트 에이스를 절대로 뽑지 못할 것"이라고 자신 있게 말하고는 영희에게 하나의 숫자를 선택하도록 했다. 영희가 선택한 숫자는 4였다. 마술사는 맨 위의 카드부터 3장의 카드를 한 번에 한 장씩, 들고 있는 카드 아래로 옮기게 한다. 그리고 4번째 카드를 뒤집고, 뒤집었던 카드는 앞면이 위로 오도록 카드 아래에 놓았다. 똑같이 6번을 반복했는데 영희가 뒤집는 카드는 매번 하트 에이스가 아니었다. 6번이 끝났을 때 남아 있는 카드는 단 1장이었는데 그것이 바로 하트 에이스였다. 어떻게 된 것일까?

(나) 매미의 애벌레가 땅속에서 생활하는 기간은 종류에 따라 다르지만 보통 1~6년, 길게는 13년, 17년의 긴 세월을 땅속에서 생활하면서 여러 번의 탈피 과정을 거쳐 매미의 약충(불완전변태의 유충)으로 성장하게 된다. 약충은 매미 성충이 되기 위해 천적을 피해 저녁 무렵에 땅속에서 나와 나무줄기나 풀잎 등에서 탈피를 시작한다. 이처럼 주기매미는 거의 일평생을 땅 밑에서 식물 뿌리 진액을 먹고 살다가 잠깐 지상으로 나와 짝짓기를 하고는 이내 죽는다. 그런데 경이로운 점은 이 곤충들이 보통 땅 위로 올라오는 해가 태어난 지 13년이나 17년째 되는 해인데 두 수 모두 소수라는 것이다. 이는 생존의 관점에서 굉장히 효율적인 방법이다. 일부 과학자들은 이들의 생애 주기가 소수가 되도록 진화한 것은 그만큼 자기들보다 수명이 더 짧은 포식자들과 기생충들을 피할 가능성이 높아지기 때문일 것이라고 추정한다.

(다) 영희는 일과 자기 자신밖에 모르는 이기적인 철수에게 다음과 같이 편지를 보냈다.

제발 진지하게 읽으세요. 코끼리와 저는 힘들게 당신을 따뜻한 안식처로 옮겼어요 안 힘들었으니 좋아해요 힘을 많이 쓴 남자가 가만히 있어요 어머니가 당신을 좋아해서 내가 사마귀도 한 마리 잡았어요 힘들게 줬던 오버사이즈 옷은 고이 간직해요 마음도 지금 정상으로 돌려줘요 행복해요 당신 덕분에 그럼 영원히 안녕

📖 생각 던지기

1 1보다 큰 자연수 중에서 약수의 개수에 따라 세 가지로 구분한다.

    1-1 소수(素數)란 무엇인가?

    1-2 합성수란 무엇인가?

2 글 (가)를 읽고 다음에 답하여라.

    2-1 마술사의 행위는 속임수인가, 수학적 논리인가?

    2-2 마술사가 꺼낸 카드에는 어떤 의미가 담겨 있는가?

    2-3 선택된 숫자(Q)에 따라 마술의 결과는 어떻게 달라지는가?

3 글 (나)를 읽고 다음에 답하여라.

    3-1 주기매미의 생애를 소수와 연결하여 설명해보자.

    3-2 여름날 주기매미의 존재는 '울음'인가 '노래'인가?

4 글 (다)에서 철수가 받은 편지의 내용은 무엇인가?

    4-1 그렇게 해석한 이유를 수학적 개념을 이용하여 설명하여라.

    4-2 철수의 입장에서 편지 내용에 대해 어떤 반응과 태도를 보일 것인지 자신의 생각을 자유롭게 서술하여라.

생각 넓히기

1 소수란, 1과 자신 이외의 약수를 가지고 있지 않은 수이다.

⇨ 소수 그 자체: 신체적인 나 → 눈에 보이는, 나의 본질적인 것

　　　　　　심리적인 나 → 눈에 보이지 않는, 나를 이루고 있는, 나의 바탕이 되는 것

　1-1 나는 눈에 보이는 것뿐만 아니라 내면도 볼 수 있는 안목을 가지고 있는가?

　1-2 눈에 보이지 않는 이면의 것도 보아야 하는 이유는 무엇인가?

　1-3 나는 인생을 재밌고 긍정적인 관점에서 살고 있는가?

2 마술사의 행위는 사람을 속이는 것인가? 즐거움을 나누기 위함인가?

　2-1 나에게 즐거움을 주기 위한 행위였는데, 오히려 오해가 생긴 경우가 있었는가?

　2-2 나를 속이기 위한 행위였는데, 오히려 그것이 기쁨이 되는 경우가 있었는가?

3 주기매미의 생애는 긴 시간의 준비를 통해 우리 앞에 나타난다. 그렇다면, 오늘의 나는 얼마나 많은 시간과 열정을 가지고 준비하였는가?

생각 나누기

1 마술사들의 행위는 분명 눈속임이다. 우리는 알고도 속는다.

　1-1 우리의 삶에서 이러한 경우를 찾아보자.

　1-2 우리는 마술사의 행위를 받아들이고 함께 즐기지만, 우리 삶에서 이러한 경우가 생기면 용납하지 못하는 이유는 무엇인가?

2 어떤 사람들은 매미가 '운다'고 하지만 어떤 이는 '노래'한다고 한다. 매미는 한여름에 울기 위해서 태어난 것일까, 아니면 노래하기 위해서 태어난 것일까? 이는 관점에 따라 다르게 해석할 수 있다. 매미의 입장과 우리의 입장에서 설명해보자.

　2-1 그렇다면, 우리는 무엇을 위해 이 세상에 보내진 존재인가?

"십칠년매미는 수학과 관련된 독특한 생활주기를 갖고 있다. 매미는 일생을 대부분 애벌레로 땅속에 머물면서 나무의 영양분을 옮기는 수액을 먹고 산다. 하지만 몇 년 지나면 흙을 뚫고 나와 나비처럼 껍질을 벗고 날개 달린 성충이 되어 짝짓기를 한다. 애벌레가 땅을 뚫고 나오는 이 중대한 사건은 종에 따라 13년 또는 17년마다 일어난다. 이 숫자는 아무 의미 없는 수가 아니다. 13과 17은 자기 자신과 1로만 나눌 수 있는 소수이다. 다른 소수로는 5, 11 등이 있다. 일부 과학자들은 이러한 생태가 포식자를 피하기 위해서라고 추측한다.

소수가 어떻게 포식자로부터 매미를 보호한다는 것일까? 매미가 6년마다 한 번씩 땅에서 나온다고 해보자. 6은 1, 2, 3, 6으로 나눌 수 있기 때문에 이런 햇수를 주기로 생활하는 동물은 매미의 생활 주기와 겹치게 되고, 새로운 매미 세대는 땅으로 나올 때마다 그 동물의 공격을 받을 수밖에 없다. 하지만 십칠년매미는 소수를 주기로 땅 위에 나오기 때문에 그만큼 생애 주기가 다른 동물과 겹치지 않고, 그들에게 잡아먹힐 확률이 줄어든다."

라파엘 로젠 | 반니 | 2016

🔬 융합교과 탐구활동

: 완전수와 삶의 의미

1 영화 〈박사가 사랑한 수식〉에 나오는 완전수에 대하여 알아보자.

"박사님, 28의 약수를 더했더니 28이 됐어요."

"완전수로군. 제일 작은 완전수는 6이야. 6=1+2+3."

"아 정말이네요! 그렇게 드문 것이 아닌가 보죠?"

"천만의 말씀. 실로 완전의 의미를 체현하는 귀중한 숫자지.

28 다음은 496, 그 다음은 8128, 그다음은 33550336, 또 그 다음은 8589869056."

– 오카와 요코, 〈박사가 사랑한 수식〉 中

완전수의 조건은 무엇인가?

유클리드는 기하학 원본에서 2^n-1이 소수라면 $2^{n-1}(2^n-1)$은 완전수라는 것을 정의하고 증명했다. 즉 $n=2$일 때 6, $n=3$일 때 28, $n=5$일 때 496 등이 완전수가 될 수 있다. 또, 짝수인 완전수들은 모두 유클리드 공식으로 찾을 수 있다는 사실을 오일러가 밝혀냈다.

수학적 요소와 개념

완전수는 '자신을 제외한 양의 약수의 합으로 표현되는 양의 정수'이다. 예컨대, $6=1+2+3$, $28=1+2+4+7+14$, $496=1+2+4+8+16+31+62+124+248$, $8128=1+2+4+8+16+32+64+127+254+508+1016+2032+4064$와 같은 수들을 말한다. 이 신비함에 빠진 사람들은 완전수를 계속해서 추적했고, 철학, 문학, 종교적인 다양한 관점으로 바라보며 관심을 가져왔다.

인문학적 스토리

완전수는 역사적으로 '완벽하다'라는 수식언이 항상 따라 붙었다. 알고 보면 우리의 삶도 이 숫자들과 비슷한 특성을 가진다. 위대하고 고유하며 아름다운 사람들은 모두의 사랑을 받게 된다. 우리는 숫자를 바꿔가며 '완전수'가 되고 싶어하지만 어떤 사칙연산을 가해도 쉽게 완전수가 되지는 못한다.

우리가 완전수가 되기 위한 조건은 무엇일까?

첫째, '짝수'가 되어야 한다. '홀수'인 완전수는 지금까지 없다. 누군가의 도움 없이는 완벽해지지 못하는 것이다. 우리 인생의 동반자를 찾아야 한다.

둘째, 양수여야 한다. 우리는 부정적인 삶의 요소를 지워야 한다. 음수가 된 인생은 완전수가 될 조건조차도 갖추지 못한다.

셋째, 2^n-1이 소수여야 한다. 소수는 남에게 휘둘리지 않는다. 오직 1과 자신만이 나누어떨어지게 할 수 있다.

2 다음 시처럼 우리의 삶도 아름다웠다고 노래하려면 어떻게 살아야 할까?

나 하늘로 돌아가리라
새벽빛 와 닿으면 스러지는 이슬 더불어 손잡고
나 하늘로 돌아가리라
노을빛 함께 단둘이서 기슭에서 놀다가 구름 손짓하면은
나 하늘로 돌아가리라
아름다운 이 세상 소풍 끝내는 날
가서 아름다웠더라고 말하리라

- 천상병, 〈귀천〉

3 세 가지 깨달음에 대한 답은 무엇인가?

어느 날, 천사 미하일은 한 여인의 영혼을 거두어 오라는 하느님의 명령을 받는다. 하지만 그 여인은 과부였고, 어린 두 딸을 데리고 있었다. 여인의 딱한 처지를 보고 명령에 불순종한 미하일은 벌거벗은 채로 지상으로 쫓겨난다. 하느님께서는 미하일에게 세 가지 깨달음을 얻었을 때 다시 하늘로 부를 것이라고 말씀하신다. 그것은 '사람에게는 무엇이 있고', '사람에게 주어지지 않는 것은 무엇이며', '사람은 무엇으로 사는가?'이다.

가난한 구두 수선공 세몬은 벌거벗은 채 떨고 있는 미하일을 도와주고, 미하일은 세몬과 그의 아내 마트료나와 함께 살면서 세 가지 깨달음을 얻게 된다. (중략)

미하일이 하느님의 명령에 따르지 않았던 이유는 눈앞에 보이는 걱정 때문이었다. 하지만 하느님은 눈에 보이지 않는 '사랑'이었다. 미하일은 세몬이 그를 불쌍히 여기고 그의 아내가 그를 사랑했기 때문에 살 수 있었으며, 고아들은 그들을 낳아준 어머니의 보살핌 때문이 아니라 그들을 불쌍히 여기고 사랑한 마음 때문에 살 수 있었다.

- 톨스토이, 《사람은 무엇으로 사는가?》

3-1 사람에게 무엇이 있는가?
3-2 사람에게 주어지지 않는 것은 무엇인가?
3-3 사람은 무엇으로 사는가?

창의인성을 위한 서술·논술형 문제

(가) 소수는 1과 자기 자신만으로 나누어떨어지는 1보다 큰 양의 정수이다. 이를테면 2, 3, 5, 7, 11, 13, 17, 19, 23, 29, … 등은 모두 소수이다. 모든 자연수는 유한개의 소수의 곱으로 표현할 수 있다. 두 개 이상의 소수의 곱으로 표현되는 수를 합성수라고 한다.

(나) 어떤 관계에 의하여 집합 X의 원소에 집합 Y의 원소를 짝지어 주는 것을 집합 X에서 Y로의 대응이라고 한다. 특히, 함수 $f: X \rightarrow Y$에서 X의 임의의 두 원소 x_1, x_2에 대하여 $x_1 \neq x_2$이면 $f(x_1) \neq f(x_2)$일 때, 함수 f를 일대일 함수라고 한다.

(다) 마술사가 마술 쇼를 했다. 그는 함께 할 사람으로 영희를 관중 가운데서 불러낸 후, 주머니에서 7개의 카드를 꺼냈다. 마술사는 카드를 섞어서 "당신은 하트 에이스를 절대로 뽑지 못할 것"이라고 자신 있게 말하고는 영희에게 하나의 숫자를 선택하도록 했다. 영희가 선택한 숫자는 '4'였다. 마술사는 맨 위의 카드부터 3장의 카드를 한 번에 한 장씩, 들고 있는 카드 아래로 옮기게 했다. 그리고 네 번째 카드를 뒤집고, 뒤집었던 카드는 앞면이 위로 오도록 카드 아래에 놓았다. 똑같이 여섯 번을 반복했는데 영희가 뒤집는 카드는 매번 하트에이스가 아니었다. 여섯 번이 끝났을 때 남아 있는 카드는 단 1장이었는데, 그것이 바로 하트에이스였다. 어떻게 된 것일까?

1 글 (가)는 자연수에 대한 어떤 특성을 설명하고 있다. 이 개념을 이용하여 다음 문제를 설명하여라.

A, B, C 세 회사의 버스가 공용터미널에서 오전 6시 30분에 첫 버스를 동시에 발차하여 각각 일정한 간격으로 배차하고 있다. 세 회사의 버스가 첫 출발 이후 오후 12시 55분에 발차시간이 처음으로 같아졌다면, 각각의 버스는 몇 분 간격으로 배차하고 있는 것인지 이유를 들어 설명하여라.

2 글 (다)의 마술사가 마술에 성공한 이유를 수학적 요소를 이용하여 서술하여라.

2-1 '마술사들의 행위는 눈속임이다'라는 주장에 대하여 찬반 의견을 제시하면서 자신의 생각을 서술하여라.

3 영희는 일과 자기 자신밖에 모르는 이기적인 철수에게 다음과 같이 편지를 보냈다.

제발 진지하게 읽으세요, 코끼리와 저는 힘들게 당신을 따뜻한 안식처로 옮겼어요 안 힘들었으니 좋아해요 힘을 많이 쓴 남자가 가만히 있어요 어머니가 당신을 좋아해서 내가 사마귀도 한 마리 잡았어요 힘들게 줬던 오버사이즈 옷은 고이 간직해요 마음도 지금 정상으로 돌려줘요 행복해요 당신 덕분에 그럼 영원히 안녕

3-1 철수가 받은 편지의 내용이 무엇인지 글 (가)와 (나)를 이용하여 설명하여라.

3-2 철수의 입장에서 편지 내용에 대해 어떤 반응과 태도를 보일지 자신의 생각을 자유롭게 서술하여라.

3-3 일과 자신밖에 모르는 철수에게 '들려주고 싶은 말'을 위의 내용처럼 작성하여라.
(단, 40~60 단어 이내로 작성하여라.)

(가) 소수는 1과 자기 자신만으로 나누어떨어지는 1보다 큰 양의 정수이다. 이를테면, 2, 3, 5, 7, 11, 13, 17, 19, 23, 29, 31 등은 모두 소수이다. 모든 자연수는 유한 개의 소수의 곱으로 표현할 수 있다. 두 개 이상의 소수의 곱으로 표현되는 수를 합성수라고 한다.

(나) 구성원은 공동체를 이루고 그 안에서 공동체의 목표 달성에 관련된 개개인을 말한다. 이러한 구성원들이 지속적이고 반복적인 상호 작용을 하며, 그 집단에 대한 소속감 혹은 공동체 의식이 있을 때 그 공동체를 사회 집단이라고 한다. 단 두 명으로 구성되어 있다 하더라도 부부는 사회 집단이라고 할 수 있다. 구성원 간의 지속적인 상호 작용이 이루어지며 같은 가족이라는 소속감이 있기 때문이다.

(다) 인간을 포함한 모든 생물은 주변 환경과 상호 관련을 맺고 있다. 온도, 빛, 물과 같이 생물을 둘러싸고 있는 조건은 생물의 생존과 생장에 영향을 미친다. 생물은 주변 환경으로부터 생존에 필요한 자원을 얻으며, 다른 생물의 먹이가 되지 않도록 스스로를 보호한다. 이와 같이 생물은 주변 환경은 물론 다른 생물과 영향을 주고받으며 조화롭게 살아가는데, 이를 생태계라고 한다.

(2017 고려대 수시전형 평가문항)

1 (가)의 소수, 곱, 합성수에 상응하는 단어들을 (나)와 (다) 각각에서 찾고 이유를 설명하라.

(가)	소수	곱	합성수
(나)	( )	( )	( )
(다)	( )	( )	( )

2 (가), (나), (다)와 연관된 수학 또는 과학적 개념을 말하고 이유를 설명하라.

3 (나)와 (다)를 활용하여 '나(我)'에 관해 자유롭게 이야기해보자.

출제 의도 ─────────────────────────

1. 각 제시문에서 유사한 역할을 하는 단어와 공통으로 해당하는 단어를 유추해내는 과정을 통해 지원자의 융합적 사고 능력을 평가한다.
2. 제시문과 연관되는 수학 또는 과학적 개념을 설명하는 과정을 통해 지원자의 전공적합성을 평가한다.
3. 제시어를 이용한 지원자의 이야기 전개 과정을 통해 창의성과 인성을 평가한다.

◆ 창의인성을 위한 서술·논술형 문제

1 총 소요 시간(분): 6시간 25분으로, 총 385분이다.

385=5×7×11

따라서, 세 회사의 배차 간격은 5, 7, 11분이다.

2 이 마술에서 중요한 것은 몇 장의 카드를 가지고 있는가이다. 이 경우에는 7장이었지만, 3, 5, 11장의 카드로도 가능하다. 이 숫자들의 공통점은 바로 소수라는 것이다. 이 카드 마술에서는 52장 중 뽑아낸 카드가 N장이라면 상대방에게 숫자를 선택할 때 1과 N−1 사이에서 하나를 선택하라고 한다. 카드 개수가 소수(P)이면, 선택된 숫자(Q)와 소수의 최소공배수는 P×Q 밖에 없기 때문에 가장 아래 있던 카드를 맞추기 위해서는 카드를 아래로 옮겨놓는 일을 P번 반복하면 된다. 즉, P번째가 끝날 때 마지막으로 뒤집어지는 카드가 가장 아래 있는 카드다.

3-1 [편지 내용] "제발 진지하게 읽으세요 저는 당신을 안 좋아해요
　　　　　　　남자가 있어요 내가 줬던 옷은 돌려줘요 그럼 안녕"

글 (가)는 1과 소수를, 글 (나)는 일대일 대응을 설명하고 있다.

그리고 철수는 일과 자신밖에 모르는 이기적인 사람이라고 한다.

따라서 제시문의 어절을 소수의 숫자대로 연결하면 된다.

> 제발(1) 진지하게(2) 읽으세요(3), 코끼리와(4) 저는(5) 힘들게(6) 당신을(7) 따뜻한(8) 안식처로(9)
> 옮겼어요(10) 안(11) 힘들었으니(12) 좋아해요(13) 힘을(14) 많이(15) 쓴(16) 남자가(17) 가만히(18)
> 있어요(19) 어머니가(20) 당신을(21) 좋아해서(22) 내가(23) 사마귀도(24) 한(25) 마리(26)
> 잡았어요(27) 힘들게(28) 줬던(29) 오버사이즈(30) 옷은(31) 고이(32) 간직해요(33) 마음도(34)
> 지금(35) 정상으로(36) 돌려줘요(37) 행복해요(38) 당신(39) 덕분에(40) 그럼(41) 영원히(42) 안녕(43)

세 번째 생각여행

내 안의
카오스

15

명제 – 프레임으로부터 자유로운 삶

명제의 개념과 원리를 통해 옳고 그름을 판단하는 삶의 기준은 무엇인지 찾아보자.

(가) 명제란 참과 거짓을 명확하게 구별할 수 있는 문장이나 식을 말하는데, 명제와 조건에 대하여 필요조건, 충분조건, 필요충분조건의 개념과 원리를 통해 인간의 삶에 대한 해석을 논리적으로 설명할 수 있다.

(나) 대한이와 민국이는 직선의 위치관계에 대한 수업을 듣고 다음과 같이 주장한다.

> 대한: 두 직선이 수직관계이면, 두 직선의 기울기의 곱은 반드시 −1이다.
> 민국: 두 직선의 기울기의 곱이 −1이면, 두 직선은 반드시 수직관계이다.

(다) 어느 날, 세실과 모리스가 예배를 드리러 가는 중이었다. 세실이 물었다.

"모리스, 자네는 기도 중에 담배를 피워도 된다고 생각하나?"

모리스가 대답했다.

"글쎄, 잘 모르겠는데, 랍비께 여쭤보는 게 어떻겠나?"

세실이 먼저 랍비에게 다가가 물었다.

"선생님, 기도 중에 담배를 피워도 되나요?"

랍비는 정색을 하면서 대답했다.

"형제여, 기도는 신과 나누는 엄숙한 대화인데, 절대 그럴 수 없지."

세실로부터 랍비의 답을 들은 모리스가 말했다.

"그건 자네가 질문을 잘못했기 때문이야! 내가 가서 다시 여쭤보겠네."

이번에는 모리스가 물었다.

"선생님, 담배 피우는 중에는 기도를 하면 안 되나요?"

랍비는 얼굴에 온화한 미소를 지으며 말했다.

"형제여, 기도는 때와 장소가 필요 없다네. 담배를 피우는 중에도 기도는 얼마든지 할 수 있는 것이지."

1 명제란 무엇인가?

    1-1 필요조건, 충분조건, 필요충분조건을 설명하라.

    1-2 글 (나)에서 대한이와 민국이의 주장을 명제와 연결하여 판별하고 증명하여라.

    1-3 글 (다)에서 세실리아와 모리스의 질문에 대한 랍비의 대답을 명제와 연결하여 설명하여라.

2 참과 거짓을 구분할 수 있으려면 기준이 있어야 한다. 그런데 프레임에 갇혀 참과 거짓을 판별할 수 없을 때가 있다. 글 (다)에서 프레임이 무엇인지 제시하고 참과 거짓을 판별하여라.

🔍 **생각 넓히기**

1 이 세상에 일어나는 모든 것들에 대하여 옳고 그름을 판별할 수 있는가?

    1-1 옳고 그름의 판단 기준은 무엇인가?

    1-2 옳고 그름을 판단할 수 없는 것은 무엇인가?

2 "세상에 옳고 그름은 없다. 있다면 사실만 있을 뿐이다"라는 말에 대해서 어떻게 생각하는가?

    2-1 옳고 그름은 관점에 따라 다를 뿐이라고 생각하는가?

    2-2 나는 세상사에 대하여 어떤 관점을 가지고 있는가?

    2-3 나와 다른 관점을 가진 사람에게 어떻게 행동하고 있는가?

3 입장을 바꿔 생각해보라고 말한다면, 나는 어떻게 하겠는가?

    3-1 역지사지(易地思之)에 대하여 나누어보자.

💬 생각 나누기

1 인간은 누구나 소통을 꿈꾼다. 그렇다면 소통을 위한 방안은 무엇인가?

⇨ 상대를 이해할 수 있는 경우와 도저히 합의점을 찾을 수 없는 경우를 구분하고, 그렇지 못한 경우라면 서로 다름을 인정할 수 있는 태도가 필요하다.

1-1 필요충분조건을 만족하는 방안은 무엇인가?

2 세실과 모리스의 질문에 대한 랍비의 대답을 필요조건과 충분조건의 개념과 관련하여 설명하여라.

2-1 두 사람 모두에게 필요충분조건이 되기 위한 방안을 설명하여라.

3 다음을 읽고 질문에 답하여라.

> 여대생이 밤에 술집에서 아르바이트를 한다고 하면 사람들은 손가락질을 할 것이다. 하지만 술집에서 일하는 아가씨가 낮에 학교를 다니면서 열심히 공부한다고 하면, 사람들의 반응은 어떨까?

3-1 사람들의 반응이 전혀 다른 이유는 무엇인가?

3-2 자신의 의견을 제시하고 그에 따른 이유를 설명하여라.

3-3 "원하는 답을 얻으려면 질문을 달리 하라. 질문이 달라져야 답이 달라진다"는 의견에 대해 어떻게 생각하는가?

▌ **수업 연계형 독서활동** 《푸른 눈, 갈색 눈》

사회에서는 다양한 차별들이 너무 쉽게, 그리고 간단하게 일어난다. 다른 이의 말 한마디에 우월자가 되는 세상이다. 책을 읽으면서 우리 주변의 다양한 차별 사례들(다름과 틀림을 구별하지 못해서 생기는 차별들)에 대해 생각해보게 되었다. 그리고 관점을 바꾸면 하나의 공동체가 될 수 있다는 것을 깨달았다.

윌리엄 피터스 | 한겨레출판사 | 2012

융합교과 탐구활동

: 광해군, 폭군일까? 어진 왕일까?

조선의 15대 왕이었던 광해군(1575~1641, 재위 1608~1623)은 세자 시절 약관의 나이로 펼친 초특급 업적 덕분에 자질 자체는 뛰어났던 것으로 평가된다. 현대에 들어서는 반정을 일으켜 왕에 오른 인조가 삼전도의 굴욕으로 이미지가 매우 나빴기에 그에 반한 후광 효과도 받았다. 그 때문에 내치는 광인의 폭정이지만 외치는 뛰어났다는 평이 많다. 예컨대, 그는 이복동생을 죽였다는 점에서 보면 폭군이나, 그가 펼쳤던 중립외교를 생각한다면 누구보다 조선의 실리를 제대로 알고 있던 왕이라고 평가할 수 있다.

그가 펼친 외교적인 업적을 생각하면 '어진 왕'이라 말할 수 있지만, 인간적인 면에서 판단하면 피붙이를 죽인 잔인한 '폭군'이다. 결국 동일한 인물이라도 어떤 관점으로 보느냐에 따라 평가가 달라질 수 있다.

생각 정리하기

스티브 잡스는 "우리 삶에 쓸모없다고 생각되는 행동들도 모두 다 이어보면 결국 도움이 되고, 우리 삶을 연결 짓는 하나의 점이 된다"고 말했다. 'CONNECTING THE DOTS'라는 주제로 진행된 그의 연설을 통해 관점을 바꾸어 긍정적으로 바라보면 항상 정답이 따라온다는 것을 배웠다.

우리가 하는 모든 행동에는 옳고 그름이 없으므로 관점을 바꾸어 긍정적으로 바라보려 노력하면 힘들었던 시간들도 소중한 추억들이 될 수 있다. 그러면 "행복하게 살았는가?"라는 질문에 언제나 "YES!"라고 대답할 수 있을 것이다.

(가) 명제란 참과 거짓을 명확하게 구별할 수 있는 문장이나 식을 말하는데, 명제와 조건에 대하여 필요조건, 충분조건, 필요충분조건의 개념과 원리를 통해 인간의 삶에 대한 해석을 논리적으로 설명할 수 있다.

(나) 대한이와 민국이는 직선의 위치관계에 대한 수업을 듣고 다음과 같이 주장한다.

> 대한: 두 직선이 수직관계이면, 두 직선의 기울기의 곱은 반드시 −1이다.
> 민국: 두 직선의 기울기의 곱이 −1이면, 두 직선은 반드시 수직관계이다.

(다) 어느 날, 세실과 모리스가 예배를 드리러 가는 중이었다. 세실이 물었다.

"모리스, 자네는 기도 중에 담배를 피워도 된다고 생각하나?"

모리스가 대답했다.

"글쎄, 잘 모르겠는데, 랍비께 여쭤보는 게 어떻겠나?"

세실이 먼저 랍비에게 다가가 물었다.

㉠"선생님, 기도 중에 담배를 피워도 되나요?"

랍비는 정색을 하면서 대답했다.

"형제여, 기도는 신과 나누는 엄숙한 대화인데, 절대 그럴 수 없지."

세실로부터 랍비의 답을 들은 모리스가 말했다.

"그건 자네가 질문을 잘못했기 때문이야! 내가 가서 다시 여쭤보겠네."

이번에는 모리스가 물었다.

㉡"선생님, 담배 피우는 중에는 기도를 하면 안 되나요?"

랍비는 얼굴에 온화한 미소를 지으며 말했다.

"형제여, 기도는 때와 장소가 필요 없다네. 담배를 피우는 중에도 기도는 얼마든지 할 수 있는 것이지."

1 명제와 조건 $p \rightarrow q$에 대하여 필요조건, 충분조건, 필요충분조건을 설명하여라.

2 글 (나)에서 대한이와 민국이의 주장에 대하여 참과 거짓 여부를 밝혀라.

   2-1 그 이유를 글 (가)의 내용을 이용하여 설명하여라.

3 글 (다)에서 세실과 모리스가 랍비에게 질문한 ㉠, ㉡에 대하여 다음 물음에 답하여라.

   3-1 세실과 랍비의 대화의 내용 ㉠을 글 (가)에 근거하여 설명하여라.

   3-2 모리스와 랍비의 대화의 내용 ㉡을 글 (가)에 근거하여 설명하여라.

◆ 창의인성을 위한 서술·논술형 문제

1 명제 $p \rightarrow q$가 참인 것을 기호로 $p \Rightarrow q$와 같이 나타낸다.
이때,
$p \Rightarrow q$일 때, p는 q이기 위한 충분조건, q는 p이기 위한 필요조건,
$p \Leftrightarrow q$일 때, p는 q이기 위한 필요충분조건이라고 한다.

2 x축과 수직인 직선의 기울기는 존재하지 않는다.
즉, 두 직선 $x=a$와 $y=b$는 서로 수직관계이지만 기울기의 곱은 존재하지 않는다.
따라서 대한이의 주장은 잘못되었지만 민국이의 주장은 옳다.

16

실수 – 무질서 속의 질서

실수(소수)의 개념과 원리를 통해 순환하는 삶과 비순환하는 삶에 대하여 생각해보고, 그 사이에서 균형을 이루는 방법을 찾아보자.

(가) 실수는 유리수와 무리수로 구성되어 있다. 모든 실수는 소수로 표현할 수 있는데 소수는 유한소수와 무한소수로 나눌 수 있으며 무한소수에는 순환소수와 비순환소수가 있다.

(나) 142857의 자연수를 무한히 반복해서 만든 무한소수 Q=0.142857142857…가 있다. 〈보기〉 중에서 소수 Q를 포함하는 집합을 모두 골라라.

> **보기**
>
> $A = \{x \,|\, x \text{ 는 유리수}\}$ $B = \{x + y\sqrt{3} \,|\, x, y \text{ 는 정수}\}$
>
> $C = \{x + yi \,|\, x, y \text{ 는 실수}\}$ $D = \{x + \sqrt{2} \,|\, x \text{ 는 유리수}\}$

(다) 오래전부터 수학의 신이 되고 싶어 하는 사람들은 많았다. 수학의 신이 되기 위해서는 여러 가지 관문을 통과해야 되는데 그중 많은 사람들이 탈락하고 극소수만 남는 관문이 존재했다. 이 관문은 베르나르 베르베르의 소설 《신》에서 주인공 미카엘 팽송이 사는 빌라 주소인 142857방의 비밀을 풀어야 통과할 수 있다. 단, 142857이라는 방 번호를 제외하고는 아무런 단서가 없다.

– 베르나르 베르베르의 《신》에서 나오는 이야기

 생각 던지기

1 실수에는 유리수와 무리수가 있다. 실수를 소수로 표현해보자.

⇨ 소수에는 유한소수와 무한소수가 있다. 무한소수에는 순환소수와 비순환소수가 있다.

⇨ 순환소수를 유리수라고 하고, 비순환소수를 무리수라고 한다.

2 글 (다)를 읽고 물음에 답해보자.

  2-1 신비의 숫자 142857에 어떠한 비밀이 있는지 알아보자.

  2-2 순환소수 142857을 제외한 다른 순환소수에는 어떤 것들이 있는가?

3 철수는 글 (가)에 대하여 다음과 같은 시를 통해 자신의 생각을 표현하였다. 이 글은 수학적 요소인 실수에 대하여 순환하는 수와 비순환소수의 개념을 이용하여 자신의 생각을 표현한 것이다.

이제 더 이상은 싫다.

순환하는 무한소수처럼
해마다 똑같은 모습의 학생들이
쏟아져 나오는 학교

이제! 우리는 순환하지 않는
무한소수 같은

우리들의 학교를 원한다.

반복을 용납하지 않는
학생들마다 개성이 살아 숨쉬는
무리수 같은 학생들이 있는
학교를 위해 우리는 소리친다.
복장자유!!

  3-1 글 (가)~(다)에 서술된 수학적 요소에 대한 특징을 제시하면서 자신과 자신의 삶에 관하여 자유롭게 서술하여라.

예컨대, 실수에는 유리수와 무리수가 있다. 이것은 물과 기름처럼 섞이지 않지만 실수라는 이름 아래 한 가족이 된다. 그러므로 나는 사람들 사이에 존재하는 다름을 인정하면서 더불어 살아가는 공동체 속의 구성원이 되도록 노력해야겠다.

🔍 생각 넓히기

1 순환소수와 습관의 공통점은 반복된다는 것이다. 그러나 차이점은 순환소수는 같은 수들이 끝없이 반복되지만, 습관은 자신이 마음먹기에 따라서 멈출 수 있다는 것이다.

  1-1 내가 순환소수처럼 똑같은 행위로 반복하고 있는 실수는 무엇인가?

2 소수에는 순환소수와 비순환소수가 있다. 이처럼 우리의 삶에서도 순환하는 삶과 비순환하는 삶이 있다.

    2-1 각각의 경우에 관한 사례를 제시하고 장단점을 말해보자.

    2-2 꿈(목표)을 이루기 위한 방법으로 어떠한 삶이 필요한지 말해보자.

    2-3 행복한 삶을 위한 방법으로 둘의 균형이 필요하다고 할 때, 균형을 이루는 방법은 무엇인가?

💬 생각 나누기

1 습관은 하루아침에 이루어지는 것이 아니다. 그 습관이 오늘의 나를 만든다.

    1-1 현재 나의 모습은 어떤 습관들이 모여서 이루어진 것인가?

    1-2 고쳐야 할 습관과 고치기 힘든 습관은 무엇이 있는가?

2 누구나 꿈꾸는 자신의 모습이 있을 것이다.

    2-1 꿈꾸는 자신을 위해 어떤 습관을 가져야 하는가?

    2-2 좋은 습관을 위해서 어떤 노력을 해야 하는가?

3 《성공하는 사람들의 7가지 습관》이라는 책을 읽고 내용에 대하여 나누어보자.

📖 수업 연계형 독서활동　《1등의 습관》

"우리의 삶은 더 효과적으로 지배함으로써 생산적으로 일할 때에만 성공의 열쇠를 거머쥘 수 있다."

실생활에서 실천 가능한 작은 습관들이 나중에 큰 혜택이 되어서 돌아온다는 것을 알았다. 좋은 습관들은 내 것으로 만들기 위해 노력하고, 나쁜 습관은 가능한 한 빨리 버려야 성공에 더 가까워질 수 있다는 것을 다시 한 번 깨달았다.

찰스 두히그 | 알프레드 | 2016

융합교과 탐구활동

: 역사는 반복된다

'역사는 반복된다'는 말은 옛날부터 흔하게 쓰이는 격언이다. 동일한 원인이 있으면 동일한 결과가 반복된다는 논리를 역사에 적용한 것으로, 이미 이전의 역사가 보여준 그 인과를 다시금 반복하지 말아야 한다는 경고를 담고 있다. 예를 들어, 로마제국의 멸망은 귀족층이 부유해지면서 서민층이 몰락하고, 크라쿠스 형제의 개혁 시도가 실패하는 과정으로 이루어졌다. 조선 또한 양반층이 증가하며 서민층이 몰락하고, 조광조의 개혁 시도가 좌절되며 쇠락해가는 과정이 로마제국과 비슷하다. 이처럼 반복되는 역사를 돌아보며 아픈 역사는 나쁜 습관처럼 개선하고, 본받을 만한 역사는 성공의 디딤돌이 되는 습관처럼 계속 이어나가야 한다.

: 타교과에서 찾아보는 순환소수

1 음악의 도돌이표

2 물리의 주기함수

3 화학의 주기율표: 주기율은 원소의 화학적 성질이 원소의 일정한 순서 (대략 원자량이 증가하는 순서)에 따라 주기적으로 변화하는 법칙을 말한다.

생각 정리하기

순환소수와 비순환소수를 통해 반복되는 일상 속에서 어떻게 삶을 그려내느냐에 따라 전혀 다른 모습으로 살아갈 수 있다는 것을 깨달았다. 반복되는 일상이 문제가 아니라 어떠한 가치관으로 삶을 채워가느냐가 중요하다는 것을 알 수 있었고, 무질서 속에 질서를 발견하는 안목을 가져야 한다는 것을 배웠다.

(가) 실수는 유리수와 무리수로 구성되어 있다. 모든 실수는 소수로 표현할 수 있는데 소수는 유한소수와 무한소수로 나눌 수 있으며 무한소수에는 순환소수와 비순환소수가 있다.

(나) 오래전부터 수학의 신이 되고 싶어 하는 사람들은 많았다. 수학의 신이 되기 위해서는 여러 가지 관문을 통과해야 되는데 그중 많은 사람들이 탈락하고 극소수만 남는 관문이 존재했다. 이 관문은 베르나르 베르베르의 소설 《신》에서 주인공 미카엘 팽송이 사는 빌라 주소인 142857방의 비밀을 풀어야 통과할 수 있다. 단, 142857이라는 방 번호를 제외하고는 아무런 단서가 없다.

– 베르나르 베르베르의 《신》에서 나오는 이야기

(다) 계산기에 142857을 입력하고 6개의 숫자 중에서 한 개의 수를 선택하여 그 숫자를 곱해보자. 그리고 그 숫자에 7을 곱하면 999999가 된다.

1 실수의 체계를 설명하여라.

2 글 (나)에서 미카엘 팽송이 사는 빌라 주소 142857의 비밀은, 142857의 자연수를 무한히 반복해서 만든 무한소수 Q=0.142857142857⋯라는 것이다. 〈보기〉에서 소수 Q를 포함하는 집합을 모두 골라라.

> **보기**
>
> $A = \{x \mid x \text{ 는 유리수}\}$ $\qquad$ $B = \{x + y\sqrt{3} \mid x, y \text{ 는 정수}\}$
>
> $C = \{x + yi \mid x, y \text{ 는 실수}\}$ $\qquad$ $D = \{x + \sqrt{2} \mid x \text{ 는 유리수}\}$

3 글 (다)를 읽고 다음에 답하여라.

3-1 6개의 숫자 중에서 한 개의 수를 선택하여 그 숫자를 곱하면 어떤 특성이 있는지 밝히고, 그 이유를 설명하여라.

3-2 그 숫자에 7을 곱하면 999999가 되는 이유를 설명하여라.

(가) 참인 명제 A와 참인지 거짓인지 모르는 명제 B가 있다.

> 명제 A: 서로 다른 두 실수 사이에 유한소수가 적어도 하나 존재한다.
> 명제 B: 실수 a보다 작은 임의의 유한소수가 실수 b보다 작으면 $a \leq b$이다.

(나) 순환소수 0.9999…는 수열 $a_n = 9\sum_{k=1}^{n} \dfrac{1}{10^k}$ 의 극한값으로 정의되며, 0.9999…보다 작은 임의의 양의 유한소수는 소수점 아래의 자리에서만 0이 아닌 숫자를 가진다.

(다) 1974년 과학자 서머린은 흰 쥐의 피부 일부를 검게 칠하고 마치 검은 쥐의 피부 이식 실험에 성공한 것처럼 발표하였다. 이 사건은 미국에서 대중적 주목을 끌었던 데이터 조작 사례로 연구 부정행위에 대한 사회적 관심을 불러일으켰다.

(2017 고려대 수시전형 평가문항)

1 글 (가)의 명제 A를 활용하여 명제 B가 참임을 보여라.

2 글 (가)의 명제 B와 글 (나)를 활용하여 0.999…=1임을 보여라. (단, 등비수열의 합의 공식은 사용할 수 없다.)

3 글 (다)의 예와 같이 과학자가 부정행위를 저지르게 되는 이유를 개인적인 인성과 사회적 분위기의 측면에서 생각해보고 이를 방지할 수 있는 합리적인 방안을 제언하라.

출제 의도

1. 제시문 (가), (나)의 유한소수와 순환소수는 중학교 2학년 수학 교과에서 다루는 내용이며 제시문 (나)의 수열과 극한값은 고등학교 〈수학1〉에 나오는 내용이기 때문에 고등학생이라면 두 내용 모두 쉽게 접근할 수 있다.
2. 유한소수와 순환소수의 특징을 이해하고 이를 증명할 수 있는지 판단하고자 한다.
3. 주어진 제시문 내용만을 가지고 필요한 결과를 도출해낼 수 있는 사고력 및 논리력을 측정하고, 연구 윤리에 관한 기본적인 양심을 가지고 있는지를 확인하여 인성과 태도를 파악하고자 한다.

◆ 창의인성을 위한 서술·논술형 문제

1

$$\text{실수} \begin{cases} \text{유리수} \begin{cases} \text{정수} \begin{cases} \text{양의 정수}(1, 2, 3, \cdots) \\ \text{영}(0) \\ \text{음의 정수}(-1, -2, -3, \cdots) \end{cases} \\ \text{정수가 아닌 유리수} \begin{cases} \text{유한소수}(\pm\dfrac{1}{2}, \pm 0.75, \cdots) \\ \text{순환소수}(\pm 0.\dot{3}, \pm 0.\dot{6}, \cdots) \end{cases} \end{cases} \\ \text{무리수}\cdots\text{비순환 무한소수}(\pm\sqrt{2}, \pm\pi, \pm\sin 10°, \cdots) \end{cases}$$

2 순환소수이므로 A, C 집합에 속한다.

3-1 142857에 2를 곱하면 285714가 되어, 원래의 수인 142857을 두 자리씩 옮긴 것과 같다.

142857에 3을 곱하면 428571이 되어, 역시 142857의 자리를 옮긴 것과 같다.

142857×4=571428, 142857×5=714285, 142857×6=857142가 되어 모두 142857의 자리를 옮긴 것과 같다.

3-2 7을 곱하면 142857×7 = 999999가 된다.

그 이유는 1/7을 소수로 나타낼 때 순환마디의 길이가 7보다 1이 작은 6이기 때문이다.

피보나치수열의 개념과 원리를 통해 자연의 아름다움을 발견하고 자신의 아름다움을 찾아보자.

(가) 수학사에서 가장 흥미로운 수열 중 하나는 피보나치수열이다. 이 수열의 이름은 12세기 말 이탈리아 수학자 레오나르도 피보나치가 그의 저서 《계산서(Liber Abachi)》에 다음과 같은 내용을 수록하면서 붙여졌다.

"한 농장에서 갓 태어난 토끼 암수 한 쌍이 있다. 한 쌍의 토끼는 생후 1개월 뒤에 다 자라고 다 자라면 1개월마다 다시 암수 한 쌍을 낳는다. 어떤 토끼도 죽지 않는다고 가정할 때, 1년이 지난 후 토끼는 모두 몇 쌍이 될까?"

이를 통해 피보나치는 이웃하는 두 수의 합이 다음 숫자가 되는 규칙을 발견한 것이다. 자연을 이루는 수의 체계와 같다고 해서 이를 '신이 만든 공식'이라고도 한다. 예를 들면, 자연의 앵무조개껍질이나 꽃잎, 해바라기 씨앗의 개수 등 살아 있는 생명체가 성장하는 모습에서도 피보나치수열을 찾아볼 수 있다.

(나) 어제와 똑같이 살면서 다른 미래를 기대하는 것은 정신병 초기 증세이다.

– 아인슈타인

(다) 피보나치수열의 숫자들 간 비율은 1:1.618에 가까워지는데, 이를 '황금비'라고 한다. 황금비는 A4용지, 사진의 구도, 창문 크기 등 실생활 속에 많이 활용되고 있다.

📖 생각 던지기

1 피보나치는 토끼의 번식을 통해 이웃하는 두 항의 합이 다음 항을 만든다는 사실을 발견하였다. 그렇다면, 우리는 일상의 삶에서 무엇을 발견하며 살아가고 있는가?

2 글 (나)의 아인슈타인의 말은 피보나치수열과 어떤 관계가 있는가?

3 황금비는 아름다움을 나타내는 수치라고 한다. 황금비를 계산하고, 세상의 모든 것에 대한 아름다움의 기준에 대하여 말해보자.

🔍 생각 넓히기

1 내 삶에는 피보나치수열과 같은 어떤 일정한 규칙이 있는가?

  1-1 피보나치수열에는 황금비가 있다. 그렇다면, 내 삶에 황금비는 무엇인가?

2 피보나치수열을 통해 '어제와 그제의 만남이 오늘을 만든다'는 것을 배울 수 있다.

  2-1 오늘의 내 모습은 무엇이 담긴 삶의 열매인가?

  2-2 내가 꿈꾸는 나를 이루기 위해서, 내가 이미 가지고 있는 것은 무엇인가?

  2-3 내가 더 준비해야 하는 일은 무엇인가?

💬 생각 나누기

1 피보나치수열에는 '규칙'과 '황금비'가 있다.

  1-1 인간은 사회적 동물이므로 '공동의 규칙'과 '자신만의 규칙'이 있다. 둘 사이에 대립이 발생한다면 어떻게 하겠는가? 예를 들어 설명해보라.

  1-2 우리가 사는 세상이 어떻게 보이는가? '아름답다'는 사람과 '세상 말세'라는 사람이 있을 때, 그 차이의 원인은 어디에 있다고 생각하는지 황금비와 관련지어 설명해보자.

2 피보나치수열 $a_n+a_{n+1}=a_{n+2}$을 '어제와 그제의 만남이 오늘을 만든다'라고 설명할 때, 다음은 피보나치수열의 개념과 원리를 뒷받침하는 논리와 반대하는 논리이다. 이와 같은 상반된 논리를 융합하여 서로에게 윈-윈 할 수 있는 방안을 서술하여라.

> (가) 사람이 온다는 것은 실은 어마어마한 일이다.
> 그는 그의 과거와 현재와 그리고 그의 미래와 함께 오기 때문이다.
>
> – 정현종의 〈방문객〉 중에서
>
> (나) 어제와 똑같이 살면서 다른 미래를 기대하는 것은 정신병 초기 증세이다. – 아인슈타인
>
> (다) '내일 일은 내일 생각하라.
> 내일 무엇이 필요할지 모르기 때문에 오늘이 좋은 것이다.' – 톨스토이
>
> (라) 내일 일을 위하여 염려하지 말라. 내일 일은 내일 염려할 것이요.
> 한 날의 괴로움은 그 날로 족하니라. – 〈마태복음〉 6:34

▌ 수업 연계형 독서활동 《100만 원의 행복》

돈은 벌면 은행 계좌의 잔고는 점점 불어나지만 행복 계좌는 채울 수 없다. 내가 번 돈 전부를 가지고도 그토록 갈망하는 만족감과 행복을 살 수 없다면, 그 많은 돈이 무슨 소용이란 말인가?

돈으로 사람은 살 수 있으나 그 사람의 마음은 살 수 없다.
돈으로 최고로 좋은 침대는 살 수 있으나 최상의 달콤한 잠은 살 수 없다.
돈으로 시계는 살 수 있어도 흐르는 시간은 살 수 없다.
돈으로 얼마든지 책은 살 수 있어도 결코 삶의 지혜는 살 수 없다.
돈으로 지위는 살 수 있어도 가슴에서 우러나오는 존경은 살 수 없다.
돈으로 피는 살 수 있어도 영원한 생명은 살 수 없다.

– 피터 리브스, 〈돈으로 살 수 없는 것〉

카를 라베더 | 나무위의책 | 2012

융합교과 탐구활동

: 세대의 이어짐

피보나치수열은 이웃하는 두 수의 합이 다음 숫자가 되는 규칙이 무한히 반복되는 수열이다. 이와 같이 우리 사회에서 무한히 반복되는 것은 무엇이 있을까?

> 지금 어드메쯤
> 아침을 몰고 오는 분이 계시옵니다
> 그분을 위하여
> 묵은 이 의자를 비워 드리지요
>
> 지금 어드메쯤
> 아침을 몰고 오는 어린 분이 계시옵니다
> 그분을 위하여
> 묵은 의자를 비워 드리겠어요
>
> 먼 옛날 어느 분이
> 내게 물려주듯이
>
> 지금 어드메쯤
> 아침을 몰고 오는 어린 분이 계시옵니다
> 그분을 위하여
> 묵은 의자를 비워 드리겠습니다
>
> — 조병화, 〈의자〉

이 시의 주제는 이형기의 시 〈낙화〉 중 "가야 할 때가 언제인가를 분명히 알고 가는 이의 뒷모습은 얼마나 아름다운가"라는 구절의 주제의식과 유사한 의미를 가진다. 마치 피보나치수열에서 나타나는 규칙처럼, 기성세대가 현세대에게, 현세대가 미래세대에게 문화를 물려주는 것이 아름답다는 의미가 내포되어 있다. 이처럼 세대 간에 좋은 문화가 끊임없이 대물림되며, 서로 존중하는 문화를 창조해가는 것은 한없이 아름다운 일일 것이다.

생각 정리하기

피보나치수열을 통하여 내 삶에 어떤 규칙을 가져야 할지 생각해보았다. "내일 일을 위하여 염려하지 말라 내일 일은 내일 염려할 것이요 한날의 괴로움은 그 날로 족하니라"라는 성경 말씀을 기억하며 내일 일을 걱정할 것이 아니라 오늘을 충실하게 살아야겠다고 다짐했다.

창의인성을 위한 서술·논술형 문제

다음 글을 읽고 물음에 답하여라.

한 농장에 갓 태어난 토끼 암수 한 쌍이 있다. 한 쌍의 토끼는 생후 1개월 뒤에 다 자라고 다 자라면 1개월마다 다시 암수 한 쌍을 낳는다. 어떤 토끼도 죽지 않는다고 가정할 때, 1년이 지난 후 토끼는 모두 몇 쌍이 될까?

1 첫째 달, 둘째 달, 셋째 달, …에 토끼는 모두 몇 쌍이 되는지 수열로 나타내어라.

2 위의 수열에서 n번째 달에 토끼 쌍의 수를 a_n이라 하자.

   2-1 수열 $\{a_n\}$이 피보나치수열이 됨을 설명하여라.

   2-2 세 항 a_n, a_{n+1}, a_{n+2} 사이의 관계식을 구하여라.

   2-3 $a_1 + a_2 + a_3 + \cdots + a_{12} = \displaystyle\sum_{k=1}^{12} a_k$의 값을 구하여라.

3 수열 $\{a_n\}$이 모든 자연수 n에 대하여 $a_{n+2} = a_{n+1} + a_n$을 만족할 때, 다음 중 $\displaystyle\sum_{k=1}^{100} a_k$와 같은 것은? (단, $a_1 \neq 0$, $a_2 \neq 0$)

> **보기**
>
> ① $a_{101} - a_1$ ② $a_{101} - a_2$ ③ $a_{101} + a_1$ ④ $a_{102} + a_2$ ⑤ $a_{102} - a_2$

4 $a_n + a_{n+1} = a_{n+2}$이 성립할 때, $\dfrac{a_{n+1}}{a_n} = \dfrac{1+\sqrt{5}}{2}$임을 밝혀라.

5 황금비가 아름다움의 기준이라고 가정할 때, 이 세상이 아름다운 근거를 제시하고 자신의 생각을 서술하라.

◆ 창의인성을 위한 서술·논술형 문제

1 토끼 쌍의 수는 1, 1, 2, 3, 5, 8, 13, 21, 34, 55, 89, 144, …
즉, 앞 두 항의 합이 다음 항을 만드는 피보나치수열이 된다.

2-1 피보나치수열은 앞 두 항의 합이 다음 항을 만드는 수열이다.
즉, $a_{n+2}=a_n+a_{n+1}$이 된다.

2-2 $a_{n+2}=a_n+a_{n+1}$

2-3 $a_n=a_{n+2}-a_{n+1}$

$$\sum_{k=1}^{12} a_k = a_3-a_2+a_4-a_3+\cdots+a_{14}-a_{13}$$
$$= a_{14}-a_2$$

3 정답: ⑤

$$a_n = a_{n+2} - a_{n+1}$$
$$\sum_{k=1}^{100} a_k = (a_3 - a_2) + (a_4 - a_3) + \cdots + (a_{102} - a_{101})$$
$$= a_{102} - a_2$$

4

$$\overline{AC}:\overline{CB}=\overline{AB}:\overline{AC}=x:1=x+1:x$$
$$x^2=x+1, \quad x^2-x-1=0$$
$$x=\frac{1+\sqrt{5}}{2} \quad \therefore x≒1.618$$

등비수열 – 예금과 적금이 있는 삶

등비수열의 원리합계에 대한 개념과 원리를 통해 통일을 대비하기 위한 준비에는 무엇이 있을지 찾아보자.

(가) 정부가 통일 이후 필요한 통일비용을 마련하기 위해 예산의 일부를 2001년부터 매년 1월 1일에 적립한다고 하자. 적립할 금액은 경제성장률을 감안하여 매년 전년도보다 6%씩 증액한다. 2001년 1월 1일부터 10조 원을 적립하기 시작한다면, 2010년 12월 31일까지 적립된 금액의 원리합계는 몇 조 원인가? (단, 연이율 6%, 1년마다의 복리로 계산하고, $(1.06)^{10}$은 1.8로 계산한다.)

(나) 달란트 비유

그러면 네가 마땅히 내 돈을 취리하는 자들에게나 맡겼다가 내가 돌아와서 내 '원금'과 '이자'를 받게 하였을 것이니라.

– 〈마태복음〉 25:27

 생각 던지기

1 등비수열의 활용에 대하여 생각해보자.

  1-1 '은행' 하면 돈을 빌리거나 맡기는 곳으로 여겨진다. 이외에 무엇이 떠오르는가?

  1-2 인생에는 부족함이 있을 수도 있고 여유가 있을 수도 있다. 때로는 내일을 준비하기 위한 계획도 있다. 이를 꿈을 가진 사람에게 주어지는 선물이라고 할 때, 나는 어떤 꿈을 가지고 살아가는지 나누어보자.

2 원리합계(복리와 단리/저축과 예금)에 대하여 생각해보자.

2-1 복리와 단리에는 밑져야 본전이라는 원리가 담겨 있다. 각각에 대하여 예를 들어 설명하여라.

2-2 복리와 단리의 공통점은 원금에 이자가 생겨난다는 데 있다. 이 원리를 삶에 적용해서 설명하여라.

⇨ 살아 있는 것만으로도 복된 존재다.

2-3 복리와 단리의 차이점은 이자의 크기가 다르다는 것이다. 이 원리를 인간의 삶에 적용해서 설명하여라.

⇨ 누가 더 많은 이익이 있느냐의 차이가 있을 뿐이다. 다른 사람과 비교하는 순간 행복은 달아나고 만다.

3 우리는 어떠한 삶을 디자인하며 살아가야 하는지 글 (나)의 내용을 중심으로 나누어보자.

🔍 생각 넓히기

1 우리의 소원은 통일

1-1 내 삶에서 통일(소통)을 원하는 것은 무엇인가?

1-2 막혀 있는 장벽은 무엇이며, 그 원인은 무엇인가?

1-3 이를 위해 내가 준비해야 할 것은 무엇인가?

2 인생은 예금과 적금의 균형이 이루어져야 한다.

2-1 예금과 적금의 공통점과 차이점을 말해보자.

2-2 내 삶의 모습을 예금과 적금의 원리와 연결하여 설명해보자.

💬 생각 나누기

1 우리나라는 분단국가이다. 평화통일을 이루기 위해서는 통일자금이 필요하고, 이에 대한 '햇볕정책, 달빛정책'이라는 정치권 용어가 제시되었다. 한편, 이 정책들을 비판하는 사람들도 있다. 이에 대한 자신의 의견을 말해보자.

2 내일을 준비하는 삶에 대하여 나누어보자.
   2-1 '예금'과 '적금'이 있는 삶이란 어떤 의미인가?
   2-2 '복리'와 '단리'의 삶은 우리에게 어떤 메시지를 주는가?

3 우리나라에도 어려운 사람이 많은데 동포라는 이유로 북한을 지원하는 데 우리 세금을 사용하는 것을 어떻게 생각하는가? 아래 내용과 연관지어 의견을 말해보자.

> 예수께서 베다니 나병환자 시몬의 집에 계실 때에 한 여자가 매우 귀한 향유 한 옥합을 가지고 나아와서 식사하시는 예수의 머리에 부으니 제자들이 보고 분개하여 이르되 무슨 의도로 이것을 허비하느냐? 이것을 비싼 값에 팔아 가난한 자들에게 줄 수 있었겠도다 하거늘 예수께서 아시고 그들에게 이르시되 너희가 어찌하여 이 여자를 괴롭게 하느냐? 그가 내게 좋은 일을 하였느니라. (중략) 내가 진실로 너희에게 이르노니 온 천하에 어디든지 이 복음이 전파되는 곳에서는 이 여자가 행한 일도 말하여 그를 기억하리라 하시니라.
>
> – 〈마태복음〉 26:6~13

시장은 모든 차이를 무시하고 오로지 기여도에 따라 보상한다. 이것을 정당화하려면 두 가지 조건이 충족되어야 한다. 첫째, 모든 사람이 경쟁에 참여할 기회를 가져야 하며 출발선이 같아야 한다. 둘째, 모든 사람이 규칙을 지키면서 공정하게 경쟁해야 한다.

이 책은 경제란 무엇인지 그 의미를 분석하고 실제적인 사례와 함께 설명한다. 이를 통해 비단 경제뿐만 아니라 다양한 분야의 학문을 접할 수 있고 끝까지 흥미롭게 책을 읽을 수 있다. 경제는 워낙 생소한 분야였기 때문에 처음에는 이해하기 어렵지 않을까 걱정했지만, 책을 다 읽고 나자 경제에 대한 개념이 어느 정도 잡혔다. 덕분에 경제학에 대한 부담을 덜 수 있는 계기가 되었다.

유시민 | 돌베개 | 2002

⚛️ 융합교과 탐구활동

: 경제와 수학

정기예금은 한번에 돈을 넣어놓고 일정 기간이 지나 만기가 되면 원금과 이자를 받는다. 정기적금은 약속되어 있는 금액을 만기가 될 때까지 매달 납입하여 그에 대한 이자를 받는다. 예금은 목돈을 만들기 위한 목적으로 많이 이용하는 반면, 적금은 소비를 줄여 돈을 차곡차곡 모을 때 주로 이용한다. 이 두 개념은 비슷해 보이지만 이자가 계산되는 방식이 다르다.

똑같은 1년 만기의 금리가 2%인 상품에 120만 원의 돈을 정기예금으로 한번에 불입하였을 때와 매달 10만 원씩 1년간 정기적금으로 돈을 불입할 때 둘 중 어느 쪽이 더 수익이 클까? 예금은 세금을 제외하고 120만 원에 2만 4000원의 이자가 붙어 만기 시 122만 4000원을 받게 된다. 적금의 경우엔 매달 10만 원씩 넣으면 원금 120만 원과 약 1만 2000원의 이자를 받게 된다. 1월에 넣은 10만 원에는 12개월치 이자, 2월에 넣는 10만 원에는 11개월치 이자, 3월에는 10개월치 이자, 마지막 12월에는 1개월치 이자만 붙는다. 따라서 적금보다 예금 상품에 가입했을 때 더 높은 이자를 받을 수 있다.

: 오늘의 행복인가, 내일의 성공인가?

삶을 바라보는 초점과 삶을 대하는 프레임을 '성공'을 위한 것이 아닌 '행복'을 위한 것으로 바꾸어야 한다. 성공이라는 가치는 무엇인가? 돈, 명예, 사회적 지위 등, 성공의 기준은 모두 다르다. 그러나 어떤 누구도 행복하지 않기 위해 사는 사람은 없다. 성공을 좇는 것도 궁극적으로는 지금보다 더 행복해지기 위해서이다. 결국 삶의 목표는 성공보다 행복에 더 가깝다. 행복의 지표와 그 행복을 추구하는 과정이 다를 뿐이다.

그러므로 성공은 행복의 교집합이며 행복은 성공의 합집합이다. 성공은 저만치에서 희미하게 보이지만 쉽게 잡히지 않고 행복은 그것을 좇는 동안 주변의 풍경처럼 쉽게 지나간다. 흔히 지표로서 보여지는, 눈에 보이는 성공만 좇다보면 정작 눈에 보이지 않는 행복을 놓치기 쉽다. 예컨대, 배고플 때 라면을 하나 끓여 먹는 것도 행복이며 강아지와 함께 공원으로 산책을 나가는 것도 행복이다. 그러나 이러한 것들은 일반적으로 성공의 범주에 들어가지 않는다. 따라서 '어떻게 하면 성공할 수 있을까?'라는 질문보다는 '어떻게 하면 행복해질 수 있을까?'라는 고민이 필요하다. 누군가 말했듯 삶이란 직선의 고속도로를 달리는 것이 아니라 무수하게 엉켜 있는 정글짐 같은 것이기 때문이다. 무언가를 선택함으로써 무언가를 하지 못했다면 그에 걸맞은 또 다른 기회가 다가올 것이다.

생각 정리하기

원리합계를 중심으로 금융과 경제에 대하여 생각해보았다. 금융하면 '저축' 혹은 '대출'이 떠오른다. 여기서 인간의 삶도 이와 같다는 사실을 발견했다. 첫째는 내 삶에 부족함이 있을 때 대출을 받듯이 손 내밀 수 있어야 한다는 것이고, 둘째는 내일을 위해 저축하는 삶이 필요하다는 것이다.

또한 삶은 예금과 적금처럼 가만히 있어도 이자가 붙어나는 것이라 생각했다. 살아 있다는 그 자체가 복이라는 것이다. 하지만 상대와 비교하는 순간 그 행복은 사라질 수 있다는 것도 배울 수 있었다.

창의인성을 위한 서술·논술형 문제

다음 글을 읽고 물음에 답하여라.

정부가 통일 이후 필요한 통일비용을 마련하기 위해 예산의 일부를 2017년부터 매년 1월 1일에 적립한다고 하자. 적립할 금액은 경제성장률을 감안하여 매년 전년도보다 6%씩 증액한다. 2017년 1월 1일부터 10조 원을 적립하기 시작한다면, 2026년 12월 31일까지 적립된 금액의 원리합계는 몇 조 원인가? (단, 연이율 6%, 1년마다의 복리로 계산하고, $(1.06)^{10}$은 1.8로 계산한다.)

1 〈보기〉에서 옳은 것을 모두 골라라.

보기

ㄱ. 2017년 1월 1일에 적립한 돈 10조 원의 2026년 말의 원리합계는 10×1.06^{10}(조 원)이다.

ㄴ. 2020년 1월 1일에 적립해야 할 돈은 10×1.06^3(조 원)이다.

ㄷ. 2017년 1월 1일부터 2026년 12월 31일까지 적립된 금액의 원리합계는 약 180조 원이다.

① ㄱ   ② ㄱ, ㄴ   ③ ㄱ, ㄷ   ④ ㄴ, ㄷ   ⑤ ㄱ, ㄴ, ㄷ

2 다음에 대한 풀이 과정을 서술하라.

2-1 2017년 1월 1일에 적립한 돈 10조 원의 2026년 말의 원리합계는 얼마인가?

2-2 2020년 1월 1일에 적립해야 할 돈은 얼마인가?

2-3 2017년 1월 1일부터 2026년 12월 31일까지 적립된 금액의 원리합계는 얼마인가?

3 우리의 소원은 통일(소통)이라고 할 때, 남북한 통일을 위한 조건은 무엇인지 자신의 생각을 제시하라.

4 인간관계에서 '소통'이 잘될 때, 행복한 관계가 된다고 한다.

4-1 지금 나에게 막힌 장벽이 있어서 불편한 대상은 누구인가?

4-2 막힌 장벽은 무엇이며, 그 원인은 무엇인지 서술하라.

4-3 소통을 위한 조건을 제시하고, 그에 따른 자신의 행동을 논하라.

◆ 창의인성을 위한 서술·논술형 문제

1 ㄱ, ㄴ, ㄷ 모두 옳으므로 정답은 ⑤이다.

2-1 2017년 1월 1일에 10조 원은 ⟹ 2026년 12월 31일엔 $10 \times (1.06)^{10}$조 원이다.

2-2 2018년 1월 1일에 적립할 금액이 전년도보다 6%씩 증액해야 하므로 $10(1.06)$조 원을 적립해야 하고, 따라서 2020년에는 $10(1.06)^3$조 원을 적립해야 한다.

2-3 2017년 1월 1일부터 2026년 12월 31일까지 10년 동안 적립하면

10조 원을 a라 하면,

2017년 1월 1일에 a원은 ⟹ 2026년 12월 31일에는 $a(1.06)^{10}$

2018년 1월 1일에 $a(1.06)$원은 ⟹ 2026년 12월 31일에는 $a(1.06)^{10}$

$\vdots$ $\vdots$

2026년 1월 1일에 $a(1.06)^9$원은 ⟹ 2026년 12월 31일에는 $a(1.06)^{10}$

$\therefore 10 \times a(1.06)^{10} = 10 \times 1.8 \times a = 18a$ $\therefore$ 180조 원

19 등식 – 내 삶의 열쇠는 방정식과 항등식이다

등식의 개념과 원리를 통해 내가 풀어가야 할 삶의 문제를 해결하는 방법을 찾아보자.

(가) 등식에는 방정식과 항등식이 있다. 방정식이란 특정한 수에 대하여 성립하는 식이며, 항등식이란 어떠한 수에 대하여도 항상 성립하는 식을 말한다. 예컨대, x에 대한 등식 $ax=b$를 만족하는 해는 크게 세 가지로 생각해볼 수 있다.

(나) 아침 일찍 학교에 등교했지만 교실 문이 잠겨 있어 들어갈 수가 없었다. 할 수 없이 열쇠를 가진 친구를 기다리다 보니, 다른 친구도 도착했다. 열쇠를 가진 친구가 오지 않아 계속 기다리고 있다고 방금 온 친구에게 말하자 그 친구가 행정실에 가면 열쇠가 있을 거라고 알려주었다. 친구의 말대로 행정실에 가서 상황을 말씀드리자 행정실 선생님께서 만능키로 문을 열어주셨다.

(다) 대한이는 "1+1=3이 성립하는가?"에 대하여 다음과 같이 문제를 제기했다.

$a=b$라 할 때, $2a-a=2b-b$가 성립한다.
이때 $-a$를 우변으로, $2b$를 좌변으로 이항하면 $2a-2b=a-b$이다.
$2(a-b)=a-b$인데 양변을 $a-b$로 나눠주면 $2=1$이 된다.
양변에 1을 더해주면 $2+1=1+1$, 즉 $3=1+1$이라는 것이다.

1 글 (가)를 읽고 다음에 답하여라.

  1-1 방정식과 항등식의 개념을 정의하여라.

  1-2 등식의 성질을 말해보자.

  1-3 x에 대한 등식 $ax=b$의 해를 구하여라.

  1-4 $(a^2+6)x+2=a(5x+1)$의 해를 구하여라.

2 글 (나)에서 방정식과 항등식의 개념을 설명할 수 있는 키워드를 찾아라.

3 글 (다)의 대한이가 한 문제 제기에서 무엇이 잘못되었는지 등식의 성질을 이용하여 설명하여라.

4 매 순간 우리가 풀어내어야 할 방정식에는 무엇이 있는가?

1 방정식은 특정한 수에 대해서만 성립한다. 그렇다면, 삶에서 나만이 해결할 수 있는 특별한 문제가 있는가?

2 항등식은 모든 수에 대하여 성립한다. 그렇다면, 내가 속한 공동체에서 나는 어떤 존재인가?

3 글 (다)에서 대한이의 주장은 잘못되었다.

  3-1 나의 주장이 잘못되었음에도 불구하고 이를 알지 못하고 행동했던 사례는 무엇인가?

  3-2 상대의 주장이 잘못되었음을 발견했을 때, 나는 어떻게 하겠는가?

4 $ax=b$에서 상수 a를 '부모', 상수 b를 '나'라고 치환할 때, 그 상관관계를 설명해보자.

💬 생각 나누기

1 아름다운 세상을 위해서 우리가 해야 할 일은 무엇인지 방정식과 항등식의 개념을 이용하여 자신의 생각을 말해보자.

2 사람은 누구나 자신만의 열쇠가 있다. 나에게 그것은 무엇인가?

3 나에게 만능키가 있다면 무엇을 위해 사용하겠는가?

4 나는 trouble maker인가? peace maker인가?

5 누구에게나 자신만의 의견이 있을 수 있다. 하지만 그 주장이 항상 옳을 수만은 없다. 소통을 위한 우리의 자세는 무엇인가?

📕 **수업 연계형 독서활동** 《초심》

각자 자신만의 꿈을 가지고 어떤 일을 시작할 것이다. 꿈을 향한 사람들의 첫 마음에는 열정, 무모한 도전, 그리고 수많은 설렘이 있다. 하지만 성공의 길을 달리다가도 휘청거릴 때가 있다. 그때 '초심'을 떠올린다면 다시 앞으로 나아갈 수 있다. 그래서 '초심'은 꿈을 향해 가는 사람들에게 가장 중요한 것이라고 한다. 이 책은 처음 시작할 때의 그 첫 마음의 소중함을 일깨워준다. 초심을 지킨다는 것은 한결같은 마음으로 행동하는 것이다.

홍의숙 | 다산북스 | 2008

: 항등식의 삶 vs 방정식의 삶

"타인을 너그럽게 받아들이는 사람이 다른 이의 마음을 얻게 되고,
힘이나 위엄으로 타인을 엄하게 다스린다면 노여움을 사게 될 것이다."
– 세종대왕

항등식: 세종대왕
백성들을 향한 한결같은 마음으로 나라를 위해 조금도 헛되이 행동하지 않고 최선을 다해 일했다.

방정식: 연산군
처음에는 백성을 위해 일했지만 점점 방탕하고 험악하게 변했다. 자신에게 굴복하는 신하들에게는 호의적이지만 자신을 거역하는 사람에게는 가차 없이 폭력을 행사했다.

1 연산군의 생애를 알아보자.

   1-1 연산군이 폭군으로 변하게 된 계기는 무엇인가?

   1-2 연산군이 항등식처럼 행동했을 때와 방정식처럼 행동했을 때의 차이점은 무엇인가?

   1-3 연산군에게 x는 어떻게 작용될 수 있는가?

   1-4 만약 연산군이 세종대왕과 같은 사람이었다면 어땠을까?

2 세종대왕의 삶을 본보기로 나에게 적용시켜보자.

   2-1 나의 x(내가 다짐한 것 ≒ 꿈)는 무엇인가?

   2-2 그 꿈은 무엇을 위한 것이며, 그 꿈을 이루기 위해 무엇을, 어떻게 할 것인가?

   2-3 나의 꿈을 이루기 위해 세종대왕의 모습에서 본받을 점은 무엇인가?

생각 정리하기

방정식과 항등식의 개념을 통해 나만의 만능키는 무엇인지 고민해보았다. 또한 내가 속한 집단에서 모든 사람들에게 peace maker가 되는 방법을 생각해보았다.
인생이란 수많은 방정식을 풀어가는 과정이며, 문제에는 언제나 답이 있다는 사실을 배웠다.
그러므로 어떠한 환경에서도 두려워해야 할 이유가 없다.

창의인성을 위한 서술·논술형 문제

다음 글을 읽고 물음에 답하여라.

(가) 등식에는 방정식과 항등식이 있다. ㉠방정식이란 특정한 수에 대하여 성립하는 식이며, ㉡항등식이란 어떠한 수에 대하여도 항상 성립하는 식을 말한다. 예컨대, ㉢x에 대한 등식 $ax=b$를 만족하는 해는 크게 세 가지로 생각해볼 수 있다.

(나) 아침 일찍 학교에 등교했지만 교실 문이 잠겨 있어 들어갈 수가 없었다. 할 수 없이 열쇠를 가진 친구를 기다리다 보니, 다른 친구도 도착했다. 열쇠를 가진 친구가 오지 않아 계속 기다리고 있다고 방금 온 친구에게 말하자 그 행정실에 가면 열쇠가 있을 거라고 알려주었다. 친구의 말대로 행정실에 가서 상황을 말씀드리자 행정실 선생님께서 만능키로 문을 열어주셨다.

(다) 대한이는 "1+1=3이 성립하는가?"에 대하여 다음과 같이 문제를 제기했다.

> $a=b$라 할 때, $2a-a=2b-b$가 성립한다.
> 이때 $-a$를 우변으로, $2b$를 좌변으로 이항하면 $2a-2b=a-b$이다.
> $2(a-b)=a-b$인데 양변을 $a-b$로 나눠주면 $2=1$이 된다.
> 양변에 1을 더해주면 $2+1=1+1$, 즉 $3=1+1$이라는 것이다.

1 글 (가)를 읽고 다음에 답하여라.

1-1 밑줄 친 ㉠, ㉡의 개념을 설명할 수 있는 사례를 글 (나)에서 찾아 설명하라.

1-2 x에 대한 등식 $ax=b$의 해를 구하는 과정을 서술하라.

1-3 $(a^2+6)x+2=a(5x+1)$의 해를 구하는 과정을 서술하라.

2 글 (다)를 읽고 다음에 답하여라.

2-1 대한이의 문제 제기에서 무엇이 잘못되었는지 등식의 성질을 이용하여 설명하라.

2-2 인간은 누구나 자신의 생각이 있다. 그 주장이 잘못되었을 때, 서로에게 도움이 될 수 있는 방안은 무엇일지 서술하라.

3 살면서 크고 작은 수많은 등식(방정식과 항등식)을 풀어내야 한다.

3-1 항등식이란 무엇이든 해결할 수 있는 만능키와 같다고 할 때, 내 인생의 만능키는 무엇인가?

3-2 지금 나에게 만능키가 있다면 무엇을 열고 싶은가?

3-3 밑줄 친 ㉢ 방정식 $ax=b$의 해는 오직 하나의 근이 존재하는 경우, 무수히 많은 해가 존재하는 경우, 해가 존재하지 않는 경우가 있다. 각각의 경우를 자신의 진로와 연결하여 문제점과 대안을 제시하여라.

4 성은이는 속이 빈 병과 가득 찬 병이 같음을 다음과 같이 설명하였다. 이러한 설명의 문제는 무엇인지 등식의 성질을 이용하여 설명하고, 그 문제를 해결함으로써 배울 수 있는 교훈을 제시하여라.

$\dfrac{1}{2}$ 빈 병 $= \dfrac{1}{2}$ 가득 찬 병
양변에 2를 곱하면,
$\therefore$ 빈 병 = 가득 찬 병

◆ 생각 넓히기

4 $a \neq 0$이면, 부모의 삶만 있을 뿐이다.

$a=0$, $b \neq 0$이면, 부모는 자식을 위해 희생하지만 자녀는 부모의 마음을 알아주지 않고 곁길로 가는 것이다. 이런 때에는 부모 자식 간에 갈등이 생기고 가정에 그늘이 드리워진다.

$a=0$, $b=0$이면, 부모와 자녀가 서로 그 은혜를 알고 섬기려 하는 것이다. 이때는 부모 자식 간에 사랑이 넘치고 가정이 화목해진다.

◆ 창의인성을 위한 서술·논술형 문제

1-1 ㉠은 특정한 수에 대해서 성립하므로 특정한 문만 열 수 있는 열쇠에 해당하고, ㉡은 모든 x에 대해서 성립하기 때문에 모든 문을 열 수 있는 만능키에 해당한다.

1-2 $ax=b$에서

1) $a \neq 0$인 경우 양변을 a로 나누면 $x = \dfrac{b}{a}$이다.

2) $a=0$, $b=0$이면, $0 \times x = 0$ 꼴이므로

x에 어떤 값을 대입해도 항상 성립한다.

따라서 가능한 x는 수 전체이다.

$a=0$, $b \neq 0$이면, x에 어떤 값을 대입해도 성립하지 않는다.

따라서, 해는 없다.

1-3 $(a^2+6)x+2=a(5x+1)$에서 x에 관하여 정리하면

$(a^2-5a+6)x=a-2$, $(a-2)(a-3)x=a-2$

1) $a \neq 2$, $a \neq 3$ 일 때, $x = \dfrac{1}{a-3}$

2) $a=2$일 때 해는 수 전체이고,

3) $a=3$일 때 해는 없다.

2-1 "$2(a-b)=a-b$인데 양변을 $a-b$로 나누면 $2=1$이다"에서 $a-b$가 0이 아니라는 조건이 없으므로 양변을 $a-b$로 나눌 수 없다.

산술, 조화평균 - 이미 늦었을 땐 아무리 서둘러도 늦다

산술, 기하, 조화평균의 개념과 원리를 통해 삶의 속도에 대하여 균형을 이루는 방법을 찾아보자.

(가) 토끼와 거북이는 길이가 0.5km인 경기장에서 경주를 했다. 거북이는 $\sqrt{10}$m/분 속력으로, 토끼는 50m/분 속력으로 달렸다. 그 결과 토끼는 큰 차이로 거북이를 앞섰다. 다음 날, 거북이의 재도전으로 다시 한 번 경주가 벌어졌다. 거북이와 토끼는 어제와 똑같은 속력으로 달렸지만 토끼는 중간에 3시간 동안 나무 밑에서 낮잠을 잤다. 그렇다면 이번 경기의 우승자는 누구일까?

(나) 두 사람 A, B가 같은 거리를 여행하는데 A는 거리의 반을 v_1의 속력으로, 나머지 거리를 v_2의 속력으로 가고, B는 총 걸린 시간 중 반을 v_1의 속력으로, 나머지 시간을 v_2의 속력으로 갔다. A, B의 평균속력을 각각 v_A, v_B라 할 때 v_A, v_B 사이의 관계는 어떻게 될까?

(다) 거리가 160km 떨어진 두 지점을 왕복하는데 갈 때는 40km/h로 거북이처럼 기어가고, 올 때는 160km/h로 총알처럼 달려왔다. 그렇다면 평균속력은 얼마인가?

(라) "이미 늦었을 땐 아무리 서둘러도 늦다." 마르셀 에메의 단편소설에 나오는 프랑스 격언이다. 많은 사람들이 서두르는 것은 대개 두 가지 경우이다. 첫째는 약속 시간을 앞두고 밍기적거리다가 허겁지겁 나서는 경우다. 둘째는 별다른 이유도 없이 서두르는 경우이다. 둘 다 그 사람의 생활습관 때문이다.

1 글 (가)를 읽고 질문에 답하여라.

   1-1 토끼와 거북이가 경주를 한 이유는 무엇인가?

   1-2 토끼가 낮잠을 잔 이유는 무엇인가?

   1-3 경주를 물속에서 했다면 어떻게 됐을까?

   1-4 토끼와 거북이는 공평한 조건에서 경주를 할 수 없음에도 불구하고 경주를 하고 있다. 우리 사회에는 이러한 사례가 없는가?

2 글 (나), (다)를 읽고 질문에 답하여라.

   2-1 산술평균과 조화평균의 의미는 무엇인가?

     – 수학에서의 정의

     – 우리 삶 속에서의 정의

   2-2 산술평균과 조화평균은 우리 삶에 어떻게 적용되는가?

     – 수학에서의 적용

     – 우리 삶 속에서의 적용

3 A는 매일 300개의 복숭아를 2개에 1불에 팔아서 하루에 150불을 벌었다. B는 300개의 복숭아를 3개에 1불에 팔아서 하루에 100불을 벌었다. 그러던 어느 날, A가 아파서 B가 600개의 복숭아를 모두 가지고 나가서 팔았다. B는 나름 생각해서 5개의 복숭아를 2불에 팔았고, 총 240불을 벌어들였다. 그렇다면 B가 번 돈은 평소에 두 사람이 번 돈을 합친 금액(250불)과 왜 다를까?

4 글 (라)의 "이미 늦었을 땐 아무리 서둘러도 늦다"라는 격언을 글 (다)에 근거하여 설명해보자.

1 내 삶에서 산술평균과 조화평균이 의미하는 것은 무엇인가?

▷ 산술평균은 결과만 바라본 나, 조화평균은 시간의 중요성을 깨달은 나를 의미한다.

2 토끼와 거북이의 경주에서 나는 토끼인가, 거북이인가?

2-1 누군가 이러한 경주를 요구한다면 나는 어떻게 할 것인가?

3 "이미 늦었을 땐 아무리 서둘러도 늦다"라는 격언이 있다. 나는 서두르는 성향인가? 계획을 가지고 여유 있게 행동하는 성향인가?

4 대한이와 민국이는 산술기하평균을 이용하여 최솟값을 구하는 문제에 대한 선생님의 설명을 듣고 같은 방법으로 풀었다. 그런데 대한이는 맞고, 민국이는 틀렸다고 한다. 다음 물음에 답해보자.

[대한이의 풀이]

양의 실수 a, b, c, d에 대하여 $(\frac{a}{b}+\frac{c}{d})(\frac{b}{a}+\frac{d}{c})$의 최솟값을 산술기하평균의 관계를 이용하면

$(\frac{a}{b}+\frac{c}{d})(\frac{b}{a}+\frac{d}{c}) \geq (2\sqrt{\frac{a}{b}\times\frac{c}{d}})\times(2\sqrt{\frac{b}{a}\times\frac{d}{c}}) = 4$ 이므로 최솟값은 4이다.

- -

[민국이의 풀이]

양의 실수 x, y에 대하여 $(2x+3y)(\frac{8}{x}+\frac{3}{y})$의 최솟값을 산술·기하평균의 관계를 이용하면

$(2x+3y)(\frac{8}{x}+\frac{3}{y}) \geq (2\sqrt{2x\times3y})\times(2\sqrt{\frac{8}{x}\times\frac{3}{y}}) = 48$ 이므로 최솟값은 48이다.

4-1 왜 같은 방법으로 풀었는데 민국이는 틀렸다고 하는가?

4-2 이를 통해 남이 한다고 똑같이 따라해서는 안 된다는 사실을 알 수 있다. 그렇다면, 나는 어떻게 해야 하는가?

4-3 다른 사람의 방법을 따라했다가 득을 본 경우와 손해 본 경우를 나누어보자.

옛날 옛날에 토끼와 거북이가 살았습니다. 거북이는 모르고 있었지만 토끼는 거북이를 사랑했답니다. 토끼는 자신의 마음을 누구에게도 알리지 않고 소중하게 간직했습니다.

어느 날 토끼는 거북이의 모습에 가슴이 아팠습니다. 거북이가 느린 자신에 대하여 자책하고 있었거든요. 토끼는 거북이를 사랑했기에 어떻게든 거북이에게 자신감을 심어주고 싶었습니다. 그래서 일부러 거북이를 약 올리며 경주를 제안했습니다.

"어이 느림보 거북아, 나랑 경주해보지 않을래? 너 따위는 내 상대가 될 수 없지만 말이야, 어때?"

"토끼야, 나는 비록 느리지만 너와 경주하겠어! 빠른 것만이 최고가 아니라는 걸 보여주겠어!"

거북이의 수락에 토끼는 기뻤습니다.

경주가 시작되었습니다. 저 높은 언덕 꼭대기까지의 경주였지요. 물론 거북이는 토끼를 따라잡을 수 없었습니다. 토끼는 어느새 저만치 앞서가고 있었습니다. 앞서가는 토끼는 달리면서도 거북이만을 생각했습니다. '거북이가 쫓아올까, 설마 포기하는 건 아닐까?' 어느새 차이는 엄청나게 벌어졌습니다.

토끼는 거북이를 기다리기로 했습니다. 그러나 무작정 기다릴 수는 없었습니다. 토끼는 길가에 누워서 자는 척을 했습니다. 그러고는 거북이가 다가와 자신을 깨워주기를 기다렸습니다. 그러면 둘이서 나란히 함께 달릴 수 있겠지요.

1 토끼와 거북이의 경주에 대하여 어떻게 생각하는가?

  1-1 토끼가 거북이에게 게임을 제안한 의도는 무엇인가?

  1-2 토끼가 도중에 잠을 청한 의도는 무엇인가?

2 경주의 과정과 결과에 대하여 생각해보자.

  2-1 거북이가 토끼의 마음을 이해하지 못했을 때 행동의 결과는 어땠을까?

  2-2 거북이가 토끼의 마음을 이해하였을 때 행동의 결과는 어땠을까?

🔖 수업 연계형 독서활동 《게으름도 습관이다》

인간은 자기가 무언가를 잘하고 쓸모 있다는 생각이 들지 않으면, 무기력해져 끝없이 게을러지는 존재이다. 그러므로 불가능에 도전하는 것을 즐기는 소수의 특별한 사람으로 타고나지 않은 이상 일단은 열 번 찍어 넘어갈 것 같은 나무를 골라 열심히 찍는 것이 현명하다. 자꾸 자신이 좋아하지도 잘하지도 않는 일에 너무 많은 시간을 투자하는 것은 게으름을 습관화하는 지름길이 될 수 있다.

자꾸 미루는 습관은 나중에 후회할 것을 알면서도 쉽사리 고쳐지지 않는다. 마치 책의 제목처럼 게으름이 습관이 되는 셈이다. 책을 통해 여러 가지 게으름의 유형이나 방해 요인을 알아보고, 습관이 된 게으름을 어떻게 극복할지 그 방법에 대해 고민해보는 시간을 가질 수 있다.

최명기 | 알키 | 2017

《여유》

현대를 살아가는 사람들 중에는 쉴 틈 없이 달리고 일하는 이들이 많다. 이들은 항상 매우 바쁘고, 힘들어 보인다. 실수가 잦아 일이 더 지연되기도 한다. 이러한 시점에서 필요한 것은 느림의 미학이다. 삶에 여유를 갖고 목표를 향해 차근차근 나아간다면 생산성 또한 점차 극대화시킬 수 있다.

최복현 | 휴먼드림 | 2008

융합교과 탐구활동

: 경쟁의 조건

> 운동장에서 달음질하는 자들이 다 달아날지라도 오직 상 얻는 자는 하나인 줄을 너희가
> 알지 못하느냐. 너희도 얻도록 이와 같이 달음질하라. 이기기를 다투는 자마다 모든 일에
> 절제하나니 저희는 썩을 면류관을 얻고자 하되 우리는 썩지 아니할 것을 얻고자 하노라.
> 그러므로 내가 달음질하기를 향방 없는 것 같이 아니하고 싸우기를 허공을 치는 것 같이
> 아니하여 내가 내 몸을 쳐 복종하게 함은 내가 남에게 전파한 후에 자기가 도리어 버림이
> 될까 두려워 함이로라.
>
> － 〈고린도전서〉 9:24~27

현대 사회의 병리현상에는 무엇이 있을까? 사회 병리현상이란 사회 자체가 지닌 모순이나 치우침에서 생긴 개인이나 집단 생활에서의 기능적 장애를 의미한다. 토끼와 거북이의 경주처럼, 사람도 살면서 수많은 경쟁을 치르게 된다. 경쟁의 조건은 공정할 때도 있지만 불공정할 때도 있다. 불합리한 조건의 예로 양극화를 들 수 있다. 어떤 사람은 특정 분야에 탁월한 재능을 타고나기도 하고, 어떤 사람은 처음부터 많은 돈을 가지고 출발하기도 한다. 이러한 현실에서 어떠한 마음가짐과 방법을 가지고 극복해나갈 수 있을지 윗글을 참고하여 생각해보고, 서로 토론해보자.

일본의 사상가 니시다 기타로의 "어려운 상황일수록 침착하라. 성급함에는 반드시 오류가 포함되어 있다"는 말을 통해서 어떤 일을 미루고 성급하게 처리했던 행동을 반성하고, 항상 성실하게 살자는 마음을 가지게 되었다. 또한 성급함 속에서 상대에 대한 악의적 경쟁심을 가지기보다는 침착하게 나의 페이스를 유지하면서 나아갈 것을 다짐했다.

토끼와 거북이 경주 이야기를 통해서, 토끼와 토끼가 경주하는 것과 토끼와 거북이가 경주하는 것은 공정한 게임인가, 불공정한 게임인가를 생각해보았다. 또한 나는 어떤 경주를 요구받고 있으며, 어떠한 경주를 하고 있는지 생각해보았다. 만약 내가 이러한 경우에 처하게 된다면 어떻게 할까? 일단, 사랑과 토끼에게 경주를 하라고 한다면 공정한 게임이 아니라고 불평할 것이다. 그럼에도 불구하고 이를 피할 수 없다면 승리하기 위한 어떤 수단이든 만들어낼 것이다.

창의인성을 위한 서술·논술형 문제

1 두 사람 A, B가 같은 거리를 여행하는데 A는 거리의 반을 v_1의 속력으로, 나머지 거리를 v_2의 속력으로 가고, B는 총 걸린 시간 중 반을 v_1의 속력으로, 나머지 시간을 v_2의 속력으로 갔다. A, B의 평균속력을 각각 v_A, v_B라 할 때 〈보기〉에서 옳은 것을 고르고 그 이유를 서술하라.

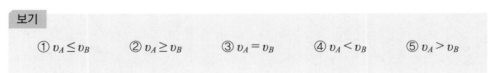

보기

① $v_A \leq v_B$ ② $v_A \geq v_B$ ③ $v_A = v_B$ ④ $v_A < v_B$ ⑤ $v_A > v_B$

2 거리가 160km 떨어진 두 지점을 왕복하는데 갈 때는 40km/h로 거북이처럼 기어가고, 올때는 160km/h로 총알처럼 달려왔다. 그렇다면 평균속력은 얼마인가? 문제의 답을 구하고, "이미 늦었을 땐 아무리 서둘러도 늦다"라는 마르셀 에메의 단편소설에 나오는 프랑스 격언을 통해 설명하여라.

3 토끼와 거북이는 산 정상까지 경주를 하였다. 결승점에 먼저 도착해서 심심해진 토끼는 다음과 같은 놀이를 하기로 했다.

거북이를 마중 나가 "느림보 거북님" 하고 인사하고 다시 정상으로 돌아온다. 돌아온 즉시 거북이에게로 돌아가 같은 인사를 하고 다시 돌아온다. 이와 같은 일을 거북이가 정상에 도착할 때까지 반복한다.

토끼가 산을 내려갈 때는 속도 v_1, 올라갈 때는 v_2의 속도를 가진다. 거북이의 등산 속도는 u로 한다. 토끼가 정상에서 출발할 때 거북이까지의 거리를 L이라 하자. 단, 토끼가 반환점을 돌거나 인사하는 데 걸리는 시간은 없는 것으로 한다.

3-1 토끼가 움직이는 평균속력을 구하라.

3-2 임의의 시간에 토끼와 거북이의 정상으로부터의 위치를 $y_1(t)$, $y_2(t)$라 하여, 시간 t의 함수로 같은 평면에 나타내라.

3-3 토끼가 정상에서 출발하여 거북이를 만나고 다시 정상으로 돌아왔을 때, 토끼가 움직인 거리 R_1과 이때 거북이의 정상으로부터의 위치 L_1을 구하라.

3-4 거북이가 도착할 때까지 토끼가 움직인 총 거리를 구하라.

3-5 문제 3-1의 결과를 이용하여 3-4를 다시 풀어보자.

(가) 실수 x에 대한 함수 $f(x) = \dfrac{1}{x^2+2} + x^2 + 2$ 의 최솟값을 구하기 위해 산술평균과 기하 평균의 관계를 이용하면 $\dfrac{1}{x^2+2} + x^2 + 2 \geq 2\sqrt{\dfrac{1}{x^2+2} \times (x^2+2)} = 2$ 이므로 $f(x)$의 최솟값은 2이다.

(나) 고대 그리스의 과학자들은 맨눈으로 관측한 자료를 바탕으로 일곱 천체의 움직임을 설명하는 천문 체계를 만들었다. 그것은 프톨레마이오스(Ptolemaeoc. C.)가 만든 지구 중심 천문 체계였다. 천동설로 불리는 지구 중심 천문 체계는 일곱 개 행성의 움직임을 설명하고 미래의 위치를 예측하기 위해 수학적으로 정밀하게 고안된 천문 체계였다.

(다) 미국의 리터러리 다이제스트사는 1936년의 대선에서 전화번호부, 자동차 보유자 명단, 리터러리 다이제스트의 잡지를 구독하는 사람들 중에서 무려 1000만 명의 사람들에게 설문지를 우송하여 240만 장의 응답을 회수하였고, 공화당의 랜던(Landon. A. M.)이 민주당의 루즈벨트(Roosevelt. F. D.)를 이길 것이라는 여론조사 결과를 발표하였다. 그러나 실제 선거 결과는 루즈벨트의 압승으로 끝났다.

(2016 고려대 수시전형 평가문항)

1 위 제시문 (가), (나), (다)를 읽고 공통으로 떠오르는 하나의 단어를 말하라.

2 문제 1에서 찾은 단어에 해당하는 수학 또는 과학에서의 예를 2개 이상 들고, 그에 대하여 설명하라.

3 지원자가 실험실 책임자로서 구성원을 선발한다고 할 때, 중요하게 여기는 자질 3가지와 그 이유를 말하라.

1. 제시문 (가)는 〈수학Ⅱ〉에서 다루고 있는 절대부등식 개념과 증명과정에 관한 내용이며 제시문 (나)는 지구 중심 천문 체계인 천동설을 설명하는 내용이다. 제시문 (다)는 여론조사 시 표본 추출의 오류에 대해 설명하고 있다. 주어진 제시문이 공통으로 내포하고 있는 주제어인 '오류'를 찾아내고 그 이유를 논리적으로 설명하는 과정을 통해서 지원자의 논리적 사고력을 확인하고자 한다.

2. 1번 문항에서 찾아낸 공통 주제어에 해당하는 예를 과학이나 수학 분야에서 찾아 적용하고, 그 이유를 타당하게 제시할 수 있는지 확인하고자 한다.

3. 과학적 진리를 탐구하는 과학자로서 지원자가 선발하고 싶어 하는 구성원의 자질을 통해 지원자가 지향하는 인재상과 가치관을 확인하고자 한다.

◆ 생각 던지기

3 A와 B의 경우를 합해서 5개에 2불이라고 생각하는 것은 1개에 1/3인 복숭아와 1개에 1/2인 복숭아를 3:2 비율로 합한 것이다. 그러나 이것은 같은 개수이므로 1:1 비율로 합해야 한다.

수학적 기호로 표현해보면, $\dfrac{a+b}{2}$ 를 $\dfrac{3a+2b}{5}$ 로 계산한 것이다.

B가 A의 복숭아까지 합쳐서 팔았을 때, 복숭아 값의 평균은 $\dfrac{\frac{1}{3}+\frac{1}{2}}{2} = \dfrac{5}{12}$ 이고,

오류의 경우 복숭아 1개당 가격은 $\dfrac{\frac{1}{3}\times 3+\frac{1}{2}\times 2}{5} = \dfrac{2}{5}$ 이다.

즉, 복숭아 1개당 $\dfrac{5}{12} - \dfrac{2}{5} = \dfrac{1}{60}$ 의 손해를 보게 되는 것이다.

∴ B가 복숭아를 총 600개 팔았으므로 $\dfrac{1}{60}\times 600 = 10$, 즉 10불의 차이가 난다.

◆ 창의인성을 위한 서술·논술형 문제

1 거리를 l이라 하고, A가 걸린 시간을 T_A라고 하면,

$$T_A = \frac{1}{2}\times\frac{l}{v_1} + \frac{1}{2}\times\frac{l}{v_2}$$

따라서, A의 평균 속력 v_A는 $\dfrac{l}{T_A} = \dfrac{l}{\frac{1}{2}\times\frac{l}{v_1} + \frac{1}{2}\times\frac{l}{v_2}} = \dfrac{2v_1 v_2}{v_1 + v_2}$

또, B의 평균 속력 v_B는 $v_B = \dfrac{1}{2}(v_1 + v_2),\ v_1 > 0,\ v_2 > 0$이다.

$$\frac{1}{2}(v_1 + v_2) - \frac{2v_1 v_2}{v_1 + v_2} = \frac{(v_1 - v_2)^2}{2(v_1 + v_2)} \geq 0, \text{ (단, 등호는 } v_A = v_B \text{일 때 성립)}$$

∴ $v_A \leq v_B$

2 40과 160의 산술평균은 100이다. 하지만 평균속력은 그렇게 계산하는 것이 아니다. 총 이동 거리를 총 소요 시간으로 나누어서 계산해야 한다.

시간은 거리를 속력으로 나누어 얻어지므로 갈 때는 $\dfrac{160}{40} = 4$시간, 올 때는(160/160)=1시간 걸렸다. 그러므로 왕복 (160+160)=320km의 거리를 다녀오는 데 걸린 총 시간은 5시간이다. 따라서 평균속력은

$\dfrac{320}{5} = 64$km/h에 불과하다. 돌아올 때 죽기 아니면 까무러치기로 160km/h로 달렸지만, 갈 때 40km/h의 느린 속력이 훨씬 더 지배적으로 작용함을 알 수 있다.

막힘 없이 달릴 수 있다면 그것으로 족하다. 한 번 막혀서 거북이 걸음을 했다면, 그다음에 빨리 달리는 것은 별 도움이 되지 않는다. 빨리 달려보아야 큰 도움이 안 되니 과속할 필요가 없다.

3-1 어떤 거리 L'까지 한 번 왕복하는 기간의 평균속도를 구하면 된다.

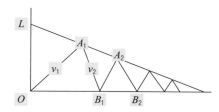

내려가는 시간 $\dfrac{L'}{v_1}$, 올라가는 시간 $\dfrac{L'}{v_2}$,

평균속도 $v = \dfrac{2L'}{(t_1+t_2)} = 2\left(\dfrac{1}{v_1}+\dfrac{1}{v_2}\right)$

3-2 $y_1 = v_1 t$ (A_1까지), $y_2 = L - ut$

3-3 A_1까지의 시간은 위의 두 식의 교점을 구하면 된다.

따라서 $t_1 = \dfrac{L}{(v_1+u)}$, 이동 거리는 $v_1 t_1$, 이 거리를 v_2로 나누면 $A_1 B_1$ 사이의 시간 t_1'이 된다.

이 동안 토끼가 움직인 거리는 $2v_1 t_1 = \dfrac{2Lv_1}{(v_1+u)}$이다.

토끼가 B_1에 있을 때의 거북이의 위치는 $L_1 = L - u(t_1+t_1') = L\left[1 - \dfrac{u\left(1+\dfrac{v_1}{v_2}\right)}{v_1+u}\right] = eL$이다.

3-4 삼각형 OA_1B_1, OA_2B_2, $\cdots$ 등은 닮은꼴이므로 토끼가 왕복한 거리는 초항이 $\dfrac{2Lv_1}{(v_1+u)}$, 공비가 e인 등비수열이다.

총합은 $\dfrac{\text{초항}}{(1-e)} = \dfrac{2Lv_1}{u\left(1+\dfrac{v_1}{v_2}\right)} = \dfrac{2Lv_1 v_2}{u(v_2+v_1)}$

3-5 토끼는 거북이가 정상에 도달하는 시간 $\dfrac{L}{u}$ 동안 평균속도 $\dfrac{2v_1 v_2}{v_1+v_2}$로 달린다.

따라서 토끼가 움직인 거리는 $\left(\dfrac{L}{u}\right)\dfrac{2v_1 v_2}{v_1+v_2}$로, 문제 3-4의 결과와 같다.

무한등비급수의 개념과 원리를 통해서 부분이 전체와 닮은 삶의 이야기를 찾아보자.

(가) 프랑스 수학자 만델브로(Benoit Mandelbro)는 영
국의 해안선의 길이가 얼마나 될지에 관심을 가졌다.
이 질문은 간단한 문제처럼 보이지만, 실제로는 그렇
지 않았다. 왼쪽 그림처럼, 로켓을 타고 대기권 밖에
서 관찰한다면 해안선은 부드럽게 보여서 쉽게 길이
를 잴 수 있을 것이다. 그러나 더 낮은 6000미터 상공

에서 비행기를 타고 해안선을 본다면, 오른쪽 그림처럼 굴곡이 많아서 해안선의 길이가 늘
어나게 된다. 즉 영국의 해안선은 넓이는 유한하지만 둘레는 무한한 프랙털 도형이라고 할
수 있다.

(나) 프랙털이란 사물 안에 그 사물과 똑같은 모습이 축소된 형태로 반복되는 것으로 '자기
닮음성'이라고 정의한다. 즉, 전체 물체의 어느 한 부분을 확대하면 전체 물체와 근본적으
로 같은 모양을 띠는 성질로, 어원은 '부서진 상태'라는 라틴어 'Fractus'에서 왔다. 자연에
서는 번개, 앵무조개, 강줄기, 그리고 뇌의 주름 등이 자기 닮음성을 이루고 있다. 자연에
서 흔히 볼 수 있는 해안선, 구름, 나무, 눈송이 등을 도형으로 생각하면 이들 또한 일부분
의 구조가 전체의 구조와 서로 닮았다는 공통의 특성을 가진다.

왼쪽 그림은 프랙털 도형 중의 하나인 '시어핀스
키 삼각형'이다. 정삼각형에서 각 변의 중점을 선분
으로 이어 4개의 작은 정삼각형을 만든 다음, 가
운데 정삼각형 하나를 잘라내면 3개의 정삼각형이
남는다. 남은 3개의 각 정삼각형에서 같은 과정을
반복하면 9개의 정삼각형이 남고, 다시 9개의 각
정삼각형에서 같은 과정이 계속된다.

(다) 암컷 가시고기가 알을 낳고 떠나버리면 수컷 가시고기는 둥지를 지킨다. 그때부터 수컷은 둥지를 떠나지 않고 온몸에 상처가 나고 만신창이가 되더라도 알을 지키기 위해 위장막을 만들고, 산소 공급을 위해 둥지 앞에서 쉴 새 없이 부채질을 한다. 알을 노리는 적이 둥지로 접근하면 등에 있는 가시를 세우고 필사적으로 방어한다. 하지만 부화 후 5일이 지나면 수컷은 서서히 죽음을 맞는다. 약 15일 동안이나 아무것도 먹지 않은 수컷은 최후의 순간에 마지막 남은 힘을 다해 자신의 몸을 새끼들의 먹이로 내놓는다. 태어난 새끼들은 아비의 몸을 첫 먹이로 자라난다.

(라) 닐 암스트롱은 "이것은 나 한 사람이 내딛는 작은 발걸음이지만, 인류 전체에 있어서는 위대한 발걸음이다"라는 말을 남겼다.

📖 생각 던지기

1 글 (나)와 (다)에서 '아름다운 것'을 만들기 위해 반복되는 것은 무엇인가?

2 시어핀스키 삼각형에서 오려낸 삼각형들의 넓이의 합을 구해보자.

   2-1 남아 있는 삼각형의 넓이는 얼마인가?

   2-2 남아 있는 삼각형과 오려낸 삼각형의 넓이 사이의 관계를 설명해보자.

3 글 (나)와 (다)를 읽고, 가시고기에 대한 이야기를 시어핀스키 삼각형과 관련지어 설명하라.

1 시어핀스키 삼각형에서 남은 삼각형과 오려낸 삼각형의 넓이는 어떤 관계를 갖는가?

    1-1 내 인생에서 '유한하지만 무한한' 사랑은 무엇인가?

    1-2 나의 모습에서 변하지 않는 것이 변화를 이루는 것은 무엇인가?

    1-3 내 삶에서 빼내야 할 것과 남겨두어야 할 것은 무엇인가?

2 내가 꿈꾸고 있는 그림을 이루어내기 위하여 무엇을 해야 하는가?

    2-1 내가 꿈꾸고 있는 그림은 무엇인가?

    2-2 변함없이 반복하여 노력하고 있는 것은 무엇인가?

    2-3 반복되는 일상의 삶에서 익숙함과 지루함을 어떻게 극복하는가?

3 글 (다)의 가시고기 이야기에서 암컷 가시고기는 알만 낳고 떠나버렸다. 반면, 수컷 가시고기는 제 몸을 내어주면서까지 새끼들을 지켜냈다. 오늘의 나는 어떻게 이루어진 모습인가?

다음은 프랙털 도형인 '코흐곡선'을 만드는 과정이다.
한 선분을 3등분하여 그 가운데 부분을 한 변으
로 하는 정삼각형을 만든다. 이 정삼각형의 밑변
(처음 선분의 가운데 부분)을 없애고 두 변만 남
긴다. 이때, 길이가 같은 네 개의 선분으로 도형이
만들어지는데 각 선분에 대하여 위의 과정을 무
한히 반복한다.

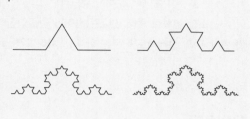

1 우리는 세상을 어떤 관점에서 바라보아야 하는가? 영국의 해안선을 보는 방법에 빗대어 의
견을 말해보자.

2 아름다움을 만들어내는 방법에는 프랙털과 같이 똑같은 모양이 반복되어 이루어지는 것도
있지만 각각 다른 모양들이 서로 어우러져서 이루어진 것도 있다.

2-1 우리의 삶에서 아름다움을 만들어내기 위한 방법은 무엇인가?

2-2 반복되어야 할 것과 반복되어서는 안 될 것은 무엇인가?

3 오늘은 어제가 만들어준 선물이요, 내일은 오늘이 만든다.

3-1 가시고기 이야기처럼 오늘의 나는 누군가의 희생으로 이루어진 것이다. 그렇다면, 나
는 다음 세대를 위해 무엇을 할 것인가?

3-2 현재 우리가 누리고 있는 모든 것들은 선조들의 희생적인 삶이 만들어낸 것들이다. 그
렇다면, 우리는 그들에게 어떤 자세를 가져야 하는가?

4 넓이는 유한하지만, 둘레의 길이는 무한하다. 이것은 대단히 모순적이다.

4-1 우리 주변에 '무한하지만 유한한 것'은 무엇이 존재하는지 말해보자.

4-2 이러한 현상을 우리는 어떻게 바라보아야 하는가?

"카오스 이론의 등장으로 카오스란 혼돈이 아닌 질서라는 것이 밝혀졌다."

카오스란 불규칙 속에서 규칙을 찾으려는 것이다. 규칙적인 프랙털 무늬에서도 아주 근소한 변화로 인해 커다란 차이가 만들어진다. 대표적인 예로 나비효과가 있다. 나의 삶에서도 작은 변화가 큰 차이를 만들 수 있다.

제임스 글릭 | 동아시아 | 2013

《가시고기》

"아빠는 죽어도 아주 죽는 게 아니란다. 세상에 널 남겨놓은 한 아빠는 네 속에 살아 있는 거란다."

《가시고기》는 부성애를 다룬 소설이다. 급성임파구성 백혈병을 앓는 어린 아들을 살리기 위해 눈물 나도록 헌신하는 아버지의 모습을 그리고 있다. 이 이야기를 통해 '무한하지만 유한한 것, 변하지만 변하지 않는 것'이 무엇인지 절실하게 느낄 수 있다.

조창인 | 밝은세상 | 2007

《아낌없이 주는 나무》

한 나무에게는 사랑하는 소년이 있었다. 소년과 나무는 서로 좋아하고 사랑하여 자주 함께 놀았다. 하지만 시간이 흐르면서 소년은 나무를 잘 찾아오지 않았다. 어느 날 소년이 나무를 찾았을 때 나무는 소년을 반기며 같이 놀자고 했다. 그러나 소년은 나무에게 돈이 필요하다고 말했다. 나무는 자신의 열매를 도회지에 팔라고 하였고, 소년은 그 말대로 열매를 따서 도회지로 갔다. 오랫동안 돌아오지 않던 소년은 다시 돌아와 이번에는 집이 필요하다고 했다. 나무는 가지를 베어다 집을 지으라 하였고 가지를 베어 간 소년은 오랫동안 돌아오지 않았다. 노인이 되어 돌아온 소년은 멀리 여행을 떠나고 싶다고 하였고, 나무는 자기의 줄기를 베어다가 배를 만들어 여행을 떠나라고 하였다. 오랜 세월이 지난 뒤에 소년은 다시 돌아왔다. 이제 나무는 가진 것을 다 내어주고 밑동밖에 남지 않았다. 소년은 편안히 앉아서 쉴 곳이 필요하다고 했고, 나무는 편히 쉴 곳은 늙은 나무 밑동이 최고라며 남은 밑동마저 내어주었다. 소년과 함께인 아낌없이 주는 나무는 행복하였다.

쉘 실버스타인 | 시공주니어 | 2000

: 작은 차이가 큰 변화를 만든다, 나비효과(butterfly effect)

나비효과란 무엇인가?
나비효과는 혼돈 이론에서 초깃값의 미세한 차이에 의해 결과가 완
전히 달라지는 현상을 뜻한다.

나비효과의 유래
1961년 기상학자 로렌츠는 컴퓨터 시뮬레이션을 통해 기상 변화를 예측하는 과정에서 정확한
초깃값인 0.506127 대신 소수점 이하를 일부 생략한 0.506을 입력했다. 그 결과는 놀라웠다.
0.000127이라는 근소한 입력치 차이가 완전히 다른 기후 패턴 결과로 나타났기 때문이다. 이
를 극적으로 표현한 것이 나비효과이다.

혼돈 이론이란?
초기 조건의 민감성 때문에 결정론적계(deterministic system)에서는 예측할 수 없는 움직임이
나타난다. 즉 초기에는 별 차이 없던 것이 결국에는 예측 불가한 움직임으로 나타난다.

생각 정리하기

우리 주변에는 항상 '변하지만 변하지 않는 사랑'이 존재한다. 프랙털에서 부모님의 사랑을
떠올릴 수 있었고, 가시고기를 통해 육신은 없어지나 변함없이 계속되는 사랑이 있음을 깨달을
수 있었다. 또한 카오스 이론과 나비효과에서 '변하지 않는 반복되는 의지'가 변화를 일으킨다
는 사실을 알 수 있었다. 닐 암스트롱의 "이것은 나 한 사람이 내딛는 작은 발걸음이지만, 인류
전체에 있어서는 위대한 발걸음이다"라는 말처럼, 때로는 작은 움직임이 커다란 차이를 만든
다는 것을 배웠다.

(가) 넓이가 1인 정삼각형에서 각 변의 중점을 선분으로 이어 4개의 작은 정삼각형을 만든 다음, 가운데 정삼각형 하나를 잘라내면 3개의 정삼각형이 남는다. 남은 3개의 각 정삼각형에서 같은 과정을 반복하면 9개의 정삼각형이 남고, 다시 9개의 각 정삼각형에서 같은 과정이 계속된다.

1단계 　　　 2단계 　　　 3단계

(나) 암컷 가시고기가 알을 낳고 떠나버리면 수컷 가시고기는 둥지를 지킨다. 그때부터 수컷은 둥지를 떠나지 않고 온몸에 상처가 나고 만신창이가 되더라도 알을 지키기 위해 위장막을 만들고, 산소 공급을 위해 둥지 앞에서 쉴 새 없이 부채질을 한다. 알을 노리는 적이 둥지로 접근하면 등에 있는 가시를 세우고 필사적으로 방어한다. 하지만 부화 후 5일이 지나면 수컷은 서서히 죽음을 맞는다. 약 15일 동안이나 아무것도 먹지 않은 수컷은 최후의 순간에 마지막 남은 힘을 다해 자신의 몸을 새끼들의 먹이로 내놓는다. 태어난 새끼들은 아비의 몸을 첫 먹이로 자라난다.

(다) 다음은 프랙털 도형인 '코흐곡선'을 만드는 과정이다.
한 선분을 3등분하여 그 가운데 부분을 한 변으로 하는 정삼각형을 만든다. 이 정삼각형의 밑변(처음 선분의 가운데 부분)을 없애고 두 변만 남긴다. 이때, 길이가 같은 네 개의 선분으로 도형이 만들어지는데 각 선분에 대하여 위의 과정을 무한히 반복한다.

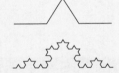

(라) 카오스 이론의 등장으로 카오스란 혼돈이 아닌 질서라는 것이 밝혀졌다. 카오스란 불규칙 속에서 규칙을 찾으려는 것이다. 규칙적인 프랙털 무늬에서도 아주 근소한 변화로 인해 커다란 차이가 만들어진다. 대표적인 예로 나비효과가 있다.

(마) 닐 암스트롱은 "이것은 나 한 사람이 내딛는 작은 발걸음이지만, 인류 전체에 있어서는 위대한 발걸음이다"라는 말을 남겼다.

1 글 (가)에서 n단계에서 오려낸 삼각형들의 넓이의 합을 a_n이라 할 때,

    1-1 a_n과 a_{n+1} 사이의 관계식을 구하여라.

    1-2 일반항 a_n을 구하여라.

2 n단계까지 오려낸 모든 삼각형들의 합을 S_n이라 할 때,

    2-1 $S_n = \sum\limits_{k=1}^{n} a_n$의 값을 구하여라.

    2-2 극한값 $\lim\limits_{n \to \infty} S_n$의 값을 구하는 과정을 서술하여라.

3 소설 《가시고기》에 나오는 '아빠는 죽어도 아주 죽는 게 아니란다. 세상에 널 남겨놓은 한 아빠는 네 속에 살아 있는 거란다'라는 문장과 연관지어 생각해볼 때 시어핀스키 삼각형이 우리에게 주는 메시지를 서술하여라.

4 한 변의 길이가 1인 정삼각형의 각 변에 대하여 글 (다)의 과정을 n번 반복하여 만들어지는 전체 도형의 길이를 a_n, 이 도형으로 둘러싸인 넓이를 b_n이라 할 때, 둘레의 길이 a_n과 둘러싸인 도형의 넓이 b_n에 대하여 둘레의 길이는 무한한데 둘러싸인 넓이는 유한함을 설명하여라.

    4-1 a_n과 a_{n+1} 사이의 관계식을 구하여라.

    4-2 a_n과 $\lim\limits_{n \to \infty} a_n$을 각각 구하여라.

    4-3 b_n과 b_{n+1} 사이의 관계식을 구하여라.

    4-4 b_n과 $\lim\limits_{n \to \infty} b_n$을 각각 구하여라.

5 둘레의 길이와 그 곡선으로 둘러싸인 넓이 사이의 상관관계를 알아보자.

    5-1 반지름의 길이가 1인 원에서 둘레의 길이와 넓이를 구해보자. 원의 둘레의 길이는 2π인데 원의 넓이는 π가 된다. 무엇이 문제인지 그 이유를 서술하여라.

    5-2 둘레의 길이는 무한한데 둘러싸인 넓이는 유한하다. 프렉탈 도형의 코흐곡선을 통해 배울 수 있는 교훈을 서술하여라.

6 글 (라)와 (마)에서 코흐곡선과 연관지어 공통점과 차이점을 제시하고, 그에 따른 삶의 교훈을 서술하여라.

(가) 이곳까지 오는 길 험했으나

　　고향에 접어드니 마냥 고요하여라

　　비가 내리다 개이고

　　개이다 눈이 내리고

　　눈이 내리다 폭설이 되고

　　폭설이 되다 봄이 되고 여름이 되고

　　홍수가 되다 가뭄이 되고

　　가을 겨울이 되면서

　　만남과 이별이 세월이 되고

　　마른 눈물이 이곳이 되면서

　　지나온 주막들 아련히

　　고향은 마냥 고요하여라

　　아, 어머님 안녕하셨습니까

(나) 직선 $y=x$에 대한 대칭변환을 A라 하면 $A(x, y)=(y, x)$가 된다. 이 변환을 이용하여 증가함수 $y=f(x)$의 그래프 $\{(x, y):y=f(x)\}$를 직선 $y=x$에 대하여 대칭이동하면 곡선 $x=f(y)$가 생기는데 이 곡선은 어떤 함수 $y=g(x)$의 그래프가 된다. 이때 이 함수 $y=g(x)$는 함수 $y=f(x)$의 역함수가 된다.

(다)

(라)

(2016 고려대 수시전형 평가문항)

1 (가), (나), (다)에 공통으로 해당하는 하나의 단어를 말하고 이유를 설명하라.

2 (다)와 (라)에 공통으로 해당하는 하나의 단어를 말하고 이유를 설명하라.

3 (다)와 (라)의 다른 점을 말하고 이유를 설명하라.

4 문제 1, 2에서 찾아낸 두 단어에 해당되는 과학적 개념을 생각나는 대로 나열하고 설명하라.

5 문제 1, 2에서 찾아낸 두 단어를 활용하여 '일상의 가치'에 대하여 자유롭게 이야기하라.

출제 의도

주어진 제시문이 공통으로 내포하고 있는 주제어를 찾아내고 그 이유를 논리적으로 설명하는 과정을 통해서 지원자의 논리적 사고력을 확인하고자 한다.

또한 찾아낸 공통 주제어에 해당하는 예를 과학이나 수학 분야에서 찾아 적용하고 그 이유를 타당하게 제시할 수 있는지 확인하고자 한다.

◆ 창의인성을 위한 서술·논술형 문제

1 각 단계별로 오려낸 삼각형의 개수는 1단계에서 1개, 2단계에서 3개, 3단계에서 9개이다. 따라서 n단계에서 오려낸 삼각형의 개수는 3^{n-1}개다.

1-1 $a_{n+1} = \dfrac{3}{4} a_n$

1-2 n단계에서 오려낸 삼각형들의 넓이의 합 a_n은

$$a_1 = \frac{1}{4}, \ a_2 = 3\left(\frac{1}{4}\right)^2, \ a_3 = 3^2\left(\frac{1}{4}\right)^3, \ \cdots \ a_n = 3^{n-1}\left(\frac{1}{4}\right)^n = \frac{1}{3}\left(\frac{3}{4}\right)^n$$

$$\therefore a_n = \frac{1}{3}\left(\frac{3}{4}\right)^n$$

2-1 n단계까지 오려낸 모든 삼각형들의 넓이의 합 S_n은

$$S_n = \frac{1}{3}\left(\frac{3}{4}\right)^1 + \frac{1}{3}\left(\frac{3}{4}\right)^2 + \frac{1}{3}\left(\frac{3}{4}\right)^3 + \cdots + \frac{1}{3}\left(\frac{3}{4}\right)^n = \frac{\frac{1}{4}\left\{1-\left(\frac{3}{4}\right)^n\right\}}{1-\frac{3}{4}} = 1-\left(\frac{3}{4}\right)^n$$

2-2 $\displaystyle\lim_{n\to 0} S_n = \lim_{n\to\infty}\left\{1-\left(\frac{3}{4}\right)^n\right\} = 1$

넓이가 1인 삼각형에서 시어핀스키 삼각형을 만드는 과정 중 오려낸 삼각형들의 넓이의 합은 1에 수렴한다. 그러므로 남은 도형들의 넓이의 합은 0으로 수렴한다. 따라서 시어핀스키 삼각형은 넓이가 0인 삼각형이 된다.

3 부모님은 나를 위해 아낌없이 다 내어주시고, 나의 곁을 떠나고 안 계시는 것 같지만 나의 가슴속에 더 크게 남아 계신다. 나는 아버지의 사랑으로부터 벗어날 수 없음을 알고 난 후부터 받아들이기로 했다. 이를 통해 내 삶의 모든 것이 행복이 되었다.

4 주어진 과정을 1번 시행할 때 만들어진 선분의 개수는 3×4개, 2번 반복할 때 3×4^2개, 3번 반복할 때 3×4^3개, $\cdots$, n번 반복할 때 3×4^n개다.

또 선분의 길이는 1번 시행할 때 $\dfrac{1}{3}$, 2번 반복할 때 $\left(\dfrac{1}{3}\right)^2$, 3번 반복할 때 $\left(\dfrac{1}{3}\right)^3$, $\cdots$, n번 반복할 때 $\left(\dfrac{1}{3}\right)^n$이다.

$$\therefore a_n = 3\times4^n \times \frac{1}{3^n} = 3\left(\frac{4}{3}\right)^n \text{이므로} \quad \lim_{n\to\infty} a_n = \lim_{n\to\infty} 3\left(\frac{4}{3}\right)^n = \infty$$

처음 한 변의 길이가 1인 정삼각형의 넓이는 $\dfrac{\sqrt{3}}{4}$이고,

주어진 과정을 1번 시행하면, 새로 만들어지는 정삼각형의 개수는 3개, 2번 반복하면 3×4개, 3번 반복하면 3×4^2개, $\cdots$, n번 반복하면 $3\times4^{n-1}$개다.

1번 시행할 때, $b_1 = \dfrac{\sqrt{3}}{4} + 3\times\left(\dfrac{1}{3}\right)^2 \times \dfrac{\sqrt{3}}{4}$

2번 반복할 때, $b_2 = \dfrac{\sqrt{3}}{4} + 3\times\left(\dfrac{1}{3}\right)^2 \times \dfrac{\sqrt{3}}{4} + 3\times4\left(\dfrac{1}{3}\right)^4 \times \dfrac{\sqrt{3}}{4}$

$\vdots$

n번 반복할 때, $b_n = \dfrac{\sqrt{3}}{4} + 3\times\left(\dfrac{1}{3}\right)^2 \times \dfrac{\sqrt{3}}{4} + 3\times4\left(\dfrac{1}{3}\right)^4 \times \dfrac{\sqrt{3}}{4} + \cdots + 3\times4^{n-1}\left(\dfrac{1}{3}\right)^{2n} \times \dfrac{\sqrt{3}}{4}$

$$= \frac{\sqrt{3}}{4} + \sum_{k=1}^{n} \frac{\sqrt{3}}{12}\left(\frac{4}{9}\right)^{k-1} = \frac{\sqrt{3}}{4} + \frac{\sqrt{3}}{12}\times\frac{1-\left(\frac{4}{9}\right)^n}{1-\frac{4}{9}} = \frac{\sqrt{3}}{4} + \frac{3\sqrt{3}}{20}\left\{1-\left(\frac{4}{9}\right)^n\right\}$$

$$\therefore \lim_{n\to\infty} b_n = \lim_{n\to\infty}\left[\frac{\sqrt{3}}{4} + \frac{3\sqrt{3}}{20}\left\{1-\left(\frac{4}{9}\right)^n\right\}\right] = \frac{\sqrt{3}}{4} + \frac{3\sqrt{3}}{20} = \frac{2\sqrt{3}}{5}$$

위 풀이에서 알 수 있는 사실은 코흐곡선으로 둘러싸인 영역의 넓이는 유한한 값이지만 코흐곡선의 길이는 무한대가 된다는 것이다. 유한과 무한의 상관관계를 해석해보자.

네 번째 생각여행

다시 일어서게
하는 힘

자취방정식의 개념과 원리를 통해 내가 걸어온 삶의 발자취를 돌아보고, 그 삶에 담긴 의미를 찾아보자.

(가) 자취방정식이란 정점과 동점 사이에 제한된 조건을 만족하는 모든 점들의 모임이다. 그렇다면, 내가 걸어온 삶의 발자취를 모두 모아놓은 자취방정식은 무엇일까. 나의 '정점' 과 '동점'은 무엇인가? 제한된 조건은 무엇인가? 우리는 사회적 동물이므로 '사회에서 약속 된 규칙'이 있으며, 한편으로 나의 꿈을 이루기 위해 '자신과 약속한 규칙'이 있다.

(나) ∠XOY가 직각일 때, 직선 OX 위에 점 A를, 직선 OY 위에 점 B를 $\overline{OA} = 4$, $\overline{OB} = 2$ 가 되게 잡는다. ∠XOY의 내부의 임의의 점 P가 $\overline{PA}^2 - \overline{PB}^2 = 12$를 만족할 때, 점 P의 자 취를 좌표평면의 의미를 이용하여 구하는 과정을 서술하여라.

(다) "동물원의 호랑이를 가두고 있는 것은 여러 개의 쇠창살이 아니라 그 창살들 사이의 틈이다."

– 노아 벤샤, 《빵장수 야곱》

 생각 던지기

1 '형성된 자아'에서 '형성되어질 자아'를 디자인하라.

  1-1 자취방정식의 구성요소는 정점과 동점, 그리고 연결고리가 있다. 정점을 출발점, 동점 을 행동의 궤적이라 할 때, 그 둘 사이의 관계는 무엇인가?

  1-2 나의 움직임은 무엇을 위함인가? 그것은 자유인가, 방종인가, 굴레인가?

2 글 (나)에서 점 P는 왜 정해진 조건과 정해진 영역만을 움직여야 하는가?

3 글 (다)를 읽고 물음에 답하여라.

   3-1 창살 속에서 무엇을 보고 있는가? 희망인가, 절망인가?

   ⇨ 두 사람이 똑같이 창살을 통해서 밖을 내다본다. 한 사람은 진흙을 보고 다른 사람은 별을 본다.

   ⇨ 몸은 가둘 수 있을지 모르지만, 마음은 가둘 수 없다.

 생각 넓히기

1 내가 걸어온 삶의 발자취에 대한 정점과 동점은 무엇인가?

   1-1 정점과 동점을 연결하는 약속에는 사회적 규칙과 자신만의 규칙이 있다. 예를 들어 설명해보자.

   1-2 우리는 언제나 동점이고 싶은 욕망이 있다. 동점으로서 자유로운 삶을 살아가려면 어떻게 해야 하는가?

2 사회에는 약속된 규칙이 있다.

   2-1 이것을 어떻게 바라보고 있는가?

   2-2 우리는 그 안에서 무엇을 하고 있는가?

   2-3 우리는 그 틀을 벗어날 수 없는 것인가? 그 요인은 무엇인가?

생각 나누기

1 우리 삶에는 규칙이 있다. 그것이 나의 삶을 갇혀 있게 하는가, 자유하게 하는가?

2 살아가면서 사회가 정해놓은 틀에 갇혀 뜻대로 되지 않는 경우도 있지만, 그 규범이 득이 되는 경우도 있다. 이에 대한 나의 삶의 자세는 어떠한가?

"동물원의 호랑이를 가두고 있는 것은 여러 개의 쇠창살이 아니라 그 창살들 사이의 틈이다."

가난하지만 경건하고 성실하게 살아가는 빵장수 야곱은 아침마다 빵가게의 오븐에 불을 지피고 첫 반죽이 부풀어 오르기를 기다리면서 쪽지에 삶과 우주, 신에 관한 자신의 생각을 적어놓는다. 어느 날 야곱이 조심스럽게 적어놓은 쪽지 중의 하나가 우연히 빵 속에 들어가게 되고 마을의 한 부인에게 팔린다. "지혜는 나를 채워주지 않는다. 그것은 오히려 허기를 줄 뿐이다"라는 글귀를 본 부인은 깊이 감명을 받아 빵가게 주인에게 이런 쪽지가 들어 있는 빵을 사서 마을 잔치에 쓰겠다며, 많은 양의 '쪽지빵'을 특별 주문한다. 그로 인해 야곱의 지혜는 바람을 타고 사람들의 귀에서 귀로, 입에서 입으로 전해지게 되고, 온 마을 사람들은 마치 '오랫동안 묻혀 있던 보물'을 발견한 듯이 야곱을 소중히 대한다. 어른과 아이들이 모두 야곱을 만나러 빵가게 주위에 모여들거나 길에서 야곱을 불러 세워 삶에 대해, 깨달음에 대해 질문을 한다.

노아 벤샤 | 북스캔 | 2003

⚛ 융합교과 탐구활동

: 내려놓음이 진정한 성공이다

관악산 연주대에는 폐세자가 된 양녕대군이 이곳에서 경복궁을 내려다보며 하염없이 눈물을 흘렸다는 전설이 전해져 내려온다. 과연 그 눈물은 자유를 쟁취한 환희의 눈물이었을까, 왕의 자리를 빼앗긴 슬픔의 눈물이었을까? 진실은 당사자인 양녕만이 알 것이다.

 사랑을 위하여 왕관을 버린 사람도 있지만 자유를 위하여 왕좌(王座)를 버린 사람도 있다. 양녕대군이다. 조선조 역대 임금에는 형을 제치고 왕위에 오른 군주가 있지만 양녕의 경우는 그들과 격이 다르다. 월산대군을 제치고 왕위에 오른 성종은 인수대비와 결탁한 한명회의 '꼼수'였으며 광해군에게 왕위를 넘겨준 임해군은 선조의 적장자가 아니라 공비 김씨 소생의 서자였다.

태종 이방원과 원경왕후 민씨 사이에서 맏아들로 태어난 양녕대군은 세자 책봉으로 적통을 공인받은 왕세자였으나 왕의 자리를 미련 없이 버렸다. 자유를 위해서다. 공화정도 아닌 절대왕정에서 왕이면 뭐든지 할 수 있는데 웬 생뚱맞은 자유냐 하겠지만 그는 왕이 행사할 수 있는 자유 이상의 자유를 택했다.

왕의 자리에 앉으면 뭐든지 할 수 있을 거라고 생각하지만 그렇지만은 않다. 왕정을 이끌어가는 두 개의 수레바퀴, 즉 왕권과 신권이 부딪쳤을 때 용상에 앉아 있는 임금이라도 물러서기도 하고 양보하기도 해야 한다. 때로는 확신에 찬 자신의 의지를 철회해야 하는 자리가 왕의 자리다.

일설에 의하면 왕세자로서 자질이 부족하고 여색을 좋아하며 미치광이였기에 아버지 태종으로부터 왕의 자리가 보장된 왕세자의 자리를 회수당한 불우한 사람이라고 전해지지만 그렇게 볼 수만은 없다. 그는 임금이 행사할 수 있는 권력 이상의 자유를 사랑하였기에 미치광이처럼 곡예를 부린 곡예사였다. 그것은 권력의 함수관계에서 목숨을 건 외줄타기였다.

생각 정리하기

우리는 사회적 규범과 문화에 맞추어 살아가야 할 때가 많다. 이러한 틀을 깨고 자신만의 삶을 살아가는 것은 쉽지 않다. 하지만 자취방정식의 정정과 동정의 관계를 통해, 정해진 규칙 속에서도 자유를 누릴 수 있는 방법과 그러한 틀을 과감하게 벗어나는 방법에 대하여 깊이 있게 고민해보는 계기가 되었다.

이를 통해 무엇인가에 갇혀 참자유를 누리지 못하는 사람들에 대하여 생각해보았고 그들을 위해 내가 할 수 있는 것은 무엇인지 찾아보았다. 그동안 꾸준히 해온 장애인 봉사활동 또한 이와 같은 맥락에서 가치 있는 활동이라는 것을 다시 한 번 확신할 수 있었다.

(가) 자취방정식이란 정점과 동점 사이에 제한된 조건을 만족하는 모든 점들의 모임이다. 그렇다면, 내가 걸어온 삶의 발자취를 모두 모아놓은 자취방정식은 무엇일까. 나의 '정점'과 '동점'은 무엇인가? 제한된 조건은 무엇인가? 우리는 사회적 동물이므로 '사회에서 약속된 규칙'이 있으며, 한편으로 나의 꿈을 이루기 위해 '자신과 약속한 규칙'이 있다.

(나) "동물원의 호랑이를 가두고 있는 것은 여러 개의 쇠창살이 아니라 그 창살들 사이의 틈이다."

– 노아 벤샤, 《빵장수 야곱》

1 ∠XOY가 직각일 때 직선 OX 위에 점 A를, 직선 OY 위에 점 B를 $\overline{OA}=4$, $\overline{OB}=2$가 되게 잡는다. ∠XOY 내부의 임의의 점 P가 $\overline{PA}^2 - \overline{PB}^2 = 12$를 만족할 때, 점 P의 자취를 좌표평면의 의미를 이용하여 구하고 그 과정을 서술하여라.

2 글 (가)는 내가 걸어온 삶의 자취방정식에 대하여 서술하고 있다.

2-1 이에 대하여 정점과 동점은 무엇인지 제시하고 자신의 꿈을 설명하여라.

2-2 정점과 동점을 연결하는 조건은 무엇인지 제시하고, 그에 대한 나의 삶의 자세를 설명하여라.

2-3 사람이 살아가는 길에는 걸림돌과 디딤돌이 있다. 글 (가)와 (나)에서 그것을 설명할 수 있는 핵심어를 제시하고 그에 대한 자신의 생각을 서술하여라.

◆ 창의인성을 위한 서술·논술형 문제

1 좌표평면상에 주어진 조건에 맞도록 위치를 정하면 P(x, y), A(4, 0), B(0, 2)라 할 수 있다.

$\overline{PA}^2 - \overline{PB}^2 = 12$이므로

$(x-4)^2 + y^2 - \{x^2 + (y-2)^2\} = 12$

정리하면 $y = 2x$

$y = 2x, (x > 0, y > 0)$

또는 점 O를 지나고 선분 AB에 수직인 반직선(점 O는 제외)

명제의 개념과 원리를 통해 참과 거짓을 구분할 수 있는 기준(가치관)은 무엇인지 생각해보자.

(가) 명제란, 참인지 거짓인지를 명확하게 증명할 수 있는 문장이나 식을 말한다. 증명에는 직접증명과 간접증명이 있는데, 증명을 위해서는 기준이 필요하다. 때로는 우리 삶에서도 이와 같이 스스로를 증명해야 할 때가 있다.

(나) 조건과 진리집합

전체집합 U(U≠∅)가 주어질 때, 집합 U의 원소 x에 따라 참과 거짓을 판별할 수 있는 문장을 전체집합 U에서 정의된 조건이라 하고 $p(x)$로 나타낸다. 또, 조건 $p(x)$가 참이 되는 x 전체의 집합 P를 조건 $p(x)$의 진리집합이라 한다.

① 모든 x에 대하여 $p(x)$ ⇨ (참) P=U

② 어떤 x에 대하여 $p(x)$ ⇨ (참) P≠∅

③ $p \Rightarrow q$ 조건명제 ⇨ (참) P⊂Q

(다) 귀류법(歸謬法)이란, 어떠한 명제가 참임을 증명하기 위해 그 명제를 부정하면 결국 오류가 됨을 증명하는 것이다. 즉, 참이라고 내세운 명제의 참과 거짓을 직접 증명하는 것이 아니라, 그 명제의 부정이 오류임을 증명하여 간접적으로 해당 명제가 참임을 증명하는 것이다.

포도, 사과, 딸기가 들어 있는 냉장고에서 성은이가 포도를 꺼내 먹었다.
성은이가 포도를 먹었다는 것을 어떻게 증명해야 되는가?

1 증명할 명제는 무엇인가?

  1-1 직접증명법으로 증명하는 방법은 무엇인가?

  1-2 간접증명법으로 증명하는 방법은 무엇인가?

생각 넓히기

1 '조건'과 '진리집합'의 개념과 원리를 다음 보기에서 찾아 그 의미를 설명하고, 실생활에서
사례를 제시하여 심미적 언어를 서술하여라.

(가) 나만 잘하면 되는 것이 아닌 세상이다. 우리는 종종 스스로와 다른 이들에게 무결점을
요구하지만 순금도 100%가 아닌 99.9%이다. 우리에게 완벽을 요구하면 살 수 없다. 그러
므로 서로의 허물을 덮어줄 수 있는 사랑과 용서의 마음이 필요하다.

(나) 의인 한 사람을 찾는 하나님
아무리 세상이 혼탁하다 해도 빛과 소금 같은 한 사람으로 인해 모두가 참이 될 수 있다. 오
늘의 나는 보이지 않는 그 한 사람 덕분에 살 수 있는 것이다.

- 〈창세기〉 18:22~33

(다) 세상에서 인간의 삶은 조건부 관계다. 갑과 을의 관계가 존재하는 이유이다. 나는 오늘
어떤 조건을 따라 살아가고 있는가?

  1-1 모든 x에 대하여 $p(x)$ ⇨ (참) $P=U$

  1-2 어떤 x에 대하여 $p(x)$ ⇨ (참) $P\neq\varnothing$

  1-3 $p \Rightarrow q$ 조건명제   ⇨ (참) $P \subset Q$

1 삶에서 나를 증명해야 하는 경우가 있는가?
2 직접증명을 피하고 간접증명을 해야 하는 이유는 무엇인가?
3 귀류법을 학습하는 이유는 무엇이라고 생각하는가?

> **수업 연계형 독서활동** 《그는 나에게로 와서 꽃이 되었다》

"너는 나에게 나는 너에게 잊히지 않는 하나의 눈짓이 되고 싶다."

시인은 '내가 그의 이름을 불러주기 전에는 다만 하나의 몸짓에 지나지 않았지만 내가 그의 이름을 불러주었을 때 나에게로 와서 꽃이 되었다'고 노래한다. 나도 이 세상의 모든 것들에게 이름을 불러주고 싶다. 그리고 그것들이 나로 인하여 새롭게 태어날 수 있기를 소망해본다.

김춘수 | 시인생각 | 2013

....

《선물》

"행복과 성공의 비밀은 무심히 흘려보낸 오늘 속에 감춰져 있었다."

이 책은 '현재에 충실하라'는 메시지를 담고 있다. 주인공은 어린 시절 지혜로운 할아버지로부터 '우리의 인생을 행복과 성공으로 이끌어주는 소중한 선물'에 대한 이야기를 듣는다. 그것은 마법 같지만 마법이 아니며, 내가 이미 가진 것이지만 반드시 찾아내야 하는 선물이다. 소년은 젊은이로 자라나 사랑을 하고 일하며 환멸과 좌절을 겪지만 마음의 평화와 참된 행복을 주는 '세상에서 가장 소중한 선물'을 늘 떠올렸다. 그리고 마침내 깨달은 선물의 의미는 바로 '지금 이 순간을 사는 것'이었다.

성공과 행복을 향해 한 걸음 내딛을 수 있는 것은 바로 지금뿐이다. 내일을 앞당겨 쓸 수 없고, 어제를 다시 쓸 수 없다. 오직 이 순간에 몰두하자. 미래에 대한 두려움으로 현재에 충실하지 못하면 미래는 정말 두려운 현실이 된다. 현재에 최선을 다하며 미래를 계획하자. 계획은 미래와 현재를 잇는 징검다리와 같다. 과거에서 배우지 못하는 한 과거는 영원히 나의 발목을 잡는다. 과거가 내 가슴을 아프게 한다면 그 순간이 바로 배움의 시간이다.

스펜서 존슨 | 알에이치코리아 | 2011

🔬 융합교과 탐구활동

: 필요충분조건

(가) 내가 그의 이름을 불러 주기 전에는

그는 다만 하나의 몸짓에 지나지 않았다

내가 그의 이름을 불러 주었을 때 그는 나에게로 와서 꽃이 되었다

내가 그의 이름을 불러 준 것처럼 나의 이 빛깔과 향기(香氣)에 알맞는

누가 나의 이름을 불러다오. 그에게로 가서 나도 그의 꽃이 되고 싶다

우리들은 모두 무엇이 되고 싶다

너는 나에게 나는 너에게 잊혀지지 않는 하나의 의미가 되고 싶다

– 김춘수, 〈꽃〉

(나) 자연에서 일어나는 현상에는 방향성이 있다. 한쪽으로는 저절로, 쉽게 일어나지만 그 반대쪽으로는 아예 일어날 수 없거나, 일으키기 위해 많은 에너지를 필요로 한다. 물리학에서는 이러한 현상을 '엔트로피'라는 용어로 설명한다. 엔트로피는 혼란, 무질서, 무가치를 나타낸다. 모든 현상은 엔트로피가 증가하는 방향으로 일어나고, 그 반대로는 벌어질 수 없다는 것이 자연을 지배하는 중요한 법칙이다. 결국 나쁜 일은 일어나기 쉽지만, 유익한 결과를 만들기는 힘들다는 뜻이다.

예컨대 종이는 찢어지면 붙이기 어렵고 재가 된 종이는 재생이 불가하다. 악기를 능숙하게 연주하려면 눈물겨운 연습이 필요하지만 조금만 게을리하면 그 솜씨는 빨리 녹슨다. 또한, 방귀는 공간을 퍼져 나아가지만 그렇게 퍼진 방귀를 다시 한곳으로 모을 수 없다. 땅에 엎질러진 물도 다시 담을 수 없다. 이를 다시 되돌릴 방법이 있다면 '타임머신'을 타고 시간을 거스르는 것이다. 그러나 이는 자연의 법칙을 위해하는 것이며, 따라서 불가능하다.

이러한 사실은 '현실에 충실하라'는 교훈을 준다. 스펜서 존슨의 베스트셀러《선물(The present)》에서는 영어 단어 present가 '선물'과 '현재'라는 두 가지 뜻을 갖고 있음에 착안하여 가장 훌륭한 선물은 '현재'라고 했다. 한번 지나간 과거는 되돌릴 수 없기에 오로지 현재에 최선을 다해야 한다. 타임머신은 물리적으로 불가능하기 때문이다.

1 글 (가)의 시를 필요조건, 충분조건, 필요충분조건의 개념을 이용하여 설명하여라.

2 두 명제 p, q에 대하여, 명제 $p \to q$가 참일 때, p는 q이기 위한 충분조건, q는 p이기 위한 필요조건, 명제 $p \to q$와 $q \to p$가 모두 참일 때, 필요충분조건이라 한다.

   2-1 글 (나)에서 필요충분조건이 될 수 없는 사례를 제시하고 필요충분조건을 만족하기 위한 방안을 찾아서 서술하라.

   2-2 내 삶에서 필요충분조건이 될 수 없는 사례를 들어 그 원인을 제시하고 필요충분조건이 되기 위한 방안을 제시하라.

: 귀류법과 솔로몬의 지혜

어느 날, 두 여인이 한 아이를 데리고 찾아와서 서로 자기 아이라고 우겼다. 솔로몬 왕은 두 여인의 이야기를 듣고 병사에게 말했다. "저 아이를 반으로 잘라 나눠주도록 해라."

그러자 두 여인 중 한 사람이 왕 앞에 엎드려 말했다. "제가 저 아이의 엄마가 아니니, 아이를 저 여자에게 주세요"라고 말하고, 다른 한 여인은 "왕의 말씀이 맞아요. 차라리 아이를 반으로 똑같이 나눠 주세요"라고 말했다.

첫 번째 여인은 죄를 인정하면 감옥에 갇히거나 죽임을 당할 수도 있었지만 아이의 생명을 살리기 위해 자신이 아이를 도둑질했다고 말했다. 그러나 두 번째 여인은 아이의 생명에는 관심이 없었다. 오직 왕의 말에 순응하는 척하고 곤경에서 빨리 빠져나가려는 마음뿐이었다.

– 〈열왕기상〉 3:16~28

1 솔로몬은 이 상황에서 어떤 판결을 했을까?

2 진짜 엄마는 어떤 마음이어야 하는가?

생각 정리하기

세상에 옳고 그름이란 없다. 있다면 사실만 있을 뿐이다. 그럼에도 불구하고 옳고 그름을 판별해야 한다면 기준을 분명히 해야 한다. 우리는 그 기준을 약속이라고 하며, 반드시 올바른 가치 기준을 가지고 있어야 한다.

또한, 한 사람의 행동이 얼마나 중요한지 배웠다. '모든 x'는 한 사람의 잘못이 그 집단 전체를 거짓으로 만들고, '어떤 x'는 한 사람의 옳은 행동으로 그 집단 전체가 참이 되는 명제로 만든다는 것을 알게 되었다.

세상을 살다 보면 자신을 증명해야 할 때가 종종 있다. 직접증명법과 간접증명법이 있음을 알고 그에 대한 장단점을 파악하여 서로에게 윈윈이 되는 방법을 선택할 수 있는 지혜가 필요하다.

창의인성을 위한 서술·논술형 문제

1 귀류법은 어떤 결론을 직접 증명해내기 어려울 때 그 결론을 부정하면 모순되거나 불가능한 사태가 발생한다는 것을 보여줌으로써 주어진 결론이 옳음을 간접적으로 보여주는 방법이다. '너는 정직해야 돼'라는 말을 귀류법의 원리에 의하여 설명하여라.

2 다음 명제를 증명하여라.

2-1 $\sqrt{3}$이 무리수임을 증명하여라.

2-2 a, b가 실수일 때, $a^2+b^2=0$이면 $a=0$이고 $b=0$이다.

2-3 $\log_2 5$가 무리수임을 증명하고, $p\log_2 10 - q\log_2 5 = 3$을 만족하는 유리수 p, q의 값을 구하여라.

3 그림과 같이 동점 P는 직사각형 둘레 위를 ABCD의 순서로 계속 돌고, Q는 대각선 AC 위를 왕복한다. P와 Q가 동시에 A를 출발하여 같은 속력으로 움직일 때, P와 Q 사이의 위치 관계를 〈보기〉에서 찾고 그 이유를 귀류법을 이용하여 서술하라.

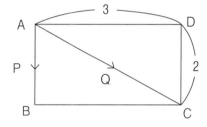

보기

① P와 Q는 점 A에서만 만날 수 있다.
② P와 Q는 점 C에서만 만날 수 있다.
③ P와 Q는 점 A 또는 C에서만 만날 수 있다.
④ P와 Q는 만날 수 없다.

4 두 명제 p, q에 대하여, 명제 $p \rightarrow q$가 참일 때, p는 q이기 위한 충분조건, q는 p이기 위한 필요조건, 명제 $p \rightarrow q$와 $q \rightarrow p$가 모두 참일 때, 필요충분조건이라 한다.

자연에서 일어나는 현상에는 방향성이 있다. 한쪽으로는 저절로, 쉽게 일어나지만 그 반대 쪽으로는 아예 일어날 수 없거나, 일으키기 위해 많은 에너지를 필요로 한다. 물리학에서는 이러한 현상을 '엔트로피'라는 용어로 설명한다. 모든 현상은 엔트로피가 증가하는 방향으로 일어나고, 그 반대로는 벌어질 수 없다는 것이 자연을 지배하는 중요한 법칙이다. 예컨대, 방귀는 공간을 퍼져 나아가지만 그렇게 퍼진 방귀를 다시 한곳으로 모을 수 없다. 땅에 엎질러진 물도 다시 담을 수 없다. 이를 다시 되돌릴 방법이 있다면 '타임머신'을 타고 시간을 거스르는 것이다. 그러나 이는 자연의 법칙을 위해하는 것이며, 따라서 불가능하다.

4-1 윗글에서 필요충분조건이 될 수 없는 사례를 제시하고 필요충분조건을 만족하기 위한 방안을 찾아서 서술하라.

4-2 내 삶에서 필요충분조건이 될 수 없는 사례를 들어 그 원인을 제시하고 필요충분조건이 되기 위한 방안을 제시하라.

5 수학자 네이피어의 일화를 보고 논리적 추론을 해보자.

어느 날 집 안의 물건들이 하나씩 없어지는 것을 알게 된 네이피어(Napier, 1550~1617)는 하인들 중 누군가가 도둑질을 하는 것이라 판단했다. 어떻게 도둑을 찾아낼지 고민하던 그는 하인들을 모두 불러내어 "만약 도둑질을 한 사람이 닭장에 들어가 수탉의 등을 두드리면 신통한 수탉이 도둑질한 사람을 알아챌 수 있을 것이다"라고 말했다. 그러고는 하인들을 한 명씩 캄캄한 닭장에 들여보내 수탉의 등을 두드리고 오도록 했다.
하인들은 자신의 결백을 증명하기 위해 주인이 시키는 대로 했다. 죄가 없는 하인들은 자신 있게 들어가 수탉의 등을 두드리고 나왔다. 하지만 도둑질한 하인은 수탉이 정말 자신이 한 짓을 알아챌까봐 차마 수탉의 등을 두드릴 수 없었다. 네이피어는 닭장에 들어갔다 나온 하인들의 손을 유심히 살피다가 손이 깨끗한 하인을 범인으로 지목했다. 실은 도둑질한 하인은 겁을 먹고 수탉을 만지지 못할 거라고 생각한 네이피어가 꾀를 내어 미리 수탉의 등을 까맣게 칠해놓았던 것이다.

5-1 밑줄 친 네이피어의 주장에 대하여 간접증명을 해야 하는 당위성을 서술하여라.

5-2 네이피어의 추론 형식을 설명하여라.

(가) 두 조건 p, q의 진리집합을 각각 P, Q라 할 때,
P⊂Q이면 명제 $p \rightarrow q$는 참이고 명제 $p \rightarrow q$가 참이면 P⊂Q이다.

- 일반적으로 전체집합 U의 원소 x에 대한 조건 p에 대하여 명제 '모든 x에 대하여 p이다'라는 전체집합 U의 모든 원소가 조건 p를 참이 되게 할 때 참이고, 그렇지 않을 때에는 거짓이다.
- 일반적으로 전체집합 U의 원소 x에 대한 조건 p에 대하여 명제 '어떤 x에 대하여 p이다'라는 조건 p를 참이 되게 하는 전체집합 U의 모든 원소 x가 적어도 하나 존재할 때 참이고, 그렇지 않을 때에는 거짓이다.

(나) 아래는 모두 참인 명제라고 한다.

> (a) 어떤 농구를 좋아하는 사람은 국수를 싫어한다.
> (b) 영어를 싫어하는 사람은 농구와 국수를 좋아한다.
> (c) 영어를 좋아하는 사람은 국수를 싫어한다.
> (d) 만화책을 좋아하는 사람은 영어를 싫어한다.

(2016 고려대 수시전형 평가문항)

1 제시문 (가)를 바탕으로 제시문 (나)의 명제를 활용하여 유도할 수 있는 결론을 두 개 이상 말하라. (단, 제시문 (나)에서 주어진 명제의 대우는 제외한다.)

출제 의도 ————————————————————————————————

수학적 추론을 통해 합리적으로 사고하는 능력과 적절한 근거에 기초하여 논지를 전개할 수 있는 능력을 확인하고자 한다.

문제 풀이

◆ 생각 던지기

1 포도, 사과, 딸기가 들어 있는 냉장고에서 성은이가 꺼내 먹은 것은 포도이다.

1-1 직접증명을 한다면, 병원에 가서 내시경으로 위 속에 있는 포도를 직접 확인해야 한다. 그러나 이러한 방법은 현실적으로 어렵기 때문에 직접증명이 아닌 간접증명이 필요하다.

1-2 냉장고를 열어 사과와 딸기가 그대로 남아 있는 것을 보고, 성은이가 냉장고에서 포도를 꺼내 먹었다는 것을 간접적으로 알 수 있다.

다음은 간접증명법 중 하나인 '귀류법'으로 증명한 것이다.

[가정: 결론의 부정] 성은이가 사과나 딸기 중 하나를 먹었다고 생각한다.

[추론의 진행] 그렇다면 냉장고 안에는 사과나 딸기 중 하나가 없어야 한다.

[추론의 모순] 그런데 냉장고 문을 열어보니 사과와 딸기가 그대로 있다.

[가정의 반성] 무언가 잘못됐다. 사과나 딸기 중 하나를 먹었다고 생각한 것이 잘못이다.

[증명의 완성] 결국 성은이는 포도를 먹은 것이다.

◆ 창의인성을 위한 서술·논술형 문제

1 정직하지 않으면 남으로부터 신용을 잃고 결국 고생을 한다. 또 그것이 습관이 되어 자기도 모르게 정직하지 않게 행동하게 되어 스스로에게 환멸을 느끼고, 나아가 자신을 증오하게 되기도 한다. 끔찍한 일이다.

⇨ 귀류법의 원리를 이용하여, 정직하면 어떻다는 것을 말하는 것이 아니라, 정직하지 않으면 생기는 부정적인 결과를 주장하고 있다.

2-1 $\sqrt{3}$을 유리수라고 가정하면, $\sqrt{3} = \dfrac{b}{a}$를 만족하는 서로소인 정수 a, b가 존재한다.

곧, $b = \sqrt{3}a$에서 $b^2 = 3a^2$ $\cdots$ ❶

여기에서 b^2이 3의 배수이고 3은 소수이므로 b도 3의 배수이다.

그러므로 $b = 3k$(k는 정수)라고 하면, ❶에서 $(3k)^2 = 3a^2$ $\therefore a^2 = 3k^2$

여기에서 a^2이 3의 배수이므로 a도 3의 배수이다.

따라서 a, b는 모두 3의 배수가 되어 a, b가 서로소라는 것에 모순이 된다.

그러므로 $\sqrt{3}$은 무리수이다.

2-2 a, b가 실수일 때, $a \neq 0$ 또는 $b \neq 0$이면, $a^2 > 0$ 또는 $b^2 > 0$이므로 $a^2 + b^2 > 0$이다.

따라서 $a \neq 0$ 또는 $b \neq 0$이면, $a^2 + b^2 \neq 0$이다.

대우가 참이므로 $a^2 + b^2 = 0$이면 $a = 0$이고 $b = 0$이다.

2-3 $\log_2 5$가 유리수라고 가정하면,

$\log_2 5 > 0$이므로 $\log_2 5 = \dfrac{n}{m}$ (단, m, n은 서로소인 양의 정수)인 m, n이 존재한다.

$\therefore 2^{\frac{n}{m}} = 5, \quad \therefore 2^n = 5^m$

그런데, 좌변은 짝수, 우변은 홀수가 되어 모순이다.

따라서 $\log_2 5$는 유리수가 아니다.

$p(\log_2 2 + \log_2 5) - q\log_2 5 - 3 = 0$

$\therefore (p-q)\log_2 5 + p - 3 = 0$

$p-q$, $p-3$은 유리수이고, $\log_2 5$는 무리수이므로

$p-q = 0, \ p-3 = 0 \qquad \therefore p = 3, \ q = 3$

3 정답 ④

P와 Q가 점 A와 C에서 만난다고 가정하자.

P는 점 A와 C에서 $5k$(k는 양의 정수)

Q는 점 A와 C에서 $\sqrt{13}m$(m은 양의 정수)

따라서, P는 유리수이고, Q는 무리수이므로 만날 수 없다.

5-2 네이피어의 추론 근거는 '도둑질을 하지 않았다면 수탉의 등을 만질 것이다'라는 생각이다. 따라서 '수탉의 등을 만지지 않은 하인은 도둑질을 한 하인'이라 생각하고 손이 하얀 사람을 범인으로 지목한 것이다.

24

경우의 수 – 꿈이 있는 사람은 어떠한 길도 걷는다

경우의 수의 개념과 원리를 통해 자신의 꿈을 향해 걸어가는 방향과 의미를 찾아보자.

(가) 다음과 같은 도로망이 있다. 두 점 사이의 거리를 따라 최단거리로 가는 방법의 수를 구하고, 이와 연관지어 '우리의 각 세대별 특징'을 설명하였다.

장애물이 많았던
우리 조상

아이와 아버지,
즉 태생에 구애받던
시절

갈 곳은 많지만 어디
로 가야 할지 모르는
우리들

(나) 내가 걸어가야 하는 길에 대하여

발자국을 따라가면 신발은 젖지 않지만 뒤돌아보면 내 길은 없다.

(다) 踏雪野中去(답설야중거)

不須胡亂行(불수호란행)

今日我行跡(금일아행적)

遂作後人程(수작후인정)

눈 내린 들판을 걸어갈 때

함부로 발걸음을 내딛지 말라

오늘 내가 남긴 발자국이

뒤에 오는 사람의 길이 되리니

– 서산대사

1 경우의 수란 어떤 시행에서 일어날 수 있는 모든 경우에 대하여 중복되지 않고 빠짐없이 찾아내는 것을 말한다. 그 방법은 무엇인가?

2 사람들은 왜 최단거리로 가려 하는가?

3 글 (나)와 (다)를 비교해보자.

   3-1 두 글에서 공통되는 개념과 상반되는 개념을 제시하고, 그 의미를 설명하여라.

   3-2 이에 대하여 나는 어떠한 선택을 할 것인지 말해보자.

4 두 개의 섬 내부에 그림과 같은 도로망이 있다. 이때 B항구에서 D항구까지 도로를 따라 최단거리로 갈 수 있는 방법의 수는?

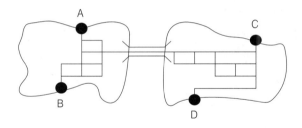

생각 넓히기

1 글 (가)에서 나타난 세대별 특징을 보고, 자신을 소개해보자.

2 누구에게나 꿈은 있다. 그 꿈을 위한 걸음에 대하여 생각해보자.

　2-1 내가 걸어가는 삶에 걸림돌들이 있다. 돌아가야 하는 것은 무엇인가?

　2-2 내가 반드시 지나야 하는 지점, 즉 경험해야 하는 것은 무엇인가?

　2-3 내가 걸어가는 길에는 수많은 방법이 주어져 있다. 그뿐만 아니라 걸림돌도 없다.
　그렇다면, 나는 어떤 길을 선택하고 싶은가?

3 나에게 꿈이 있다면, 그 꿈을 위한 나의 태도는 어떤지 생각해보자.

　3-1 다른 길을 걸어온 기성세대와 현 세대에는 어떤 차이가 있는가?

　3-2 차이점을 극복하기 위한 방안은 무엇인가?

4 꿈을 향한 나의 길에는 두 가지가 있다. 남이 만들어놓은 길과 내가 만들어가야 하는 길이
다. 각각 예를 들어 설명해보자.

생각 나누기

1 꿈이 있는 사람은 길을 걷는 것을 두려워하지 않는다. 문제는 남이 걸어간 길을 따라갈 것인
가, 아니면 내가 개척하며 걸어갈 것인가이다.

　1-1 이미 놓여 있는 길이 제시문과 같다면 어떠한 선택을 할 것인가?

　1-2 내가 만들어가야 하는 길은 어떤 길인가?

2 데이비드 스타 조르단은 "자기가 어디로 가고 있는지를 아는 사람은 세상 어디를 가더라도
길을 발견한다"고 말했다. 4차 산업혁명 시대가 도래한 현재, 우리가 걸어가야 할 삶을 위해 무
엇을 준비해야 할까?

융합교과 탐구활동

: 자신의 한계를 극복한 위인, 김만덕과 잔 다르크

공통점

둘 다 사람들을 도와 더 나은 사회를 만드는 데 기여했다. 김만덕은 제주도에서 객주를 운영하면서 제주 물품과 육지 물품을 교역하는 유통업을 통해 막대한 부를 이루었다. 그리고 그 부를 계속되는 기근에 시달리는 제주도민을 살려내는 데 쾌척하였다.

잔 다르크는 백년전쟁기에 프랑스를 구한 영웅이다. 왕위 계승권 다툼으로 일어난 백년전쟁 때문에 영토는 초토화되었고, 프랑스 백성들은 영국군의 횡포에 적개심을 품게 되었다. 왕권은 거의 영국에 넘어간 것처럼 보였지만 이러한 민의가 당시 프랑스를 이끌던 샤를 왕세자에게 왕권을 잡을 수 있는 일말의 가능성을 주었다. 그리고 그때 갑자기 나타난 소녀 잔 다르크가 샤를 왕세자를 절망으로부터 끌어올렸다. 그녀는 샤를 왕세자에게 그를 위해 기꺼이 목숨을 걸고 프랑스를 구원하겠노라고 맹세했다. 잔 다르크는 군사를 이끌고 나가 영국군의 포위 속에서 저항하고 있던 오를레앙을 해방시키고, 이어서 각지에서 영국군을 무찔렀다.

차이점

김만덕은 백성을 구제하여 백성과 정조(그 당시 임금)에게 칭송받았지만, 잔 다르크는 비극적인 최후를 맞았다. 김만덕의 소문을 들은 정조는 감동하여 김만덕을 뭍으로 불렀다. 당시 법으로는 제주도 여성이 뭍으로 올라가는 것이 금지되어 있었기에 이는 아주 이례적인 일이었다. 제주 여성 최초로 뭍으로 나와 한양으로 올라간 김만덕은 금강산 유람을 하면서 많은 백성들과 신하들의 지지를 얻었다.

　김만덕이 큰일을 할 수 있었던 원동력은 공감이다. 그녀는 양민으로 태어났지만 부모의 죽음 이후 생활을 꾸리기 위해 기생집에 들어갔다가 이후 신분을 다시 회복하였다. 이러한 경험을 통해 지배층의 입장이 아닌, 같은 민초의 입장으로 백성들의 굶주림과 어려움에 공감할 수 있었다.

생각 정리하기

사람들은 모두 빠른 길로 가려고 한다. 그렇기 때문에 어떤 길을 선택할 것인지에 대한 고민도 없이 무조건 빠른 길만 추구한다. 하지만 내가 걸어간 길이 다른 사람들의 삶의 이정표가 될 수도 있다. 그러므로 어떤 길을 어떻게 걸어갈 것인지에 대한 깊은 고민이 있어야 한다. 또한 빠른 길이 반드시 좋은 길이 아니라 조금 늦더라도 행복을 추구하는 삶이 더욱 가치 있는 삶이라는 사실을 깨달았고, 꿈을 향한 발걸음에서 수많은 장애물을 만날 수도 있지만 그것은 오히려 아름다운 꿈을 위한 다양한 경험이 된다는 것을 알게 되었다.

🖊 창의인성을 위한 서술·논술형 문제

다음 글을 읽고 물음에 답하여라.

(가) 다음과 같은 도로망이 있다. 이에 대하여 우리가 걸어가야 하는 길에 대한 특징을 설명해보았다. ㉠잘 놓여진 도로, ㉡반드시 거쳐야 할 길, ㉢걸림돌이 있는 길이다.

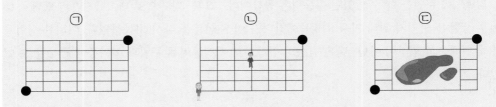

(나) 내가 걸어가야 하는 길에 대하여

　발자국을 따라가면 신발은 젖지 않지만 뒤돌아보면 내 길은 없다.

(다) 踏雪野中去(답설야중거)

　　不須胡亂行(불수호란행)

　　今日我行跡(금일아행적)

　　遂作後人程(수작후인정)

　　눈 내린 들판을 걸어갈 때

　　함부로 발걸음을 내딛지 말라

　　오늘 내가 남긴 발자국이

　　뒤에 오는 사람의 길이 되리니

　　　　　　　　　- 서산대사

1 글 (가)에서 제시한 도로망 ㉠, ㉡, ㉢에 대하여 두 점 사이의 거리를 따라 최단거리로 가는 방법의 수를 구하여라.

2 꿈이 있는 사람은 어떠한 길도 걷는다고 한다.

2-1 글 (가)에서는 꿈을 향한 길에 대하여 세 가지로 표현하고 있다. 세 가지 길을 중심으로 자신의 꿈과 비전을 향한 로드맵을 제시하여라.

2-2 이미 만들어진 길과 자신이 만들어가는 길이 있다. 이에 대하여 자신이 걸어가야 하는 길에 대한 자세(마음가짐)를 글 (나)와 (다)에 근거해서 공통점과 차이점을 제시하고 설명하여라.

◆ 생각 넓히기

1 첫 번째 그림은 신분제 때문에 자아실현에 많은 장애물이 있던 세대를 나타낸다.
두 번째 그림 중간에 서 있는 아버지 아이콘은 부모님의 지위에 영향을 받았던 세대를 나타낸다.
세 번째 그림은 편견은 많이 없어졌지만 어디로 가야 할지 모르는 세대를 나타낸다.

◆ 창의인성을 위한 서술·논술형 문제

1

1	6	21	56	126	252		462
1	5	15	35	70	126	210	
1	4	10	20	35	56	84	
1	3	6	10	15	21	28	
1	2	3	4	5	6	7	
	1	1	1	1	1	1	

			20	60	120		200
			20	40	60	80	
1	4	10	20	20	20	20	
1	3	6	10				
	2	3	4				
	1	1	1				

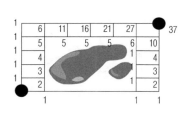

1	6	11	16	21	27		37
1	5	5	5	5	6	10	
1	4				1	4	
1	3				1	3	
1	2				1	2	
	1			1	1		

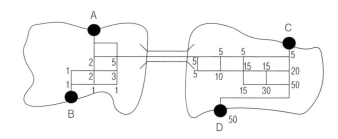

25

원 - 잃어버린 꿈을 찾아라

원의 개념과 원리를 통해 꿈과 비전을 향한 삶의 방향과 지혜로운 삶을 추구하는 방법을 찾아보자.

(가) 평면 위의 한 점에서 일정한 거리에 있는 점들의 모임을 원이라고 한다. 이에 대한 탈레스의 정리가 있다. 첫째, 원은 지름에 의해 이등분된다. 둘째, 반원에 대한 원주각은 직각이다.

(나) 오지를 여행하던 횡재 군이 고대 원주민들의 보물을 발견하게 되었다. 횡재 군은 그 보물들을 적당한 장소에 숨겨둔 뒤 다음에 와서 가져가기로 했다. 그림과 같은 땅에 네 개의 나무 A, B, C, D가 있다. 횡재 군은 선분 AD와 선분 BC의 수직 이등분선의 교점 E를 찾아 그곳에 보물을 묻어두었다. 그리고

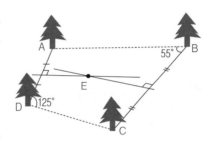

나무들 사이의 각도를 구하니 ∠ADC=125°, ∠ABC=55°이었다. 여행을 마친 횡재 군이 장비를 마련하여 다시 그곳에 가니, 나무B 부근 땅이 지진에 의해 바다에 잠겨버렸다. 횡재 군은 "Oh, my God!"이라고 외쳤다.

(다) 천국은 마치 밭에 감추인 보화와 같으니 사람이 이를 발견한 후 숨겨두고 기뻐하며 돌아가서 자기의 소유를 다 팔아 그 밭을 사느니라.

- 〈마태복음〉 13:44

(라) 가온누리는 '세상'의 옛말인 '누리'와 '중심'의 옛말인 '가온대'의 합성어로 '무슨 일이든 세상의 중심이 돼라'는 의미다.

생각 던지기

1 글 (가)의 내용을 중심으로 원의 자취방정식을 구하여보자.

2 글 (나)에서 보물이 묻힌 곳을 찾는 방법에는 무엇이 있을까?
⇨ 모든 부분을 헤집어본다.
  선분 AD의 수직이등분선을 따라 보물을 찾는다.
  한번에 정확하게 찾는다.

3 글 (라)의 가온누리의 뜻은 무엇인가? 원의 개념과 연관지어 생각해보자.

생각 넓히기

1 가온누리란 세상의 중심이라는 뜻이다. 내 삶의 중심은 무엇인가?
  1-1 반지름의 길이가 클수록 원은 커진다. 나의 반지름의 길이는 얼마인가?
  1-2 나의 반지름의 길이를 키우기 위해서 어떻게 하겠는가?

2 사람이라면 누구에게나 자신만의 보물이 있다.
  2-1 나의 보물은 무엇이며, 그것은 어디에 있는가?
  2-2 나의 보물을 잃어버리고 살 때가 많다. 그 이유는 무엇인가?
  2-3 나의 보물을 지혜롭게 찾아가는 방법은 무엇일까?

💬 생각 나누기

1 사람마다 자신만의 보물이 있다. 이 세상에서 가장 중요한 보물은 무엇일까? 그 이유는 무엇인가?

2 글 (다)의 '밭에 감추인 보화' 이야기를 보면, 보물을 발견하고 다시 밭에 묻어두었다가 온전히 자신의 것으로 만들기 위해 돈을 준비하여 그 밭을 산다.

　2-1 '감추인 보화' 같은 꿈을 발견하라.

　2-2 그 꿈을 정당한 방법으로 이루어라.

　2-3 나의 모든 것을 주고 바꿀 수 있는 꿈(보물)은 무엇인가?

▌ 수업 연계형 독서활동　《연금술사》

꿈의 계시를 따라 자신의 '보물'을 찾아 떠나는 소년의 이야기이다. 신부가 되기 위해 라틴어, 스페인어, 신학을 공부하던 산티아고는 어느 날 부모님의 기대를 저버리고 양치기가 되어 길을 떠난다. 집시 여인, 늙은 왕, 도둑, 화학자, 낙타몰이꾼, 아름다운 연인 파티마, 절대적인 사막의 침묵과 죽음의 위협, 그리고 마침내 연금술사를 만나 자신의 보물을 찾게 된다.

파울로 코엘료 | 문학동네 | 2001

《숨겨진 보물을 찾아서》

기도와 시 사이를 오가는 흥미로운 언어로 기록된 이 책은 전승되어 내려온 수피즘의 비밀로 들어가는 여정을 안내한다.

피르 빌라야트 이나야트 한 | 삼인 | 2004

융합교과 탐구활동

: 인생에서 가장 중요한 세 가지

다음은 톨스토이의 단편집을 원작으로 한 동화 〈세 가지 질문〉에 나오는 이야기다.

> 주인공인 소년 니콜라이는 어떤 행동이 올바른 것인지 궁금할 때가 많았다. 니콜라이는 다음 세 가지 질문에 대한 답을 알 수 있다면 언제나 올바른 행동을 하면서 살아갈 수 있을 것이라고 생각했다.
>
> 첫째, 가장 중요한 때는 언제일까?
>
> 둘째, 가장 중요한 사람은 누구일까?
>
> 셋째, 가장 중요한 일은 무엇일까?
>
> 니콜라이는 이 세 가지 질문의 해답을 찾기 위해 여러 동물들을 찾아가지만 원하는 답을 얻지 못한다. 그러다 결국 나이 많은 할아버지 거북이 레오를 찾아가 드디어 그 해답을 얻는다. 레오는 니콜라이의 질문에 이렇게 대답한다.
>
> "인생에서 가장 중요한 때란 바로 지금 이 순간이란다. 그리고 가장 중요한 사람은 지금 너와 함께 있는 사람이고, 가장 중요한 일은 지금 네 곁에 있는 사람을 위해 좋은 일을 하는 거야. 니콜라이야 바로 이 세 가지가 세상에서 가장 중요한 것들이란다."

1 〈세 가지 질문〉에서 말하는 '가장 중요한 때, 가장 중요한 사람, 가장 중요한 일'은 무엇인가? 위 이야기를 통해 나에게 가장 중요한 세 가지가 무엇인지 나누어보자.

나의 보물은 과연 무엇인지 깊이 생각해볼 수 있는 시간이었다. 특별히 나의 보물은 '꿈'이라고 생각했다. 꿈은 곧 목표가 되어 삶의 의미가 되고 '열정'을 만들기 때문이다. 자신이 감추어둔 꿈이든, 혹은 감추어진 꿈이든 그것을 발견을 하게 되었다면 정당한 방법으로 내 것으로 만들기 위해 노력해야겠다고 생각했다. 괴테는 "꿈을 계속 간직하고 있으면 반드시 실현할 때가 온다"라고 했다. 이처럼 자신의 마음속 보물을 소중히 간직하고 열심히 노력해 이뤄나가야겠다고 다짐했다.

또한 배움이란 삶의 지혜를 얻는 것이라고 생각했다. 제시문에서 보물을 숨겨둔 나무 부근이 가라앉은 것처럼 인생에는 예상치 못한 어려움이 있을 수 있다. 성실함 역시 중요하지만 보물을 한 번에 정확하게 찾을 수 있는 삶의 지혜를 배우는 것이 중요하다고 느꼈다.

📝 창의인성을 위한 서술·논술형 문제

(가) 평면 위의 한 점에서 일정한 거리에 있는 점들의 모임을 원이라고 한다. 이에 대한 탈레스의 정리가 있다. 첫째, 원은 지름에 의해 이등분된다. 둘째, 반원에 대한 원주각은 직각이다.

(나) 오지를 여행하던 횡재 군이 고대 원주민들의 보물을 발견하게 되었다. 횡재 군은 그 보물들을 적당한 장소에 숨겨둔 뒤 다음에 와서 가져가기로 했다. 그림과 같은 땅에 네 개의 나무 A, B, C, D가 있다. 횡재군은 선분 AD와 선분 BC의 수직 이등분선의 교점 E를 찾아 그곳에 보물을 묻어두었다. 그리고

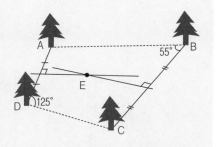

나무들 사이의 각도를 구하니 ∠ADC=125°, ∠ABC=55°이었다. 여행을 마친 횡재 군이 장비를 마련하여 다시 그곳에 가니, 나무B 부근 땅이 지진에 의해 바다에 잠겨버렸다. 횡재 군은 "Oh, my God!"이라고 외쳤다.

1 글 (가)의 내용을 중심으로 원의 방정식을 구하는 과정을 서술하라.

2 글 (가)의 내용을 이용하여 다음 문제를 해결하라.

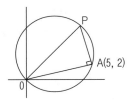

2-1 원 $x^2+y^2-x-12y=0$ 위에 두 점 O(0, 0), A(5, 2)가 있다. 원 위의 점 P에 대하여 ∠OAP=90°일 때, 직선 OP의 기울기는?

2-2 k가 실수일 때, 두 직선 $y+k(x-2)=0$, $ky-(x+2)=0$의 교점의 자취방정식을 구하는 과정을 서술하라.

3 글 (나)와 (다)는 보물에 대한 이야기이다.

3-1 횡재 군이 숨겨둔 보물을 한번에 찾는 방법을 서술하라.

3-2 내 삶의 보물은 무엇이며, 그것은 어디에 있는지 서술하라.

3-3 글 (나)와 (다)의 공통점과 차이점을 제시하라.

3-4 보물을 발견하였다면 어떻게 하겠는지 (다)에 근거하여 서술하라.

◆ 창의인성을 위한 서술·논술형 문제

1 원의 정의는 한 점(정점)으로부터 같은 거리에 있는 점들의 모임이다.

원의 한 정점을 중심 C(a, b)라 하고 반지름을 r이라 할 때, 임의의 점 P(x, y)는 원 위의 점이다. 이때, 반지름 r은 $\overline{PC}$의 길이와 같다. 좌표평면 위의 두 점 사이의 거리 공식을 이용하여 점 C와 P 사이의 거리를 구해보면 다음과 같다.

$$\overline{PC} = \sqrt{(x-a)^2 + (y-b)^2} = r$$

양변을 제곱하면 $(x-a)^2 + (y-b)^2 = r^2$

P는 임의의 점이기 때문에 원 위에 있는 모든 점은 위 방정식을 만족한다. 따라서 이 방정식이 바로 원의 방정식이 된다.

∴ 원의 중심이 (a, b)이고 반지름의 길이가 r인 원의 방정식 ⇔ $(x-a)^2 + (y-b)^2 = r^2$

2-1 답: 12

$x^2 + y^2 - x - 12y = 0$

위 식을 표준형으로 고치면 $(x - \frac{1}{2})^2 + (y-6)^2 = \frac{145}{4}$ 가 된다.

탈레스 정리에 의해 반원에 대한 원주각은 직각이므로, $\overline{OP}$는 원의 지름인 것을 알 수 있다.

원의 중심은 ($\frac{1}{2}$, 6)이므로 직선 OP는 두 점 (0, 0)과 ($\frac{1}{2}$, 6)을 지나는 직선이다.

따라서 직선 OP의 기울기는 $\dfrac{6-0}{\frac{1}{2}-0} = \dfrac{6}{\frac{1}{2}} = \dfrac{\frac{6}{1}}{\frac{1}{2}} = 12$이다.

2-2 $y+k(x-2)=0$ $\cdots$ **❶**

$ky-(x+2)=0$ $\cdots$ **❷**

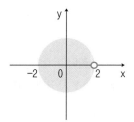

❶은 정점 A(2, 0)를 지나고, **❷**는 정점 B(-2, 0)를 지난다.

ⅰ) $k\neq0$일 때, **❶**의 기울기는 $-k$, **❷**의 기울기는 $\dfrac{1}{k}$이므로 서로 수직이다.

따라서 **❶**, **❷**의 교점은 지름이 선분 AB인 원 위에 있다.

그런데 선분 AB의 중점이 (0, 0)이고, $\overline{AB}=4$이므로 자취의 방정식은 $x^2+y^2=4$

한편 **❶**은 직선 $x=2$를, **❷**는 직선 $y=0$을 표시할 수 없으므로 점 (2, 0)은 제외된다.

ⅱ) $k=0$일 때, 교점은 (-2, 0)이다.

$\therefore x^2+y^2=4$ 단, 점 (2, 0)은 제외

26

무게중심 – 내 삶의 무게중심

삼각형의 무게중심의 개념과 원리를 통해 어떠한 환경에도 흔들리지 않는 내 삶의 무게중심은
무엇인지 찾아보자.

(가) 무게중심이란 세 중선의 교점으로 균형을 잡아주는 점이다. 그림과 같은 삼각형 모양
의 교실에서 수업을 하고 있다면, 교사가 서 있는 자리 G가 삼각형 ABC의 무게중심이다.

(나) 선생님이 주제발표 수업에서 발표할 학생을 뽑
을 때, 세 지점 A, B, C에 있는 학생 중 누구를 선택
할까? 그 이유를 설명하고, 그에 따른 교사의 역할을
말해보자.

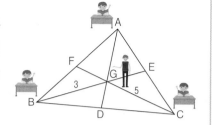

(다) B지점에 있는 학생과 선생님 사이의 거리는 3이고, C지점에 있는 학생과 선생님 사이
의 거리는 5이며, B지점에서 C지점에 있는 학생 사이의 거리는 $2\sqrt{13}$ 일 때, A지점에 있는
학생과 G지점에 있는 선생님 사이의 거리는 얼마인가?

📖 생각 던지기

1 삼각형에는 내심, 외심, 수심, 무게중심, 방심이 있다. 이를 삼각형의 다섯 가지 마음이라 말
하고 싶다.

   1-1 무게중심이란 무엇인가?

   1-2 무게중심의 정의와 성질을 이용하여 무게중심을 찾아보자.

2 교실에는 학생과 선생님이 함께 있다.

    2-1 교실이란 어떤 공간인가?

    2-2 교실에서 학생과 선생님의 관계는 어떠한가?

    2-3 선생님이 모든 학생을 바라보며, 학생을 수업의 주체로 세우기 위한 방법은 무엇인가?

🔍 생각 넓히기

1 '교육−학교−교실−수업'으로 연계하여 생각해보자.

    1-1 교실은 나에게 어떤 공간인가?

2 무게중심이란 균형을 유지하는 점이다.

    2-1 내 삶의 무게중심은 무엇인가?

    2-2 교실수업에서 학생과 선생님, 학생과 학생 사이의 무게중심은 무엇인가?

3 나의 인간관계를 돌아보자.

    3-1 관계가 좋았다가 깨어진 후 다시 회복했던 사례가 있는가?

    3-2 관계가 깨어진 원인과 이를 회복하기 위한 대안은 무엇이었는가?

생각 나누기

1 삶의 무게중심에 대하여 생각해보자.

   1-1 삶의 무게중심을 발견해야 하는 이유는 무엇인가?

   1-2 삶의 무게중심을 잃었을 때 어떻게 하겠는가?

2 인간관계에서 무게중심은 무엇인가?

   2-1 가정에서 무게중심은 무엇인가?

   2-2 교실에서 무게중심은 무엇인가?

   2-3 학교에서 무게중심은 무엇인가?

3 인간관계에 대하여 생각해보자.

   3-1 내가 원하는 사람과의 관계를 형성하기 위해서 할 일은 무엇인가?

   3-2 내게 손을 내민 사람과의 관계를 형성하기 위해서 할 일은 무엇인가?

   3-3 아름다운 인간관계를 계속 이어가려면 어떻게 해야 하는가?

   3-4 좋은 관계에서 틀어진 관계가 되었을 때 어떻게 해야 하는가?

▌수업 연계형 독서활동 《교사와 학생 사이》

"행동에 판결을 내리는 칭찬은 바람직하지 않다."

칭찬은 그저 많이 하고 받을수록 좋은 것이라고 생각하지만 판결을 내리는 칭찬은 그렇지 않다. 학생들에게 교사의 반응은 매우 중요한데, 판결을 내리는 칭찬은 학생에게 불안감을 조성하고 수동적으로 움직이게 하여 의타심을 갖게 한다. 자신감과 자립심을 기르는 데도 안 좋게 작용한다. 그래서 학생에게 판결을 내리는 칭찬이 아닌 행동의 과정을 중심으로 칭찬해야 한다.

하임 G.기너트 | 양철북 | 2003

융합교과 탐구활동

: 중용

1 중용에 대하여 알아보자.

　1-1 중용이란 무엇인가?

　1-2 무게중심과 중용은 어떻게 연관되어 있는가?

　1-3 교사에게 중용은 어떤 의미인가?

　1-4 만약 교사가 중용을 중요시하지 않고 지키지 않으면 어떻게 되는가?

2 나는 중용을 내 삶에 어떻게 연관 지을 것인가?

　2-1 중용에 대하여 나는 어떻게 생각하는가?

　2-2 내 꿈을 위한 중용의 역할은 무엇인가?

　2-3 중용을 유지하기 위해 어떤 노력을 할 것인가?

생각 정리하기

내 삶의 무게중심이란 삶의 균형을 잡아주는 어떤 것이다. 나는 그것을 꿈이라고 생각한다. 꿈이 있는 사람은 어떠한 환경에도 흔들리지 않고 묵묵히 걸어갈 수 있기 때문이다. 삶이 무기력하게 느껴진다는 것은 균형을 잃었다는 것이다. 꿈을 잃어버리거나, 꿈이 희미해졌을 때 삶은 균형을 잃고 허무해진다는 것을 배웠다. 그 꿈을 되찾기 위해 노력해야 한다는 것도 깨달았다.

![창의인성을 위한 서술·논술형 문제 아이콘] **창의인성을 위한 서술·논술형 문제**

다음 글을 읽고 물음에 답하여라.

무게중심이란 세 중선의 교점으로 균형을 잡아주는
점이다. 그림과 같은 삼각형 모양의 교실에서 수업을
하고 있다면, 교사가 서 있는 자리 G가 삼각형 ABC
의 무게중심이다.

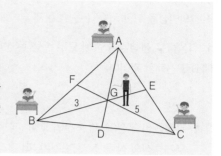

1 선생님이 주제발표 수업에서 발표할 학생을 뽑을 때, 세 지점 A, B, C에 있는 학생 중 누구
를 선택할까? 그 이유를 설명하고, 그에 따른 교사의 역할을 말해보자.

2 세 점 $A(x_1, y_1)$, $B(x_2, y_2)$, $C(x_3, y_3)$를 꼭짓점으로 하는 $\triangle ABC$에 대하여 다음 문제에 답하
여라.

   2-1 무게중심 G의 좌표를 구하는 과정을 서술하여라. (단, 무게중심의 정의와 성질을 쓰고, 그
   것을 이용하라.)

   2-2 문제 2-1의 결과를 이용하여 $\triangle ABC$의 세 점 A, B, C에서 x축까지의 거리가 각각 10,
   14, 18일 때 무게중심 G에서 x축까지의 거리를 있는 대로 모두 구하여라.

3 B지점에 있는 학생과 선생님 사이의 거리는 3이고, C지점에 있는 학생과 선생님 사이의 거
리는 5이며, B지점에서 C지점에 있는 학생 사이의 거리는 $2\sqrt{13}$일 때, A지점에 있는 학생과
G지점에 있는 선생님 사이의 거리는 얼마인가?

◆ 창의인성을 위한 서술·논술형 문제

1 학생들은 선생님을 향해 모두 손을 든 상태이다. 하지만 선생님은 B를 바라보고 가리키고 있기 때문에 B를 선택할 것이다.

2-1 무게중심의 정의: 세 중선의 교점

무게중심의 성질: 꼭짓점으로부터 거리비가 2:1이다.

삼각형 ABC의 세 점 A(x_1, y_1), B(x_2, y_2), C(x_3, y_3)에서

두 점 B(x_2, y_2), C(x_3, y_3)의 중점 $M(\frac{x_2+x_3}{2}, \frac{y_2+y_3}{2})$

선분 AM을 2:1로 내분된 점 $G(\frac{x_1+x_2+x_3}{3}, \frac{y_1+y_2+y_3}{3})$

2-2 △ABC의 세 점 A, B, C에서 x축까지의 거리가 각각 10, 14, 18이므로 세 점을 A$(x_1, \pm10)$, B$(x_2, \pm14)$, c$(x_3, \pm18)$라 놓을 수 있다. 각각의 경우에 대하여 무게중심 G를 구하면, 네 가지 경우가 나온다.

- 삼각형이 x축에 걸치지 않는 경우 x축까지는 14이다.
- 삼각형이 x축에 걸치는 경우 x축까지는 2, $\frac{14}{3}$, $\frac{22}{3}$이다.

3 삼각형 ABC의 무게중심 G에서 선분 $\overline{BC}$에 내린 점 D는 선분 $\overline{BC}$의 중점이다. 그러므로 파포스 정리 $\overline{BG}^2 + \overline{GC}^2 = 2(\overline{GD}^2 + \overline{BD}^2)$에 의하여 $\overline{GD}$ = 2이다. 또한, 점 G는 선분 $\overline{AD}$를 로 2:1로 나누는 내분점이므로 A에 있는 학생에서 G에 있는 선생님까지의 거리는 4이다.

27 확률 – 나는 꿈꾸는 사람이다

확률의 개념과 원리를 통하여 불가능의 삶을 가능의 삶으로 바꾸는 방법을 찾아보자.

(가) 확률(probability)이란, 하나의 사건이 일어날 수 있는 가능성을 수로 나타낸 것이다.

P(A)=0이란? 사건 A가 결코 일어나지 않는다.

P(A)=1이란? 사건 A가 반드시 일어난다.

(나) 드라마 〈선덕여왕〉에서 어린 덕만의 용기와 지혜를 엿볼 수 있는 장면이 있다. 시녀 소화를 엄마로 생각하며 자라난 덕만은 밑바닥의 거친 인생을 살면서 용감한 아이로 자란다. 목숨이 걸린 위기의 상황에서도 덕만은 용감하게 맞서고, 치열하게 대들어 결국 어려움을 헤쳐나간다.

몰래 차 교역을 하다가 제후에게 발각된 덕만과 일행은 죽을 위기에 놓였다. 제후는 죽을 사(死)가 쓰인 두 개의 장기알을 손에 쥐고 덕만에게 말했다. "생(生)을 고르면 살지만, 사(死)를 고르면 너도 죽고 여기 있는 모든 사람이 죽을 것이다. 어디 보자. 네 능력이, 네 행운이, 네가 몇 줄 읽는 책이 네 명줄까지 담보하는지."

生 死

제후의 말에 덕만은, "둘 다 사(死)인지 어찌 압니까?"라며 손에 쥔 장기알을 먼저 보여달라고 한다. 그러나 제후는 덕만의 말을 들어주지 않고 당장 고르라고 채근한다. 덕만은 이 위기를 어떻게 대처했을까?

(다) 수빈이는 확률을 이용하여 자신의 진로에 대하여 다음과 같이 소개하였다.

P(A)=0: 내가 지나간 역사를 바꾼다는 것은 도저히 불가능합니다.

P(A)=1: 그러나, 나는 반드시 역사를 발견하고 새로운 역사를 만들어나갈 수 있습니다.

왜?: 왜냐하면, 나에게는 꿈이 있기 때문입니다.

1 확률이란 일어날 수 있는 척도를 나타내는 수이다.

   1-1 확률의 크기에 따른 삶의 지혜는 무엇을 의미하는가?

2 확률은 우리에게 어떤 영향을 주는가?

   2-1 $0 \leq P(A) \leq 1$이 주는 의미는 무엇인가?

   2-2 $P(A)=1$을 이루기 위한 걸림돌과 디딤돌은 무엇이 있을까?

3 글 (나)에서 덕만이가 죽을 위기를 벗어난 상황을 확률과 연계하여 설명하여라.

4 글 (다)에서 수빈이가 진로에 대해 자신을 소개한 것처럼 자신의 진로에 대한 로드맵을 삼행시 형태로 소개해보자.

1 $P(A)=1$이란, 반드시 일어날 확률을 의미한다.

   1-1 내 삶에서 반드시 일어날 사건은 어떤 것이 있는가?

   1-2 그 사건에 대한 나의 태도는 어떤 모습인가?

2 $P(A)=0$이란, 절대 일어날 수 없는 사건을 의미한다.

   2-1 내 삶에서 도저히 일어날 수 없는 사건은 무엇인가?

   2-2 그 사건에 대한 나의 태도는 어떤 모습인가?

3 글 (나)의 덕만이 죽을 위기에 처한 상황에서 살아날 확률은 0이었다. 애초부터 제후의 조건은 불공정했기 때문이다. 살다보면 이처럼 억울한 상황에 놓일 때가 있다. 나는 불평하고 있을 것인가, 아니면 지혜를 발휘할 것인가?

4 나폴레옹의 말 "내 사전엔 불가능이란 없다"의 의미는 무엇인가?

5 내가 도전해야 할 것과 도전해서는 안 될 것의 기준은 무엇인가?

💬 생각 나누기

1 0 < P < 1이란 나의 선택에 의해서 이루어지는 확률이다.

장 폴 사르트르에 의하면 인생이란 B(Birth)와 D(Death)사이에 C(Choice)이다. 즉, 인생이란 태어나서 죽을 때까지 자신의 선택에 의해 이루어진다는 의미이다.

1-1 꿈이 있는 사람은 무조건 노력한다. 릴케는 과거가 있는 사람은 용서할 수 있으나 미래가 없는 사람은 용서할 수 없다고 하였다. 꿈꾸는 자신의 모습을 위해 어떤 선택을 할 것인가?

1-2 꿈을 향한 길에서는 걸림돌을 디딤돌로 만들 수 있어야 한다. 이를 위해 P(A)=0에 가까울 때와 P(A)=1에 가까울 때의 심리 상태를 이야기해보자.

2 불가능에 가까운 일이라 할지라도 도전하는 삶 자체가 아름다운 것이다.

2-1 눈에 보이는 것을 이루지 못할지라도 마음의 보상이 주어지는 삶이 있다. 우리는 물질적인 보상과 마음의 보상 중에 어느 것을 추구해야 하는가?

2-2 어떤 사람들은 정상에 보물이 있는 것도 아닌데 목숨을 걸고 에베레스트를 등반한다. 이들의 삶의 의미에 대하여 각자의 의견을 나누어보자.

3 글 (나)에서 죽을 위기의 상황을 용기와 지혜로 극복한 덕만의 일화를 통해 우리 사회에 존재하는 갑질에 대하여 나누어보자.

3-1 살아가면서 억울한 일이 있다면 어떻게 극복할 것인지 나누어보자.

3-2 정의란 무엇인지 정의하고, 부조리한 상황에서 어떻게 대처할 것인지 나누어보자.

4 티베트 속담에 "걱정을 해서 걱정이 없어지면, 걱정이 없겠네"라는 말이 있다. 이와 연결하여 자신에게 주어진 삶에 대한 태도를 다음 글을 근거로 서술하여라.

사람이 하는 걱정 중에는 절대로 발생하지 않을 사건에 대한 걱정이 40%

이미 일어난 사건에 대한 것이 30%

별로 신경 쓸 일이 아닌 작은 것이 22%

우리가 바꿀 수 없는 사건에 대한 것이 4%

우리가 바꿀 수 있는 사건에 대한 것이 4%이다.

– 노먼 빈센트 필, '쓸데없는 걱정'

5 희성이는 확률의 개념을 이용하여 다음과 같이 자신의 꿈을 소개하였다. 이와 같이 자신의 꿈과 비전을 향한 로드맵을 서술하여라.

P(희성)=0: 내가 지금 하늘을 난다는 것은 불가능합니다.
P(희성)=1: 하지만 나는 반드시 하늘을 날 수 있습니다.
왜?: 나에게는 꿈이 있기 때문입니다.

6 인디언들이 기우제를 지내면 100% 비가 온다고 한다.

　6-1 그 이유는 무엇일까?

　6-2 인디언들의 기우제 문화에 대하여 문제점과 장점을 토론해보자.

▌수업 연계형 독서활동 《암살》

"내 힘으로 할 수 없는 일에 도전하지 않으면, 내 힘으로 갈 수 없는 곳에 이를 수 없다." – 백범 김구

일제강점기 한국의 독립을 이끌었던 4명의 민족지도자들의 암살 사건과 암살 전 이들의 업적들을 담고 있다. 이들은 모두 불가능할 것 같았던 독립을 성공적으로 이끄는 데에 큰 공을 세웠다. 우리도 이들처럼 불가능할 거라 여겨지는 것에 도전하며, 넘어질 수는 있어도 포기하지 않는 삶을 살아야 한다.

박태균, 정창현 | 역사인 | 2016

: 불가능을 극복한 역사적 인물

P(A)=0을 P(A)=1로 바꾼 독립운동가들: 김구와 여운형

김구와 여운형은 임시정부와 한인애국단을 조직하여 항일 무장투쟁을 이끌었던 일제강점기의 대표적인 민족 지도자이다. 이 두 인물은 독립의 희망을 알리고 많은 젊은이들에게 독립이라는 꿈을 심어주었다. 독립운동 중에 셀 수 없이 많은 이들이 희생되었다. 이들 또한 현상수배와 여러 차례의 실패로 좌절과 고통을 겪었지만, 포기하지 않고 이를 극복하여 대한민국의 독립을 이끌어냈다. 이들은 불가능할 것 같던 조선의 독립을 가능으로 바꾼 우리의 영원한 정신적 지도자이다.

페르마와 파스칼

어느 날 파스칼의 친구인 메레가 파스칼에게 질문을 던졌다. 파스칼은 동료 수학자였던 페르마와 이 문제를 해결하기 위한 편지를 주고받았다. 그 질문의 내용은 이렇다.

솜씨가 비슷한 A, B 두 사람이 게임을 하는데, 각각 32피스톨을 걸고 내기를 했다. 먼저 3번 이긴 사람이 64피스톨의 금화를 모두 가지기로 했는데 만약 A가 2번, B가 1번 이긴 상태에서 게임이 중단되었다면 64피스톨은 어떻게 나누어 갖는 것이 공정한가?

1 두 수학자는 이 문제를 어떻게 해결했을까?

생각 정리하기

P(A) = 0

불가능한 일을 하려는 경우가 있었다. 부지런히 노력하지 않고서 그저 성공과 명예만을 바라는 삶의 자세도 그중 하나이다. 세상에는 노력 없이 가능한 일은 없다.

P(A) = 1

내게 당연히 주어지는 것이라 생각하던 것에도 감사하는 마음을 가지고 소중하게 여겨야 한다. 우리가 학교에서 받는 수업도 일상적이고 특별하지 않은 것처럼 느끼지만 삶에 있어서 없어서는 안 되는 것이다.

0 < P(A) < 1

도전해야 할 일들이다. 하지만 0에 가까울수록 포기한 경우나, 1에 가까울수록 방심해서 놓치는 경우가 많았다는 것을 깨달았다.

(가) 드라마 〈선덕여왕〉에서 몰래 차 교역을 하다가 제후에게 발각된 덕만과 일행은 죽을 위기에 놓였다. 제후는 죽을 사(死)가 쓰인 두 개의 장기알을 손에 쥐고 덕만에게 말했다.

"생(生)을 고르면 살지만, 사(死)를 고르면 너도 죽고 여기 있는 모든 사람이 죽을 것이다. 어디 보자. 네 능력이, 네 행운이, 네가 몇 줄 읽는 책이 네 명줄까지 담보하는지."

제후의 말에 덕만은, "둘 다 사(死)인지 어찌 압니까?"라며 손에 쥔 장기알을 먼저 보여 달라고 한다. 그러나 제후는 덕만의 말을 들어주지 않고 당장 고르라고 채근한다. 덕만은 이 위기를 어떻게 대처했을까?

(나) 다음 내용은 학생들과 선생님이 교실에서 나눈 대화이다.

선생님: 오늘은 우리 반을 위해서 봉사해줄 우유당번을 뽑아야 해요. 봉사해줄 사람 손들 어볼까요?

학생들: 저요, 저요! (5명의 학생이 손을 든다.)

선생님: 좋아요. 희망자가 많으므로 제비뽑기를 통해 2명을 뽑도록 할게요. 5개의 제비 중 빨간 하트가 그려져 있는 2개가 당첨 제비입니다. 뽑은 제비는 가져가고 모두에게 한 번씩 뽑을 수 있는 기회를 줄게요. 누가 먼저 뽑을래요?

대한: 제가 먼저 뽑을게요. 처음 뽑는 것이 당첨 확률이 높을 것 같아요.

선생님: 대한이가 먼저 뽑아도 괜찮겠어요?

민국: 저는 상관없어요. 어차피 첫 번째든 두 번째든 확률은 같으니 두 번째로 뽑을게요.

1 글 (가)에서 덕만이는 P(A)=0의 상황에서 P(A)=1로 바꾸었다.

  1-1 덕만이는 그 상황을 어떻게 극복했는가?

  1-2 내가 그 상황에 있다면 어떻게 극복할 것인지 자신의 생각을 서술하라.

2 글 (나)에서 대한이와 민국이 중 누구의 의견이 옳은지 판단하고, 그 이유(근거)를 수학적 표현(확률)을 이용하여 서술하라.

(가) 어떤 시행에서 사건 A가 일어날 확률이 p일 때, n번의 독립시행에서 사건 A가 일어나는 횟수를 X라고 하면 충분히 작은 양수 h에 대하여 n이 한없이 커질 때, 확률 $P(|\dfrac{X}{n} - p| < h)$의 값은 1에 한없이 가까워진다.

(나) 스포츠를 좋아하는 A군은 프로축구팀과 프로야구팀을 각각 1팀씩 응원한다. A군은 매년 이 팀들의 경기 결과를 표로 만들고 그 해 축구경기의 70% 이상을 이기는 경우 그 다음해 프로축구 개막전에 간다. 야구도 마찬가지로 그 해 경기의 70% 이상 이기는 경우 그 다음 해 프로야구 개막전에 간다. 지난 10년 동안 A가 프로축구 개막전에 응원 간 횟수가 프로야구 개막전에 응원 간 횟수보다 많았다. (단, 매년 축구와 야구는 각각 38경기와 144경기를 치르고, 매 경기에서 이기거나 질 확률은 각각 1/2이라고 가정한다.)

(2017 고려대 수시전형 평가문항)

1 제시문 (가)를 활용하여 제시문 (나)의 밑줄 친 부분의 이유를 설명하시오.

2 자연 현상이나 사회 현상에서 제시문 (가)와 같은 확률 값을 적용할 수 있는 예를 말하시오.

출제 의도

1. 큰 수의 법칙과 이항분포의 성질에 대해 이해하고 있는지를 확인하고자 한다.
2. 통계적 확률과 수학적 확률의 의미를 이해하고, 생활 주변 현상, 사회 현상, 자연 현상 등 여러 현상과 관련지어 그 필요성에 대해 이해하고 있는지를 확인하고자 한다.

◆ 생각 나누기

4 이런 삶이 과연 괜찮은 삶이라고 이야기할 수 있을까? 96%의 걱정과 염려는 일어날 확률이 0에 가까운 일에 대한 것이다. 우리는 96%의 불필요한 걱정 때문에 기쁨도, 웃음도, 마음의 평화도 잃어버린 채 살아가고 있는 것이다. 그보다는 1에 가까운 일을 위해 이를 목표로 열정과 희망을 갖고 살아가야 한다.

◆ 융합교과 탐구활동

1 이에 대하여 두 수학자의 결론은 다음과 같다.

1) A가 이겼다면 총 3번 이기게 되어 A의 최종 승리이다.

2) B가 이겼다면 A도 2번, B도 2번 이긴 상태로 게임의 승리가 결정되지 않기 때문에 한 번 더 게임을 해야 한다. 5번째 게임에서도 A가 이길 확률은 1/2, B가 이길 확률은 1/2이다.

네 번째 게임	다섯 번째 게임	최종
A	–	A승
	–	A승
B	A	A승
	B	B승

2-ⅰ) A가 이겼다면, 총 3번 이긴 것이 되어 A의 최종 승리이다.

2-ⅱ) B가 이겼다면 총 3번 이긴 것이 되어 B의 최종 승리이다.

A가 이긴 1)의 확률은 1/2

A가 이긴 2-ⅰ) 의 확률은 1/2×1/2=1/4

B가 이긴 2-ⅱ)의 확률은 1/2×1/2=1/4

A가 이길 확률은 1/2+1/4=3/4, B가 이길 확률은 1/4이다.

상금은 A와 B가 3/4 : 1/4=3:1로 나누어 가져야 공정하다.

즉, A는 48피스톨, B는 16피스톨을 갖는다.

2 민국이가 옳다.

5개의 제비 중 빨간 하트가 그려져 있는 2개가 당첨 제비이므로, (대한이가 당첨 제비를 뽑을 확률)$=\dfrac{2}{5}$

민국이가 당첨 제비를 뽑을 확률은 대한이가 당첨 제비를 뽑았을 때와 뽑지 못했을 때로 나누어 생각하면 된다.

(i) 대한이가 당첨 제비를 뽑았을 때, $\dfrac{2}{5} \times \dfrac{1}{4} = \dfrac{1}{10}$

(ii) 대한이가 당첨 제비를 뽑지 못했을 때, $\dfrac{3}{5} \times \dfrac{2}{4} = \dfrac{3}{10}$

$\therefore$ (민국이가 당첨 제비를 뽑을 확률)$=\dfrac{1}{10} + \dfrac{3}{10} = \dfrac{2}{5}$

28

교환법칙 – 세상을 아름답게 보는 법

교환법칙의 개념과 원리를 통해 삶에서 우선순위로 두어야 하는 가치를 찾아보자.

(가) 조삼모사(朝三暮四)는 《열자 – 황제편》과 《장자 – 제물론》에 나오는 이야기다. 송나라에 저공이라는 사람이 많은 원숭이들을 기르고 있었다. 어느 날, 원숭이들에게 줄 도토리가 부족해져서 ㉠아침에 도토리를 3개 주고 저녁에 4개를 주겠다고 했더니 원숭이들이 화를 내었다. 그러나 ㉡아침에 4개를 주고 저녁에 3개를 주겠다고 하였더니 원숭이들이 기뻐하였다.

(나) '고질병'에 점 하나 찍으면 '고칠병'이 되고, '빚'이라는 글자에 점 하나 찍으면 '빛'이 된다. Impossible에 점 하나를 찍으면 I'm possible이 되어 불가능한 것도 가능해진다. 이처럼 점 하나가 전혀 다른 상황을 만들어낸다. 또한, Dream is nowhere(꿈은 어느 곳에도 없다)가 띄어쓰기 하나로 Dream is now here(꿈은 바로 여기에 있다)로 바뀌어 절망이 희망이 된다. 이와 같이 ㉢생각을 고쳐먹으면 불가능한 것도 가능해지고 지옥도 낙원이 된다.

(다) 수학에는 다음과 같은 성질들이 있다.
① 두 수 a, b에 대하여
  $a+b=b+a$, But! $a-b \neq b-a$
  $a \times b = b \times a$, But! $a \div b \neq b \div a$
② 세 집합 A, B, C에 대하여
  $A \cap B = B \cap A$, $A \cup B = B \cup A$,
  $A \cap (B \cap C) = (A \cap B) \cap C$ But! $A \cap (B \cup C) \neq (A \cap B) \cup C$
③ 두 함수에 대하여
  $f \circ g \neq g \circ f$

📖 생각 던지기

1 교환법칙과 결합법칙이란 무엇인가?

   1-1 성립하는 경우와 성립하지 않는 경우의 예를 들어 설명하여라.

2 "모든 것은 생각하기 나름이다"라는 말에 대하여 생각해보자.

   2-1 옳은 경우에 대한 사례를 들어 설명하여라.

   2-2 옳지 않은 경우에 대한 사례를 들어 설명하여라.

3 윌리엄 제임스는 "행복해서 웃는 것이 아니라, 웃고 있어서 행복하다"라고 말한다. 교환법칙의 원리와 연결하여 차이점을 제시하고 그 의미를 설명하여라.

🔍 생각 넓히기

1 원숭이들의 입장과 저공의 입장에 대하여 생각해보자.

   1-1 원숭이들이 어리석다면 그 이유는 무엇인가?

   1-2 내 삶에서 이와 비슷한 경우는 없는가?

2 원숭이에 대한 평가는 ㉠과 ㉡에 대한 이유를 물으면 알 수 있다.

   2-1 원숭이가 위대해 보인다면 왜 그런가?

   2-2 원숭이가 짐승으로 보인다면 왜 그런가?

3 밑줄 친 ㉢에 대하여, 내가 경험한 사례를 들어 설명하라.

   3-1 이 말이 성립한 경우의 사례와 그 이유는 무엇인가?

   3-2 이 말이 성립하지 않는 경우, 어떻게 하겠는가?

💬 생각 나누기

1 글 (가)의 조삼모사 이야기를 읽고 다음을 생각해보자.

  1-1 나라면 어떤 선택을 할 것인가?

  1-2 선택의 기준은 무엇인가?

  1-3 나의 선택이 타인에게 어리석다는 평가를 받지 않기 위해서는 어떻게 해야 할까?

2 글 (다)의 수학적 개념과 원리를 글 (가)와 (나)를 이용하여 설명하여라.

  2-1 글 (가)와 같은 상황에서 결과가 똑같을 경우에 어떤 선택을 하고, 어떻게 행동하겠는가?

  2-2 전혀 다른 결과가 발생한다면 어떤 선택을 하고, 어떻게 행동하겠는가?

📙 **수업 연계형 독서활동** 《청개구리 이야기》

옛날에 아들 청개구리와 엄마 청개구리가 살았다. 아들 청개구리는 엄마의 말에 늘 반대로 행동했다. 어느 날 엄마 청개구리가 병이 나서 죽게 되었다. 엄마는 마지막으로 청개구리에게 당부했다.

"얘야 내가 죽거든 개울가에 묻거라."

엄마는 이번에도 청개구리가 분명 반대로 행동하여 개울가가 아닌 다른 곳에  묻을 것이라 생각하고 한 말이었다. 하지만 청개구리는 이번만큼은 엄마 청개구리의 말을 잘 지켜야겠다고 생각하고 엄마 말대로 개울가에 묻었다. 비가 내릴 때마다 청개구리는 개울가의 엄마 무덤이 쓸려 내려갈까봐 걱정으로 가득했다. 그래서 청개구리는 비만 내리면 늘 운다는 이야기가 전해 내려온다.

여우와 신포도 | 훈민출판사 | 2012

: 세 가지 기준

장 폴 사르트르는 "인생이란 B(Birth)와 D(Death) 사이의 C(Choice)다"라고 했다. 이 세상에 왔다가 가는 것은 정해진 것이지만 어떤 선택을 하느냐에 따라서 인생이 달라진다는 의미다. 또한, 필립 맥그로는 "오늘 누구를 만났는가? 무엇을 경험했는가? 무엇을 선택했는가?"에 따라 현재의 자아가 형성된다고 말한다.

1 현재 자신의 모습을 필립 맥그로의 세 가지 기준에 맞게 설명해보자.

2 꿈꾸는 자신의 모습을 제시하고 이를 실현하기 위한 방안을 위의 세 가지 기준에 맞게 이야기해보자.

생각 정리하기

세상에는 좋은 것도 나쁜 것도 존재하지 않는다.
다만 그렇게 생각할 따름이다.

       – 윌리엄 셰익스피어

우리는 살면서 말과 뜻이 다른 경우를 많이 겪는다. 예컨대, 부모님이 꾸중하실 때 "그렇게 속 썩이려면 나가라"는 말을 겉뜻 그대로 접근하면 말을 듣거나, 아니면 집을 나가라는 양자택일로 받아들이게 된다. 하지만 그 말의 속뜻은 '제발 정신 차리라'는 부모님의 간절한 소망이다. 내가 세상을 어떻게 바라보든지 세상은 바뀌지 않지만 적어도 나는 세상을 아름답게 바라볼 수 있다. '관점'이라는 주제를 통해 모든 것에 대해 완전히 새로운 시각을 가질 수 있다는 교훈을 얻었다.

📝 창의인성을 위한 서술·논술형 문제

(가) 조삼모사(朝三暮四)는 《열자-황제편》과 《장자-제물론》에 나오는 이야기다. 송나라에 저공이라는 사람이 많은 원숭이들을 기르고 있었다. 어느 날, 원숭이들에게 줄 도토리가 부족해져서 ㉠아침에 도토리를 3개 주고 저녁에 4개를 주겠다고 했더니 원숭이들이 화를 내었다. 그러나 ㉡아침에 4개를 주고 저녁에 3개를 주겠다고 하였더니 원숭이들이 기뻐하였다.

(나) '고질병'에 점 하나 찍으면 '고칠병'이 되고, '빚'이라는 글자에 점 하나 찍으면 '빛'이 된다. Impossible에 점 하나를 찍으면 I'm possible이 되어 불가능한 것도 가능해진다. 이처럼 점 하나가 전혀 다른 상황을 만들어낸다. 또한, Dream is nowhere(꿈은 어느 곳에도 없다)가 띄어쓰기 하나로 Dream is now here(꿈은 바로 여기에 있다)로 바뀌어 절망이 희망이 된다. 이와 같이 생각을 고쳐먹으면 불가능한 것도 가능해지고 지옥도 낙원이 된다.

(다) 수학에는 다음과 같은 성질들이 있다.

① 두 수 a, b에 대하여

$a+b=b+a$, But! $a-b \neq b-a$

$a \times b=b \times a$, But! $a \div b \neq b \div a$

② 세 집합 A, B, C에 대하여

$A \cap B=B \cap A$, $A \cup B=B \cup A$,

$A \cap (B \cap C)=(A \cap B) \cap C$ But! $A \cap (B \cup C) \neq (A \cap B) \cup C$

③ 두 함수에 대하여

$f \circ g \neq g \circ f$

1 밑줄 친 ㉠, ㉡을 통해 설명할 수 있는 실수의 연산에 대한 기본성질로 가장 적절한 것은?
(단, a, b, c는 실수)

① $a+b=b+a$　　　　② $a \times b=b \times a$　　　　③ $(a+b)+c=a+(b+c)$

④ $(a \times b) \times c=a \times (b \times c)$　　　　⑤ $a(b+c)=ab+ac$

2 글 (다)의 수학적 개념과 원리가 성립하는 경우와 성립하지 않는 경우를 글 (가)와 (나)를 이용하여 설명하여라.

2-1 수학적으로 교환법칙이 성립하지만 우리 생활에서 성립하지 않는 경우의 사례를 들어 소통하는 인간관계를 위한 대안을 서술하여라. 예컨대, "문 닫고 들어와", "입 다물고 밥 먹어라" 등의 표현을 근거로 자신의 생각을 서술하여라.

3 원숭이들은 저공의 말에 화를 내기도 하고 기뻐하기도 한다.

3-1 그 이유를 설명하여라.

3-2 어떠한 경우에도 마음을 잃지 않는 방법을 설명하여라.

문제 풀이

◆ 창의인성을 위한 서술·논술형 문제

1 답: ①번

덧셈에 대한 교환법칙이 성립한다.

2 교환법칙이 성립함을 모르기에 화를 낸다.

2-1 "문 닫고 들어와" – 수학적 개념으로는 문을 닫으면 들어올 수 없다. 하지만 그 의미는 문을 닫아달라는 뜻이다.

"입 다물고 밥 먹어라" – 수학적 개념으로는 입을 다물고 밥을 먹을 수 없다. 하지만 조용하게 식사하기를 바라는 마음이다.

다섯 번째 생각여행

별을 보려면
지도를 놓아야

29

점과 좌표 – 나를 움직이게 하는 것

점과 좌표의 개념과 원리를 통해 현재 자신의 위치를 인식하고 그에 따른 삶의 자세와 의미를 찾아보자.

(가) 도형의 방정식이란 '모양'과 '크기' 그리고 '위치'가 있는 점들의 모임이다. 이에 대하여 '두 점 사이의 거리', '내분점', '외분점'의 개념과 원리를 삼각형과 사각형에 적용하여 설명할 수 있다. 이때 ㉠선분 AB 위에 점 P가 있을 때, 점 P는 선분 AB를 내분한다고 하고, ㉡선분 AB의 연장선 위에 점 Q가 있을 때, 점 Q는 선분 AB를 외분한다고 한다.

(나) 신부님이 시골길을 달리는 버스를 타서 아름다운 여자와 기피하고 싶은 여자 사이에 앉았다. 버스가 고갯길을 가며 이리저리 휩쓸릴 때마다 신부님은 두 가지 기도를 했다고 한다. '주여 뜻대로 하옵소서!', '아버지여 시험에 들지 않게 하옵소서!'

 생각 던지기

1 밑줄 친 ㉠에 대하여 수직선상의 두 점 A(a), B(b)를 이은 선분 AB를 $m:n(m>0, n>0)$으로 내분하는 점 P(x)를 구하는 과정을 서술하라. (단, a < b)

2 글 (가)의 밑줄 친 ㉠, ㉡에 대하여 다음에 답하여라.

2-1 다음 세 개의 수 A, B, C를 크기순으로 나열하라.

$$A = \frac{\sqrt{2}+\sqrt{5}}{2}, \qquad B = \frac{2\sqrt{2}+\sqrt{5}}{3}, \qquad C = \frac{\sqrt{2}+3\sqrt{5}}{4}$$

2-2 두 점 A(-4, 3), B(3, 0)를 이은 선분 AB의 연장선 위의 점 P에 대하여 $\dfrac{\triangle OAP}{\triangle OBP} = \dfrac{3}{1}$ 일 때, 점 P의 좌표 (x, y)의 값을 구하라.

3 좌표평면상에서 피타고라스 정리를 이용하여 두 점 사이의 거리를 구할 수 있다. 좌표평면상의 두 점 $A(x_1, y_1)$, $B(x_2, y_2)$ 사이의 거리를 구하는 과정을 서술하고 다음 문제를 풀어라.

3-1 좌표평면 위의 서로 다른 두 점 $P(x_1, y_1)$, $Q(x_2, y_2)$에 대하여

$f(P, Q) = |x_1 - x_2| + |y_1 - y_2|$, $g(P, Q) = \sqrt{(x_1 - x_2)^2 + (y_1 - y_2)^2}$ 라 할 때,

다음 중 항상 옳은 것을 찾고 그 이유를 설명하라.

> **보기**
>
> ㄱ. $f(P, Q) = g(P, Q)$ ㄴ. $f(P, Q) = 2g(P, Q)$
>
> ㄷ. $f(P, Q) \le g(P, Q)$ ㄹ. $f(P, Q) \ge g(P, Q)$

4 신부님은 이성에게 감정을 느껴서는 안 되는 종교적 규범을 따라야 한다. 신부님의 인간적인 모습과 직분의 윤리적 규범 간의 갈등에 대하여 어떻게 생각하는지 나누어보자.

🔍 생각 넓히기

1 두 점 사이의 거리에는 물리적 거리와 심리적 거리가 있다. 물리적 거리는 정해져 있지만 심리적 거리는 여러 가지 요인에 따라 달라진다. 내가 느끼는 심리적 거리를 소개해보자.

2 나는 어느 편에 서 있는 사람인가?

  2-1 논쟁할 때는 찬성인가, 반대인가, 중립인가?

  2-2 가정에서 공의와 사랑 중 무엇이 더 중요하다고 생각하는가?

  2-3 성향은 진보인가, 보수인가?

  2-4 성격은 외향적인가, 내향적인가?

3 내가 글 (나)의 신부라면 어떤 마음일까?

💬 생각 나누기

1 다음 글을 읽고 물음에 답하여라.

> 내가 네 행위를 아노니 네가 차지도 아니하고 뜨겁지도 아니하도다. 네가 차든지 뜨겁든지 하기를 원하노라. 네가 이같이 미지근하여 뜨겁지도 아니하고 차지도 아니하니 내 입에서 너를 토하여 버리리라.
>
> – 〈요한계시록〉 3:15~16

  1-1 윗글처럼 세상을 살면서 입장을 분명히 하라는 논리는 옳은가, 그른가?

  1-2 삶에서 옳고 그름의 문제와 옳고 그름을 따질 수 없는 문제에 대하여 토론해보자.

2 다음 글을 읽고 물음에 답하여라.

> 지렛대가 지면과 평행을 이루면, 지렛대의 양 끝에 작용하는 두 힘의 크기에 각각 받침점까지의 길이를 곱하였을 때 두 값은 서로 같다. 다음 그림과 같이 지렛대의 한 끝에 무게가 90kg인 바위가 올려져 있을 때, 다른 한 끝에 몸무게가 60kg인 사람이 올라갔더니 지렛대가 지면과 평행을 이루었다.

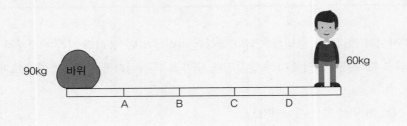

  2-1 지렛대의 받침점은 A, B, C, D 중 어느 위치에 있는지 말하여라. (단, A, B, C, D는 같은 간격으로 놓여 있다.)

  2-2 시소 하면 떠오르는 것은 무엇인가? 시소와 관련된 추억을 나누어보자.

  2-3 시소는 균형이 중요하다. 이를 위해서는 양쪽의 무게가 같아야 한다. 서로 다른 무게일 경우에는 중심을 향해 다가가야 한다. 그렇다면, 누가 중심을 향해 다가가야 하는가?

우리 마음에는 두 개의 저울이 있다. 남에게 줄 때 다는 저울과 남으로부터 받을 때 다는 저울이다. 두 개의 눈금은 서로 다르다. 남에게 줄 때 재는 저울은 실제보다 많이 표시되고, 남으로부터 받을 때 재는 저울은 실제보다 적게 표시된다. 그래서 하나를 주고 하나를 받아도 항상 손해를 본 것 같다.

우리의 마음속에 있는 두 저울의 눈금 차이를 줄일 수 있을까? 남에게 줄 때는 조금 덜 준 듯이, 받을 때는 조금 더 많이 받은 듯이 생각해보자. 마음만이라도 조금은 더 받은 것 같은 행복을 느낄 수 있을 것이다.

류인익 | 멀티웍스 | 2000

⚛ 융합교과 탐구활동

: 은메달과 동메달 중 무엇이 더 좋을까?

올림픽에서 은메달과 동메달을 획득한 선수의 모습을 본 적이 있다. 결과를 놓고 보면 둘 다 매우 영광스러운 일이지만, 부분적으로 살펴보면 받아들이는 양상은 전혀 다르다.

은메달을 딴 선수는 결승전에서 졌고, 금메달을 놓쳤다는 데에 대한 아쉬움이 있다. 반면, 동메달을 딴 선수는 앞선 게임에는 패배했지만 3·4위전에서 승리한 것에 대한 기쁨이 있다.

생각 정리하기

표면적으로는 성공했지만 마음속으로는 그렇지 않은 사례들을 살펴보며, 겉으로 보기에 더 나아 보이더라도 내 마음속에 아쉬움이 아닌 기쁨으로 받아들일 수 있는 결과가 더 좋다는 것을 깨달았다. 실패든, 성공이든 내 마음속의 행복이 더 중요하다.

창의인성을 위한 서술·논술형 문제

(가) 어느 날 침대에 누워 있던 데카르트는 천장 주변을 날아다니는 파리 한 마리를 발견하였다. 이를 유심히 바라보던 데카르트는 '어떻게 하면 파리의 위치를 정확하게 표현할 수 있을까' 생각했다. 생각 끝에 바둑판 모양의 그림을 그려 그 위에 파리의 위치를 표현하는 방법을 떠올렸다. 여기에서 출발하여 수많은 연구 끝에 만들어진 것이 지금의 좌표평면이다.

(나) 도형의 방정식이란 '모양'과 '크기' 그리고 '위치'가 있는 점들의 모임이다. 이에 대하여 '두 점 사이의 거리', '내분점', '외분점'의 개념과 원리를 삼각형과 사각형에 적용하여 설명할 수 있다. 이때 ㉠선분 AB 위에 점 P가 있을 때, 점 P는 선분 AB를 내분한다고 하고, ㉡선분 AB의 연장선 위에 점 Q가 있을 때, 점 Q는 선분 AB를 외분한다고 한다.

(다) 신부님이 시골길을 달리는 버스를 타서 ㉢아름다운 여자와 기피하고 싶은 여자 사이에 앉았다. 버스가 고갯길을 가며 이리저리 휩쓸릴 때마다 신부님은 두 가지 기도를 했다고 한다. '주여 뜻대로 하옵소서!', '아버지여 시험에 들지 않게 하옵소서!'

1 밑줄 친 ㉠에 대하여 수직선상의 두 점 A(a), B(b)를 이은 선분 AB를 $m:n(m>0, n>0)$으로 내분하는 점 P(x)를 구하는 과정을 서술하라. (단, a < b)

2 밑줄 친 ㉠, ㉡에 대한 개념과 원리를 이용하여 다음 다섯 개의 수 A, B, C, D, E를 크기순 (큰 숫자부터)으로 나열하라.

$$A = 2\sqrt{2} - \sqrt{5}, \qquad B = 3\sqrt{5} - 2\sqrt{2}, \qquad C = \frac{\sqrt{2} + \sqrt{5}}{2}$$

$$D = \frac{2\sqrt{2} + \sqrt{5}}{3}, \qquad E = \frac{\sqrt{2} + 3\sqrt{5}}{4}$$

3 좌표평면 위의 네 점 그림에서 A(0, 2), B(2, 0), C(8, −2), D(6, k)를 꼭짓점으로 하는 사각형 ABCD의 변 AB, BC, CD, DA의 중점을 각각 P, Q, R, S라고 하자.

3-1 사각형 PQRS의 둘레의 길이가 $8\sqrt{5}$ 일 때, 〈보기〉에서 옳은 것을 찾아라.

3-2 그 이유를 논리적으로 설명(증명)하라. (단, k는 양수)

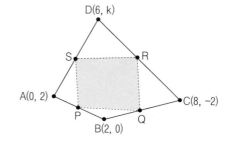

> **보기**
>
> ㄱ. 점 D(6, k)의 k값은 7이다.
> ㄴ. 사각형 PQRS는 정사각형이다.
> ㄷ. 사각형 PQRS의 넓이는 24이다.

4 도형의 방정식에 대한 인문학적 접근을 '형성된 자아에서 형성되어질 자아를 디자인하는 것'이라고 정의하였다. 이에 대하여 밑줄 친 ㉠의 개념과 원리를 ㉡의 내용과 같이 적용하여 해석할 수 있다.

4-1 글 (다)와 관련하여, 성직자에게는 이성으로부터 감정을 느껴서는 안 되는 윤리적 규범이 있다. 여기서 인간적인 면과 성직자라는 직분의 관점에서 서로 상충되는 모습을 발견하게 된다. 우리에게 신부님의 마음을 '이해할 수 있는 부분'과 '이해할 수 없는 부분'이 있을 것이다. 이에 대한 자신의 관점을 제시하고, 그 이유를 간단히 설명하여라.

4-2 두 개의 핵심어(두 점)를 제시하여 자신의 성향이나 추구하고자 하는 가치관을 소개하라. 예를 들어, '영어와 수학 교과 중 나는 수학을 더 좋아한다. 그 이유는 그 속에 원리와 개념을 통한 논리성이 있기 때문이다'와 같이 간단히 서술하라.

◆ 생각 나누기

2-1 받침점을 기준으로 바위와 사람 사이 거리의 비를 $a:b$라고 하면 $90a = 60b$, $\quad b = \dfrac{3}{2}a$

$\therefore a:b = 2:3$이므로 B 지점에 있다.

2-3 더 사랑하는 사람이, 혹은 더 힘이 센 사람이 다가가게 되어 있다.

◆ 창의인성을 위한 서술·논술형 문제

3-1 답: ㄴ

3-2 사각형 PQRS는 사각형 ABCD의 각 변의 중점을 연결하여 생긴 사각형이다.

'중점연결정리'에 의하여

$\overline{AC} = \sqrt{80}$이고, 사각형의 둘레길이가 $8\sqrt{5}$ 이므로

$\overline{BD} = \sqrt{16 + k^2} = \sqrt{80} \qquad \therefore k = 8$

네 점 P(1, 1), Q(5, -1), R(7, 3), S(3, 5)

두 쌍이 평행하고(또는, 기울기를 구하여 같다) ⋯ ❶

네 변의 길이가 $2\sqrt{5}$ 로 같다. ⋯ ❷

직선 $\overline{PQ}$, $\overline{RS}$의 기울기는 $-\dfrac{1}{2}$, $\overline{QR}$, $\overline{PS}$의 기울기는 2이므로

두 직선의 기울기의 곱이 -1이면 반드시 수직관계이다. ⋯ ❸

따라서 ❶, ❷, ❸에 의하여 사각형 PQRS는 정사각형이다.

30

방정식 – 경제방정식에 행복을 더하다

방정식의 개념과 원리를 통해 수학적인 삶과 인문학적인 삶이 균형을 이루는 행복한 삶의 방향을 찾아보자.

(가) 멀리 떨어져 살던 아들을 찾아 어머니가 상경했다. 오랜만에 만난 모자는 밤새 정다운 대화를 나누었다. 하지만 서로가 바쁜 삶이라 이튿날 헤어져야 했다. 주인공은 힘들게 사시는 어머니를 생각해, 월세를 내려고 찾아두었던 20만 원을 몰래 지갑에 넣어드렸다. 지갑에서 뜻하지 않은 돈을 발견하고 놀라는 어머니의 모습을 떠올리며 흐뭇했다. 그러나 배웅을 하고 돌아온 그는 책상에 펴놓았던 책 사이에서 돈 20만 원과 함께 서툰 글씨로 쓴 어머니의 편지를 발견했다. "아들, 요즘 힘들지? 방값 내는 데라도 보태거라."

– 에리히 케스트너, 〈파비안〉

(나) 고속도로 톨게이트에 도착한 운전자가 톨비를 지불하기 위해 팔을 뻗었다. 그때 창구 직원이 "앞 차량 운전자가 이미 계산했어요"라고 했다. 기분이 좋아진 운전자는 "그럼, 이걸로 뒤에 오는 차의 톨비를 계산해주세요"라고 하였다. 그다음에 연이어 온 차량의 운전자들도 이와 같이 하였다.

 ## 생각 던지기

1 내 삶에서 어려웠던 시기는 언제였는가?

　1-1 어려운 형편 중에 서로에게 감동을 주었던 사례를 나누어보자.

　1-2 '내리사랑'에 대하여 나누어보자.

2 경제방정식과 윤리방정식에 대하여 설명하여라.

　2-1 경제방정식은 계산된 행동이고, 윤리방정식은 계산되지 않은 행동이라고 할 때, 두 방정식 간의 인과관계를 설명해보자.

2-2 글 (나)에서 경제방정식과 윤리방정식의 개념을 제시하여 설명하여라.

2-3 경제방정식보다 윤리방정식을 소중하게 여기는 곳은 어디인가?

2-4 윤리방정식보다 경제방정식이 우선시되는 곳은 어디인가?

2-5 경제방정식과 윤리방정식의 균형을 이루기 위한 방안은 무엇인가?

🔍 생각 넓히기

1 내리사랑이란 무엇인가?

  1-1 부모님의 사랑을 설명해보자.

  1-2 그에 대한 나의 모습은 어떠한가?

2 케스트너의 경제방정식에 대하여 생각해보자.

  2-1 계산되지 않는 사랑 이야기와 계산되어진 사랑 이야기에서 찾아보자.

  2-2 경제방정식과 윤리방정식의 인과관계를 설명해보자.

  2-3 내가 경험한 사례를 통해 설명해보자.

💬 생각 나누기

1 아들과 어머니가 서로를 사랑하는 마음으로 20만 원을 주고받았다. 그런데, 아들과 어머니 중에 어느 한쪽이 20만 원을 주지 않고 받기만 했다면 두 사람 사이에는 어떤 관계가 형성될까?

2 경제방정식보다 윤리방정식이 극대화될 수 있는 방안을 토론해보자. 예컨대, "하나에 하나를 더하면 얼마가 될까?"라는 주제에 대하여 경제방정식과 윤리방정식을 비교하고, 설명해보자.

  2-1 하나에서 하나를 더하여 더 큰 것이 생기는 경우를 찾아보자.

3 요즘 우리 사회는 더치페이를 하는 경향이 커지고 있다. 경제방정식과 윤리방정식의 관점에서 더치페이의 장단점을 각각 설명하여라.

수업 연계형 독서활동　《로미오와 줄리엣》

"This love feel I, that feel no love in this."
"왜 나는 사랑하면서 사랑받지 못하는가?"

이 책을 통해 사랑은 계산할 수 없는 무한한 정신이라는 사실을 알 수 있다. 다른 사람을 위한 자기희생과 이 세상을 떠난 이후까지 이어지는 서로에 대한 신뢰를 보며, 비극적이지만 행복한 사랑 이야기를 엿볼 수 있다.

윌리엄 셰익스피어 | 민음사 | 2008

융합교과 탐구활동

: 적립카드 속 경영학 이야기

웬만한 업체들은 너나 할 것 없이 모두 적립카드를 발행하고 있으니 현시대는 바야흐로 '적립카드 홍수의 시대'라고 해도 과언이 아니다. 이런 적립카드를 통해 고객은 소비한 금액의 일정 부분을 경품으로 돌려받거나 현금처럼 사용할 수 있다. 기업은 이를 통해 충성고객을
유치할 수 있고, 고객은 적립된 포인트를 환급받을 수 있으니 서로 '윈-윈'하는 전략인 셈이다.

　적립카드를 발행할 때, 고객의 생년월일, 결혼기념일, 직업, 주소는 물론 수입 정도에 이르기까지 다양한 개인정보를 요구한다. 그 이유는 뭘까? 처음 적립카드가 등장했을 때에는 단순히 고객이 구매한 금액의 일부를 포인트로 적립하여 되돌려주는 인센티브를 통해 충성고객을 확보하기 위한 세일즈 기술의 하나였다. 그러나 정보통신 기술이 발전함에 따라 이는 단순한 세일즈 도구를 뛰어넘어 과학적 마케팅 운영 도구로 사용되기 시작했다. 과거에 동네 어귀에 있는 작은 서점의 주인 아저씨는 고객과 사적인 대화는 물론 책값을 깎아주는 행동을 통해 단골 손님을 유치했다. 이 과정에서 아저씨는 고객의 독서 취향과 관심사를 파악해 잡지와 책 등을 추천해주었다. 이러한 행위를 경영학에서 '세분화된 고객관리'라고 한다.

　오늘날에는 대형업체가 늘어나면서 동네의 서점은 사라지고, 이러한 혜택을 누릴 수 있는 기회가 많이 줄어들었다. 하지만 우리는 우리가 모르는 곳에서 이를 누리고 있다. 바로 적립카드 속이다. 앞서 말한 '과학적 마케팅'으로 고객의 개인정보와 구매 기록을 저장하고, 이 기록을 분석하여 고객 개개인의 성향을 파악한 후 그들에게 적합한 마케팅 전략을 펼칠 수 있게 된 것이다. 적립카드에 기록하는 개인정보는 기업과 고객이 관계를 맺는 출발점이다. 그 이후에는 한 발짝 더 나아가 고객의 소비 성향을 파악해야 한다. 고객이 멤버십 카드를 소지한 순간부터 기업은 고객이 무엇을 구입했는지 알 수 있고, 얼마나 구입했는지 알 수 있다. 이 모든 기록은 데이터베이스에 저장되고, 기업은 이를 바탕으로 고객의 취향에 따라 차별화된 전단지를 만들어 보내거나 고객이 고정적으로 구매하던 상품이 할인가로 등장했을 때 할인 정보를 보내는 등 계속해서 고객과의 관계를 유지한다.

요컨대 적립카드 발행을 통해 기업은 충성고객을 유치하고 이익을 얻을 수 있으며, 고객은 자신에게 유익한 정보와 혜택을 취할 수 있다. 서로가 '윈-윈(win-win)'하는 경제방정식으로 이어지는 것이다. 여기에 윤리방정식을 더해 더 많은 행복을 가져올 수 있는 마케팅이 계획되어야 할 것이다.

생각 정리하기

케스트너의 윤리방정식 이야기를 통해 나의 꿈인 스포츠마케터와 관련된 인문학 문제들을 제시했다. 이를 통해 내리사랑의 아름다움과 나눌수록 쌓이는 기쁨에 대해 배울 수 있었다. 이 과정에서 '진정한 행복'이란 무엇인지 고민해보고, 다시 한 번 우리 모두의 이익을 추구하려면 어떻게 해야 할지에 대해 생각해볼 수 있었다.

물건을 사면 값을 치러야 하듯이, 앞으로 살아가면서 잃는 것 없이 얻을 수 있는 것은 없을 것이다. 예를 들어, 회사가 적립카드를 발행하면 충성고객을 유치한다는 이익이 생기지만, 다시 고객이 적립 포인트를 사용함으로써 이익과 손실이 0이 되기 때문이다. 이러한 생각들이 마케터를 꿈꾸는 나에게 많은 도움이 되었다.

창의인성을 위한 서술·논술형 문제

1 다음 글을 읽고 케스트너가 말하는 경제방정식과 윤리방정식을 설명하고, 다음 물음에 답하여라.

> 삼형제 A, B, C가 한 달 동안 식당에서 아르바이트를 해서 월급을 받았다. 맏형 A는 고생한 동생 B와 C를 위해 10만 원을 B의 코트에, 15만 원을 C의 코트에 각각 넣어두었다. 한편 B는 막내 C가 고생한 것이 마음에 걸려 10만 원을 C의 다이어리에 끼워두었다. 그리고 막내 C는 맏형 A가 자신들을 배려해주고 챙겨준 것이 생각나 5만 원을 형 A의 코트에 넣어두었다.

1-1 세 형제 A, B, C에 대하여 경제방정식의 원리에 따른 결과를 설명하여라.

1-2 세 형제 A, B, C에 대하여 윤리방정식의 원리에 따른 결과를 설명하여라.

1-3 경제방정식과 윤리방정식 사이의 상관관계를 설명하여라.

1-4 우리 사회가 아름다우려면 경제방정식과 윤리방정식 중 어느 것이 더 활성화되어야 하는지 제시하고, 그 방정식을 극대화하는 방안을 설명하여라.

2 다음 글을 읽고 물음에 답하여라.

> 고속도로 톨게이트에 도착한 운전자가 톨비를 지불하기 위해 팔을 뻗었다. 그때 창구 직원이 "앞 차량 운전자가 이미 계산했어요"라고 했다. 기분이 좋아진 운전자는 "그럼, 이걸로 뒤에 오는 차의 톨비를 계산해주세요"라고 하였다. 그다음에 연이어 온 차량의 운전자들도 이와 같이 하였다.

2-1 케스트너가 말한 경제방정식과 윤리방정식에 대한 개념을 통해 윗글을 설명하여라.

2-2 만일, 다음 운전자가 뒤에 오는 차의 톨비를 계산하지 않고 지나쳤다면 윤리방정식은 멈추게 되고 경제방정식만 남는다. 이에 대하여 윤리방정식과 경제방정식의 균형을 이루기 위한 방안을 제시하여라.

◆ 생각 던지기

2-2 경제방정식으로 보면, 주인공이나 어머니 모두 20만 원을 주고 20만 원을 받았으니 두 사람 모두 이득도 손해도 없는 교환인 셈이다. 가장 확실한 수학인 산수는 이를 정확히 계산해준다.

어머니: 20만 원−20만 원=0원

아들: 20만 원−20만 원=0원

하지만 윤리방정식으로 보면, 주인공은 어머니를 위해 20만 원을 썼고, 20만 원이 새로 생겼으니 40만 원의 이득이 있었다. 어머니 역시 아들을 위해 20만 원을 썼고, 아들이 준 20만 원이 생겼으니 40만 원의 이득이 있었다. 그러니 도합 80만 원의 이득이 발생했다는 것이다. 이처럼 대가를 바라지 않으면서 타인을 위해 무언가를 할 때, 경제방정식으로 나타나지 않는 이득이 발생한다. 그리고 이는 표시된 숫자에 더하여 함께 사는 기쁨이라는 막대한 이득을 덤으로 준다.

◆ 생각 나누기

1 한두 번은 괜찮을 것이다. 순수한 마음으로 대가를 바라지 않고 한 것이기 때문이다. 하지만 매번 한쪽에서만 마음을 전하게 된다면 윤리방정식은 성립하지 않을 것이다. 그러므로 윤리방정식이 성립하기 위해서는 서로 함께 노력하는 것이 중요하다. "For me!"에서 "For you!"로 더 나아가 "With you!"의 관계가 되길 소망해본다.

2-1 1+1=0: 드라이아이스와 드라이아이스가 만나면 날아가버린다.

1+1=1: 물 한 방울과 물 한 방울이 만나면 물 한 방울이 된다.

1+1=2: 수학적 원리에 충실한 법칙

1+1=3: 남자와 여자가 만나 결혼하면 아이를 낳는다.

1+1=4: 쌍둥이를 낳는다.

1+1=∞: 무엇이 있을까?

◆ 창의인성을 위한 서술 · 논술형 문제

1-1 삼형제 A, B, C가 받은 월급을 각각 X, Y, Z라고 할 때,

경제방정식

> A: $X-10-15+5=X-20$
> B: $Y+10-10=Y$
> C: $Z+15+10-5=Z+20$

1-2 윤리방정식

A: 형으로서 동생들을 배려하는 마음이 아름답다. 하지만, 동생들에게 차이를 두는 이유는 무엇일까?

한편, 동생 C는 형의 마음을 알아주고 자신의 마음을 표현했다. ⇨ 행복+행복

한편, 동생 B는 형의 마음을 받기만 했고 표현하지 않았다. ⇨ 행복+서운함

B: 동생 C를 배려하는 마음이 아름답다. 하지만 형 A에 대한 마음의 표현은 없다. 또한 동생 C의 마음의 표현은 어떻게 다가올까?

C: 형들로부터 배려하는 따뜻한 마음을 전달받았다. 형 A에게 자신도 마음을 전하였다. 한편, 형 B에게는 받기만 했지 마음을 전하지 않았다.

31

도형의 이동 – 님비현상과 핌피현상

도형의 이동의 개념과 원리를 통해서 집단이기주의가 우리 사회에 미치는 영향은 무엇인지 찾아보자.

(가) 좌표평면 위에 옮겨진 두 마을 A(1, 6), B(7, 0)와 직선 $x+y=3$인 도로가 있다. 도로변에 정류장과 쓰레기 소각장 시설을 세우려 한다. (단, 설치비용은 두 마을에서 정류장이나 쓰레기 소각장에 이르는 거리에 비례한다.)

어디쯤에 정류장을 세우는 것이 좋을까?
어디쯤에 쓰레기 소각장을 세우는 것이 좋을까?

(나) 님비현상은 'Not in my backyard'의 줄임말로 '내 뒷마당에서는 안 돼'라는 뜻이다. 장애인 시설이나 쓰레기 처리장과 같이 지역주민들이 기피하는 시설이나 땅값이 떨어질 우려가 있는 시설이 자신이 살고 있는 지역에 들어서는 것을 반대하는 현상이다. 이와 반대로  핌피현상은 'Please in my front yard'의 줄임말로 자신이 살고 있는 지역에 이익이 될 만한 시설을 서로 유치하려는 사회적 현상이다. 님비현상과 핌피현상은 정반대 개념이지만 지역이기주의라는 점에서 같다.

1 글 (가)에서 A마을 주민과 B마을 주민, 그리고 사업자의 입장은 서로 다르다.

   1-1 글 (나)의 사회현상에 민감한 반응을 보이는 집단과 아무런 상관이 없는 주체는 누구인가?

   1-2 A마을 주민의 입장에서 정류장을 어디에 세워야 하는가?

   1-3 사업자의 입장에서 정류장을 어디에 세워야 하는가?

2 님비현상과 핌피현상에 대한 공통점과 차이점을 설명하라.

   2-1 우리 사회에 존재하는 님비현상과 핌피현상을 사례를 들어 설명하라.

   2-2 이에 대한 해결 방안이 무엇인지 자신의 생각을 서술하라.

1 내 삶에서 두 얼굴의 상황이 일어났을 때가 있었는가?

   1-1 님비현상과 핌피현상이 일어났던 경우를 소개해보자.

   1-2 이러한 나의 이기주의에 대하여 양심에 갈등이 있었던 경우를 소개해보자.

   1-3 그 갈등을 어떻게 해결하였는가?

2 상대에게서 이러한 두 얼굴의 상황이 드러났을 때가 있었는가?

   2-1 나의 감정은 어떠했는가?

   2-2 나는 어떻게 행동하겠는가?

3 같은 학급의 짝은 나와 어떤 관계인가?

   3-1 님비 관계인가, 핌피 관계인가?

   3-2 그렇게 생각하는 이유는 무엇인가?

1 님비현상과 핌피현상은 지역이기주의라는 공통점이 있다.

    1-1 이러한 현상의 근본적 원인은 무엇으로부터 발생하는 것인가?

    1-2 이에 대한 해결방안은 무엇인가?

2 님비현상과 핌피현상에 대하여 의견을 말해보자.

    2-1 긍정적 측면과 부정적 측면에서 토론해보자.

    2-2 긍정적 측면과 부정적 측면의 균형을 이루는 방법은 무엇인가?

3 다음 글을 읽고 물음에 답하여라.

(가) 그림과 같이 도로와 시냇물이 5km 간격으로 평행하게 뻗어 있고 집은 도로 위의 점 P로부터 시냇물 쪽으로 2km 떨어져 있다. 점 P에서 도로를 따라 5km 떨어져 있는 소를 시냇가로 데려가서 물을 먹이고 집으로 오려고 한다.

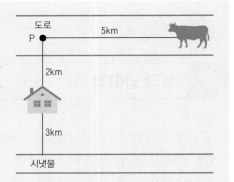

(나) 철수가 소에게 물을 먹이기 위해 소를 끌고 나오자 강아지도 따라나선다. 가는 길에는 논두렁 밭두렁을 지나서 간다. 소는 고삐에 메여 있어 목적지까지 자유가 없이 끌려가지만 강아지는 제멋대로 간다. 그럼에도 불구하고 목적지에는 강아지가 먼저 도착해 있었다.

    3-1 글 (가)에서 소를 시냇가로 데려가서 물을 먹이고 집으로 오는 최단거리를 구하여라.

    3-2 글 (나)에서 '강아지'와 '소' 같은 삶이 주어진다면 어떤 삶을 선택할 것인지 각각에 대한 장단점을 제시하고 그 이유를 서술하라.

정치와 종교는 개인보다는 전체의 이익을 위해 존재한다는 공통점이 있다. 그러나 오늘날 종교나 정치 모두 본연의 모습에서 이탈된 채 자기의 이익만을 챙기면서 유례없는 위기에 내몰리고 있다. 특히 종교의 배경이 된 성인들은 나를 버리고 남을 배려할 것을 주장했지만 요즘 이러한 가르침은 외면받으면서 우리 사회는 빈부격차와 가정 붕괴, 각 이해집단 간의 갈등으로 혼란을 겪고 있다.

이 책은 인류에게 개혁의 방향과 비전을 제시한 성인들이 전대미문의 혼란상을 겪고 있는 오늘날 이 땅에 온다면 과연 우리 사회가 안고 있는 각종 현안에 대해 어떤 해결책을 제시할 것인가를 묻고, 그 해답을 찾기 위해 노력한다. 책에서는 예수나 붓다, 그리고 공자가 오늘날까지 존경받는 것은 혼란기를 헤쳐나갈 지혜를 제시하고 몸소 그것을 실천했기 때문이며, 현대 사회가 안고 있는 각종 난제들도 그들이 공통적으로 강조한 나눔과 베풂, 섬김 정신을 되살릴 때 해소될 수 있을 것이라 밝히고 있다.

권오문 | 생각하는백성 | 2017

융합교과 탐구활동

: 그들이 선택한 길

로미오와 줄리엣이 선택한 사랑의 길

"우리 모두가 벌을 받았구려."　－《로미오와 줄리엣》中

1 로미오와 줄리엣이 선택한 길에 대해 알아보자.

　1-1 그들이 삶에서 가장 중요하게 여긴 것은 무엇인가?

　1-2 그들은 남에게서 구속받지 않는 자율적인 선택을 하였는가?

　1-3 그들이 선택한 길은 옳은 길이었는가?

　1-4 그들이 힘든 상황에서도 좌절하지 않고 나아갈 수 있었던 원동력은 무엇인가?

2 나는 어떤 선택을 할 것인가?

　2-1 내가 가장 추구하는 가치는 무엇인가? 그 가치를 추구하기 위한 길은 무엇일까?

　2-2 내 꿈을 이루기 위한 길에 대해 생각해보자.

　2-3 나는 지금 어떤 길을 걷고 있는지 생각해보자.

소크라테스가 선택한 진리의 길

"악법도 법이다."　－소크라테스

1 소크라테스가 선택한 길에 대해 알아보자.

　1-1 그가 삶에서 가장 중요하게 여긴 것은 무엇인가?

　⇨ 첫째는 많은 사람에게 지혜를 널리 알리는 것이며, 둘째는 덕이 무엇인지 아는 것이다.

　1-2 그가 독약을 마실 때 자율적인 선택을 한 것인가?

　⇨ 소크라테스는 탈출하여 죽음을 피할 수 있었음에도 불구하고, 스스로 죽음을 선택하였다. 소크라테스는 살아봤자 진리에 영원히 다가갈 수 없었으므로, 죽음을 통해 무지에서 벗어나고자 했을 거라 생각한다. 자신의 목적을 이루기 위해 그 방법을 선택한 것이다.

1-3 그가 할 수 있었던 다른 선택은 없었는가?

⇨ 그가 탈출하여 다른 나라로 갔다면, 더 많은 사람들에게 지혜를 알리고 그들과 토론하며 더 많은 지혜를 얻을 수 있었을 것이다. 또한 책을 저술하여 후대 사람들에게 조금이라도 더 다가가는 방법도 있었을 텐데 아쉽다.

1-4 그는 상황에 순응한 것일까?

⇨ 보는 관점에 따라 다르다고 생각한다. 소크라테스는 죽음과 탈출, 두 가지로 한정되어 있는 선택지에서 한 가지를 선택해 순응한 것이다. 하지만 다르게 보자면, 소크라테스는 모든 방법을 써도 다가가지 못했던 진리에 다가가기 위해 마지막으로 죽음을 택한 것이다.

생각 정리하기

"순전히 자기 한 몸, 자기 일만 생각하는 이기주의자는 부끄러워하라." ―아우구스티누스

님비현상과 핌피현상을 통해 지역이기주의에서 드러나는 인간의 모습을 엿볼 수 있었다. 그뿐만 아니라 나 자신의 모습을 돌아볼 수 있는 기회가 되었다. 나의 이기주의가 다른 사람, 더 나아가 국가에 이르기까지 더불어 살아가야 할 공동체에 불이익을 안겨줄 수 있다는 것을 알게 되었다. 이러한 이기주의가 심해지면 마치 〈작은 연못〉의 노래 가사처럼 아무도 살 수 없는 공동체가 된다는 것을 깨달았다.

(가) 좌표평면 위에 옮겨진 두 마을 A(1, 6), B(7, 0)와 직선 $x+y=3$인 도로가 있다. 도로변에 정류장과 쓰레기 소각장 시설을 세우려 한다. (단, 설치비용은 두 마을에서 정류장이나 쓰레기 소각장에 이르는 거리에 비례한다.)

어디쯤에 정류장을 세우는 것이 좋을까?
어디쯤에 쓰레기 소각장을 세우는 것이 좋을까?

(나) 님비현상은 'Not in my backyard'의 줄임말로 '내 뒷마당에서는 안 돼'라는 뜻이다. 장애인 시설이나 쓰레기 처리장과 같이 지역주민들이 기피하는 시설이나 땅값이 떨어질 우려가 있는 시설이 자신이 살고 있는 지역에 들어서는 것을 반대하는 현상이다. 이와 반대로 핌  피현상은 'Please in my front yard'의 줄임말로 자신이 살고 있는 지역에 이익이 될 만한 시설을 서로 유치하려는 사회적 현상이다. 님비현상과 핌피현상은 정반대 개념이지만 지역 이기주의라는 점에서 같다.

1 글 (가)에서 던지는 질문에 대한 답은, 주민의 입장과 사업자의 입장에서 서로 다르게 나올 것이다. A, B 마을의 주민들은 글 (나)의 님비현상과 핌피현상에서 자유로울 수 없지만 사업자는 사업 비용이 가장 적게 드는 최단거리 지점에 시설을 세우면 된다.
다음 물음에 대하여 수학적 개념(도형의 이동)을 이용하여 위치(좌표)를 설명하라.
   1-1 'A마을 주민의 입장'에서 정류장을 어느 위치(좌표)에 세워야 하는지 설명하라.
   1-2 '사업자의 입장'에서 정류장 또는 쓰레기 소각장을 어느 위치(좌표)에 세워야 하는지 설명하라.

2 글 (나)에서 제시한 사회현상 '님비현상'과 '핌피현상'에 대한 공통점과 차이점을 서술하라.
   2-1 우리 사회에 존재하는 '님비현상'과 '핌피현상'에 대한 구체적인 사례를 들어 설명하라.
   2-2 이에 대한 해결 방안을 서술하라.

◆ 생각 나누기

3-1 집으로부터 시냇가와 수직으로 만나는 점을 원점이라 하면 P(0, 5), 집의 위치를 A라 하면 A(0, 3), 소가 있는 위치를 B라 하면 B(5, 5)가 된다. 최단거리가 되는 시냇가의 지점을 Q라 하면 A(0, 3)을 x축에 대하여 대칭이동한 점은 A′(0, −3)이 된다.

$\overline{PB} + \overline{BQ} + \overline{AQ} \geq \overline{PB} + \overline{BQ} + \overline{QA'} = \overline{PB} + \overline{BA'}$ 이므로 $5 + \sqrt{(0-5)^2 + (-3-5)^2} = 5 + \sqrt{89}$

따라서 최단거리는 $5 + \sqrt{89}$가 된다.

◆ 창의인성을 위한 서술·논술형 문제

1-1 핌피현상이 있는 A마을 주민의 입장에서 정류장의 위치를 정하는 경우,

첫째, B마을에 나와 상관없는 사람이 살고 있다면

점 A(1, 6)에서 직선 $x+y=3$에 수선의 발을 내린 점을 구하면 된다.

직선 $x+y=3$에 수직이므로 기울기 1이고

A(1, 6)을 지나는 직선 $y=x+5$와 $x+y=3$을 연립하여 풀면 $x=-1$, $y=4$ ∴ (−1, 4)

둘째, B마을에 나와 상관있는 사람이 살고 있다면

점 B(7, 0)에서 직선 $x+y=3$에 수선의 발을 내린 점을 구하면 된다.

직선 $x+y=3$에 수직이므로 기울기 1이고

B(7, 0)을 지나는 직선 $y=x-7$과 $x+y=3$을 연립하여 풀면 $x=5$, $y=-2$ ∴ (5, −2)

1-2 사업자 입장에서는 최단거리를 구하면 된다.

직선 $x+y=3$ ⋯ ❶에 대하여 점 A(1, 6)과 대칭인 점을 A′(a, b),

직선 $A'B$가 ❶과 만나는 점을 P라고 하면, $\overline{AP} + \overline{BP}$가 최소이다.

선분 AA'의 중점 $\left(\dfrac{a+1}{2}, \dfrac{b+6}{2} \right)$은 직선 ❶ 위에 있으므로 $\dfrac{a+1}{2} + \dfrac{b+6}{2} = 3$ ∴ $a+b+1=0$ ⋯ ❷

또, 직선 AA'는 직선 ❶과 수직이므로 $\dfrac{b-6}{a-1} \times (-1) = -1$ ∴ $a-b+5=0$ ⋯ ❸

❷와 ❸을 연립하면 A′(−3, 2)

따라서 $\overline{AP} + \overline{BP}$의 최솟값은 $\overline{AB} = 2\sqrt{26}$

그리고 직선 $A'B$의 방정식은 $y = -\dfrac{1}{5}x + \dfrac{7}{5}$이므로 ❶과 연립하면 P(2, 1)

32

직선의 위치관계 – 한 번의 관심이 무한을 창조한다

항등식의 개념과 원리를 이용한 두 직선의 위치관계를 통해 현실과 이상의 균형이 있는 삶의 방법을 찾아보자.

(가) 대한이와 민국이는 두 직선의 교점을 지나는 직선의 방정식에 대하여 다음과 같이 설명하였다.

> 대한: 두 직선 $x-3y+5=0$, $3x-4y=0$의 교점을 지나는 직선의 방정식은 무수히 많다.
> 민국: 등식 $(k+3)x-(3k+4)y+5k=0$이 k의 값에 상관없이 항상 성립한다.

(나) 물속에 물고기가 ㉠보인다. 잡아야겠다. 그물을 내렸다.

그것도 정확하게 그리고 조심스럽게

㉡나의 그물 속에 모두 갇혀 있었다.

즐거웠다. 힘이 생겼다. 최선을 다해 걷어올렸다.

㉢그런데 한 마리의 물고기도 없었다. 왜일까?

― 박성은, 〈망상〉

📖 생각 던지기

1 두 직선의 교점을 지나는 직선은 기울기에 따라 무수히 많다. 그것들을 모아놓으면 평면전체가 된다. 평면전체 안에는 두 직선의 교점을 지나지 않는 직선도 무수히 많다. 그 이유를 설명하여라.

2 'k의 값에 상관없다'는 것은 무엇을 의미하는 것인가?

3 글 (나)의 시를 읽고 물음에 답하여라.

    3-1 밑줄 친 ㉠과 ㉡은 무엇을 의미하는가?

    3-2 그물을 들어 올리는 모습에서 무엇을 느끼는가?

    3-3 밑줄 친 ㉢은 무엇을 의미하는가?

    3-4 그렇다면, 우리는 어떤 착각 속에서 살고 있는 것인가?

🔍 생각 넓히기

1 두 직선이 평행선을 달리지 않는다면 반드시 교점이 생긴다. 두 사람 사이의 인간관계에서도 이러한 교점이 접촉점이 된다.

    1-1 서로를 이해하고 인정하면 세상 모든 것이 우리들의 것이 된다. 하지만 그 속에는 전혀 상관없는 것들도 공존하고 있다. 이러한 사례를 나누어보자.

2 k값에 상관없다는 것을 인간관계에 대입하면, 타인의 시선이 상관없다는 의미이다.

    2-1 나는 타인의 눈을 의식하지 않고 행동한 경우가 있었는가?

    2-2 타인의 눈을 의식하지 않고 행동한다는 의미는 무엇인가?

    2-3 타인의 눈을 의식하지 않고 행동할 수 있기 위한 조건은 무엇인가?

    2-4 정점을 찾는다는 것은 무엇을 의미하는가?

3 세상 모든 것을 다 가진 것처럼 행복했던 순간을 떠올려보자.

1 우리는 사람들이 정한 기준에서 자신을 평가한다. 타인의 눈을 빌려 서로를 판단하고 생활한 것은 아닌지 생각해보자.

2 '너와 내가 만나서 만들어지는 것'은 무엇이 있는지 토론해보자.

3 착각과 망상에 대하여 생각해보자.
　3-1 착각이란 무엇인가?
　3-2 망상이란 무엇인가?
　3-3 착각과 망상의 원인과 그에 따른 삶의 지혜를 나누어보자.

▌수업 연계형 독서활동　《미움받을 용기》

"'내'가 바뀌면 '세계'가 바뀐다. 세계란 다른 누군가가 바꿔주는 것이 아니라, 오로지 '나'의 힘으로 바뀔 수 있다."

이 책은 아들러의 사상을 청년과 철학자의 대화 형식으로 엮은 것으로 이를 통해 자유롭고 행복한 삶을 위한 구체적인 방법을 배울 수 있다. '어떻게 행복한 인생을 살 것인가?'라는 철학적인 질문에 아들러는 단순하면서도 명쾌한 답을 제시한다. 철학자의 주장에 반박하는 청년의 의견에 공감하며 읽을 수도 있다.

고가 후미타케, 기시미 이치로 | 인플루엔셜 | 2014

: 팀워크

"재능은 게임에서 이기게 한다. 그러나 팀워크는 우승을 가져온다."   – 마이클 조던

한 사람을 하나의 직선이라고 할 때, 두 직선의 교점을 지니는 사람은 협력하는 사람이고,
교점을 지니지 않는 사람은 혼자 플레이하는 사람이다.

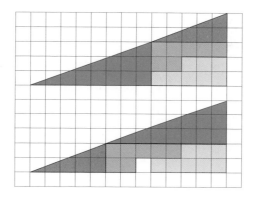

1 위의 두 도형에 사용된 4개의 조각은 각각 합동이다. 그런데 왜 아래쪽 그림에만 한 칸의 빈
공간이 생기는 것일까?

생각 정리하기

우리는 타인의 시선을 의식한다. 타인에게 자신을 맞추어 생각하고 행동하는 경우도 있다. 이
렇게 행동할 때 우리는 스스로의 삶을 제대로 보지 못하고 수많은 착각에 빠지게 된다. 스티브
잡스는 "다른 사람의 인생을 살지 마라"라고 이야기한다. 내 인생의 주인공은 '나'인데 왜 타
인의 시선을 자꾸 의식하게 되는지 생각해보았다. 결국 스스로 자신의 삶을 만들어가고 해석
하는 것이 착각에 빠지지 않고 인생을 살아가는 좋은 방법이라는 것을 배울 수 있었다.

다음 글을 읽고 물음에 답하여라.

(가) 대한이와 민국이는 두 직선의 교점을 지나는 직선의 방정식에 대하여 다음과 같이 설명하였다.

> 대한: 두 직선 $x-3y+5=0$, $3x-4y=0$의 교점을 지나는 직선의 방정식은 무수히 많다.
> 민국: 등식 $(k+3)x-(3k+4)y+5k=0$이 k의 값에 상관없이 항상 성립한다.

(나) 물속에 물고기가 보인다. 잡아야겠다. 그물을 내렸다.
그것도 정확하게 그리고 조심스럽게
나의 그물 속에 모두 갇혀 있었다.
즐거웠다. 힘이 생겼다. 최선을 다해 걷어올렸다.
그런데 한 마리의 물고기도 없었다. 왜일까?

– 박성은, 〈망상〉

1 글 (가)의 대한이와 민국이의 대화를 보고 다음 물음에 답하여라.

1-1 두 직선 $x-3y+5=0$, $3x-4y=0$의 교점을 지나는 직선의 방정식을 구하고, 그 과정을 서술하여라.

1-2 방정식 $(k+3)x-(3k+4)y+5k=0$이 k의 값에 상관없이 항상 지나는 점을 구하여라.

1-3 대한이와 민국이의 설명에서 공통점과 차이점을 서술하라.

2 글 (나)의 내용을 이용하여 1번 문항을 설명하여라.

3 그림과 같이 직사각형 OABC의 내부 중에서 $1 \leq k \leq 2$일 때, $kx-y-2k+2=0$이 존재하는 부분의 넓이를 구하는 과정을 서술하여라.

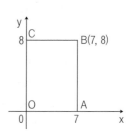

◆ 융합교과 탐구활동

1 위, 아래에 사용되는 네 개의 도형의 넓이는 모두 같다. 하지만 한 칸의 빈 공간이 생기는 이유는 착시 현상 때문이다. 파란 삼각형의 기울기는 $\dfrac{3}{8}$이고, 회색 삼각형의 기울기는 $\dfrac{2}{5}$이다. 그러므로 위의 삼각형에서 빗변은 직선이 될 수 없다. 즉 삼각형이 아니기 때문이다.

◆ 창의인성을 위한 서술·논술형 문제

1-1 연립방정식 $\begin{cases} x-3y+5=0 \\ 3x-4y=0 \end{cases}$ 을 풀면 두 직선은 점 (4, 3)을 항상 지난다.

따라서 점 (4, 3)을 지나는 직선은 기울기 k에 따라 무한히 많은 직선이 생긴다.

1-2 $(k+3)x-(3k+4)y+5k=0$을 k에 관하여 정리하면 $k(x-3y+5)+3x-4y=0$

따라서 연립방정식 $\begin{cases} x-3y+5=0 \\ 3x-4y=0 \end{cases}$ 을 풀면 두 직선은 점 (4, 3)을 항상 지난다.

1-3 공통점: 점 (4, 3)을 지나는 모든 직선이다.

차이점: (1-1)은 점 (4, 3)을 지나는 모든 직선으로 평면전체가 되지만 (1-2)는 $k=0$이면 $x-3y+5\neq0$이어도 성립한다.

3 $kx-y-2k+2=0$에서 $y=k(x-2)+2$ $\cdots$ **❶**

따라서 **❶**은 기울기가 k이고 점 D(2, 2)를 지나는 직선이다.

$k=1$일 때 **❶**은 $y=x$, $k=2$일 때 **❶**은 $y=2x-2$

따라서 구하고자 하는 넓이는 $(1\times2\times\dfrac{1}{2})+(1\times5\times\dfrac{1}{2})+(2\times6\times\dfrac{1}{2})=\dfrac{19}{2}$

도형의 이동의 개념과 원리를 통해 자신의 모습을 직시하고, 꿈꾸는 자신의 모습을 향해 나아갈 방안을 찾아보자.

(가) 도형의 이동이란, 모양과 크기가 있는 자취방정식으로 한곳에 머무르지 않고 움직이는 것을 말한다. 움직임에는 평행이동, 대칭이동, 회전이동이 있다.

(나) 한 변의 길이가 1인 정사각형 A를 나타내는 도형의 방정식이 $f(x, y)=0$일 때, 〈보기〉 중 도형 B를 나타내는 방정식을 있는 대로 모두 골라라.

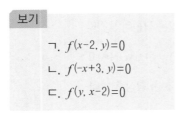

보기

ㄱ. $f(x-2, y)=0$

ㄴ. $f(-x+3, y)=0$

ㄷ. $f(y, x-2)=0$

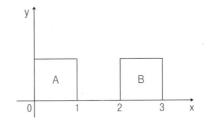

(다) 세상을 어떻게 살아갈 것인가? 새는 하늘을 날 수 있도록 창조되었다. 그런데 날아야 할 때를 알고 나는 벌새와 알바트로스와 같은 새들도 있지만, 날아야 할 때 날지 못하는 비서새나 키위새 같은 새들도 있다.

(라) 당근, 달걀, 그리고 커피가 있다. 물이 담긴 세 개의 냄비를 불에 올려놓고, 첫 번째 냄비에는 당근을, 두 번째 냄비에는 달걀을, 세 번째 냄비에는 커피를 넣고 끓였다. 어떻게 되었을까? 당근은 들어갈 때 딱딱했지만 물컹물컹해졌으며, 달걀은 들어가기 전에는 부드러웠지만 단단해졌다. 커피는 어디론가 사라져버린 대신 커피를 넣은 물이 색을 갖게 되었고 좋은 향이 나게 되었다. 그렇다면, 당신은 어떤 사람이 되기 위해서 무엇을 할 것인가?

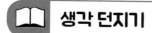

생각 던지기

1 마네킹은 사람과 외형은 비슷하지만 혼자 움직일 수 없다.

    1-1 움직이지 않는 것은 죽은 것이라고 할 수 있는가?

    1-2 움직인다고 해서 다 살아 있다고 말할 수 있는가?

    1-3 내 손에 들린 우산은 무생물이지만 손에 들려져 있기에 움직인다. 이에 대하여 생물과 무생물의 공통점과 차이점을 설명해보자.

2 도형의 이동에 대하여 알아보자.

> 도형은 모양과 크기가 있는 자취방정식으로 어떤 특정한 조건들을 만족하는 모든 점들의 모임이다. 하지만, 그 자리에 머물러 움직이지 않으면 죽은 것이다.

    2-1 평행이동, 대칭이동, 회전이동에 대한 개념과 원리를 설명하여라.

    2-2 사람들은 운동을 한다. 하지만 운동하는 목적과 동기가 각각 다르다. 움직임의 세 가지 키워드 '후퇴, 현상 유지, 전진'을 이용하여 설명해보자.

3 새는 하늘을 날도록 창조되었다.

    3-1 키위와 비서새의 특성을 말해보자.

    3-2 벌새와 알바트로스의 특성을 말해보자.

생각 넓히기

1 글 (나)에서 도형 A에 대하여 도형 B를 나타내는 식은 여러 가지가 있다. 그중에서도 최단거리를 이동하여 나타내는 방법을 찾아야 하는 이유는 무엇인가?

2 나는 그대로지만 서 있는 장소에 따라 나의 태도가 달라진다. 예컨대, 사용하는 말의 내용과 표현이 달라지고, 차림새가 달라지기도 한다. 어떻게 달라지는지 구체적으로 설명해보자.

생각 나누기

1 새는 하늘을 날도록 창조되었다. 그렇다면, 우리는 어떤 존재로 창조되었는가?

2 "움직이지 않는 것은 죽은 것이다"라는 말이 있다. 생명체와 생명체가 아닌 것을 구별하는 기준을 제시하고 서로 토론해보자.

3 새들의 모습을 사람의 삶에 빗대어 생각해보자.

   3-1 하늘을 날기 위해 발버둥치는 벌새와 바람을 이용하여 가장 멀리 날아가는 알바트로스의 삶 중에 어떤 삶을 선택하겠는가?

   3-2 키위새와 비서새처럼 하늘을 날지 못하는 새도 있다. 사람에게도 능력을 발휘하지 못하는 경우가 있다. 그 원인은 자신에게 있는가? 아니면 또 다른 이유가 있는가?

▌수업 연계형 독서활동 《꿈꾸는 다락방》

세계적인 화장품 회사 에스테로더사를 설립한 에스테 로더는 화장품을 바를 여유도 없는 가난뱅이였다. 힐튼호텔의 CEO 콘라드 힐튼은 처음에 벨보이였으며, 이순신은 고학력 실업자였다. 칭기즈칸은 결손가정 출신에 왕따였고, 나폴레옹은 전과자였다. 이들의 공통점은 무엇인가? 바로 시작은 초라했지만 끝은 위대했다는 사실이다.

저자는 위의 성공한 사람들이 단순히 꿈만 꾸었던 것이 아니라, 자신의 꿈을 시각화(vivid)한 후 생생하게 꿈꾸어(dream) 결국 이루어낸(realization) 'R=VD' 마니아였다고 말한다.

그동안 입버릇처럼 "나는 안 돼!"라고 말하며 부정적으로 살았던 나의 모습을 되돌아보고, 자신감과 긍정적인 에너지, 더 나아가 꿈에 대해서, 진정으로 하고 싶은 일과 그 이유에 대해서 성찰할 수 있는 기회였다. 또한 그 기회는 단순히 생각에 그치는 것이 아니라 실천함으로써 실현된다는 것을 깨달았다.

이지성 | 차이정원 | 2017

: 새들에게 배우는 삶의 태도

벌새

벌새는 세상에서 가장 작은 새로 몸길이는 6cm에 불과하다. 1초에 50-70회의 날갯짓을 해야 꽃의 꿀을 먹을 수 있고, 수명은 4년 정도밖에 안 된다고 한다. 화려하면서도 말썽꾸러기이고, 호기심 많고 두려워할 줄 모르는 새다.

　벌새는 다른 어떤 새들로부터든 자기 지역을 방어한다. 두려움 없이 돌진하여 빠른 속도로 까마귀 머리 주위를 빙빙 돌아서 패주시키고, 매들과도 싸운다. 매는 크기가 벌새의 약 100배나 되지만, 수치스런 후퇴를 하고 만다. 벌새들끼리도 예외가 아니다. 두 마리의 벌새가 같은 꽃떨기에 앉게 되면 이들은 서로 싸우고 뒤쫓는다.

　벌새는 공중이나 혹은 가지에 앉아서 살지만 결코 지면에 앉는 일이 없다. 날면서 목욕까지 한다. 이들은 수풀 속으로 돌진하며 폭포 속을 뚫고 나가기도 한다. 아니면 이슬 젖은 나뭇잎들 사이를 뚫고 지나간다.

알바트로스

세상에서 가장 큰 새로 몸의 길이는 90cm, 날개를 펴면 3.5m가 된다고 한다. 이 새는 가장 높이, 가장 멀리, 가장 오래 난다. 다른 새들은 보통 수명이 40년 정도지만, 알바트로스는 약 80년 정도다. 조류학자들은 그 이유를 역동적 활상과 활강의 비행원리 때문이라고 말한다. 특히 폭풍을 좋아하는 이 새는, 실제로 나는 데

필요한 98%의 에너지는 바람을 이용하고, 자신의 날갯짓을 이용하는 것은 2%뿐이라고 한다.

비서새(secretary bird)

아프리카에 많이 서식하는 새로, 상당히 높이 자유롭게 하늘을 날 수 있는 날개를 갖고 있다. 그런데 이상하게도 위험이나 어려움이 닥치면 날개를 펴지 못하고 땅을 기어가다가 붙잡히고 만다. 날아가야 할 때 날지 못하는 비서새의 모습이 오늘을 사는 우리의 모습이 아닐지 모르겠다. 우리에게 현실을 넘어서 살 수 있는 날개가 주어졌는데 그 날개를 펴보지도 못하는 것은 아닐까?

키위새

천적이 없고 풍부한 먹이가 있는 곳의 새들은 날아다닐 필요가 없어서 아예 날개가 퇴화되어버렸다. 뉴질랜드는 날지 못하는 새들조차 평화롭게 살 수 있는 새들의 천국이었다. 키위새 또한 이러한 환경 속에서 날개와 꼬리가 퇴화하여 날지 못하게 되었다. 그러나 이 천국에 인간이  이주하면서 재앙이 닥친다. 사람들과 함께 이주해온 개, 고양이, 쥐와 같은 포유류들은 순식간에 이곳의 토착 새들을 멸종 위기로 내몬다. 특히 비대하고 동작이 둔한 새들은 새로운 침입자들의 공격에 무방비였다. 타조와 비슷하게 생긴 날지 못하는 거대한 모아새(giant moa)는 주로 마오리들의 저녁 식사거리로 희생되어 이미 18세기에 멸종했다. 지금은 마치 전설의 동물처럼 박물관에서나 그 모형을 볼 수 있게 되었다.

생각 정리하기

"불평하는 사람을 내버려두세요. 그들은 실패할 거니까요."　　　 – 마윈

"긍정적인 사람들이 세상을 움직인다. 나는 하루 중 98%는 내가 하는 일에 긍정적이다. 그리고 나머지 2%는 어떻게 하면 매사에 긍정적이 될 수 있을까를 궁리한다."
　　　 – 릭 피티노(NBA 최하위팀 셀틱스를 맡아 최강의 시카고 불스를 꺾은 감독)

행함이 없는 믿음은 죽은 것이라.　　　 – 〈야고보서〉 2:26

한 번뿐인 인생을 어떻게 살아갈지 생각해보는 기회가 되었다. 꿈이 있는 사람은 불평하지 않고, 긍정적인 마인드로 행동하는 삶을 살 수 있다는 사실을 깨달았다.

창의인성을 위한 서술·논술형 문제

다음 글을 읽고 물음에 답하여라.

(가) 도형의 이동이란, 모양과 크기가 있는 자취방정식으로 한곳에 머무르지 않고 움직이는 것을 말한다. 움직임에는 평행이동, 대칭이동, 회전이동이 있다.

(나) 세상을 어떻게 살아갈 것인가? 새는 하늘을 날 수 있도록 창조되었다. 그런데 새에는 두 종류가 있다. ㉠날아야 할 때를 알고 나는 벌새와 알바트로스와 같은 새들도 있지만, ㉡날아야 할 때 날지 못하는 비서새나 키위새 같은 새들도 있다.

1 글 (가)에서 도형의 이동인 평행이동, 대칭이동에 대한 개념과 원리를 $y=f(x)$ 또는 $f(x, y)=0$에 대하여 서술하여라.

2 한 변의 길이가 1인 두 정사각형 ABCD와 PQRS가 있다. 꼭짓점 A는 직선 $4x-3y+11=0$ 위를 움직이고, 꼭짓점 P는 직선 $4x-3y-18=0$ 위를 움직일 때, 두 점 C와 R 사이 거리의 최솟값을 성은이는 다음과 같이 구하였다.

[성은이의 풀이]

두 직선이 평행하므로 두 직선 사이의 거리에서 정사각형 대각선의 길이 $\sqrt{2}$를 빼면 최단거리가 된다.

따라서, 직선 $4x-3y+11=0$ 위의 점 $(0, \frac{11}{3})$에서 직선 $4x-3y-18=0$에 이르는 거리는 $\frac{29}{5}$이다.

∴ CR의 최단거리는 $\frac{29}{5}-2\sqrt{2}$가 된다.

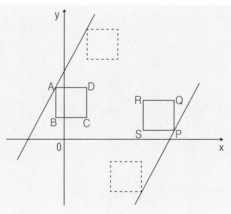

2-1 성은이의 풀이가 옳은지 판별하라.

2-2 풀이가 잘못되었다면 그 이유를 밝혀라.

2-3 옳은 답을 구하는 과정을 서술하라. (단, 두 변 AB와 PQ는 항상 y축과 평행하게 움직인다.)

3 도형의 이동이란 모양과 크기가 있는 자취방정식으로 모양과 크기는 변하지 않지만 위치의 변화가 있다는 특성을 가졌다.

3-1 꿈꾸는 나의 모습을 제시하여라.

3-2 글 (나)의 ㉠과 ㉡의 내용을 근거로 꿈과 비전을 향한 자기주도적인 삶의 로드맵을 제시하여라.

◆ 창의인성을 위한 서술·논술형 문제

2-1 잘못되었다.

2-2 최단거리는 서로 수직관계일 때이다. 두 직선의 기울기는 $\frac{4}{3}$인데, 정사각형의 대각선의 기울기는 -1이므로 서로 수직관계가 아니다.

2-3 점 C의 자취방정식 $4(x-1)-3(y+1)+11=0 \Rightarrow 4x-3y+4=0$

점 R의 자취방정식 $4(x+1)-3(y-1)-18=0 \Rightarrow 4x-3y-11=0$

따라서, 직선 $4x-3y+4=0$ 위의 점 $(-1, 0)$에서 직선 $4x-3y-11=0$에 이르는 거리를 구하면 3이다.

* 출제 의도
• 세상에는 수없이 많은 정보들이 있다. 옳고 그름을 판별할 수 있는가?
• 내 생각이 없으면 타인의 룰에 휩쓸리기 쉽다.
• 타산지석의 교훈을 배울 수 있다.

34

벡터 – 인생은 속도가 아니라 방향이다

벡터의 개념과 원리를 통해 인생의 길에서 걸림돌을 디딤돌로 극복할 수 있는 방안은 무엇인지 찾아보자.

(가) 그림에서 A와 B가 같은 속도로 걸어가고 있다면 A와 B 중에 누가 비를 덜 맞을까?

그림에서 B의 속력과 방향을 $\vec{a}$, 빗방울이 떨어지는 속력과 방향을 $\vec{b}$라 할 때, 실제로 사람에게 떨어지는 빗방울의 속력과 방향을 벡터의 연산으로 설명하여라.

(나) 바울의 삶

푯대를 향하여 그리스도 예수 안에서 하나님이 부르신 부름의 상을 위하여 달려가노라.

– 〈빌립보서〉 3:14

(다) 힘들 때 우는 건 삼류다. 힘들 때 참는 건 이류다.
　　힘들 때 웃는 건 일류다. 그래서 나는 웃는다. 오늘도 웃는다.

📖 생각 던지기

1 벡터란 무엇인가?

　1-1 벡터의 연산을 설명하여라.

2 비 내리는 날, 두 사람이 같은 우산을 준비하여 같은 속도로 걸어간다. 두 사람이 맞는 비의 양은 동일한가?

　2-1 차이가 있다면 그 이유는 무엇일까?

3 비가 오는데 거리로 나가야 하는 이유는 무엇인가?

생각 넓히기

1 내가 걸어가는 길에 걸림돌과 디딤돌이 있다. 걸림돌이 비라면, 디딤돌은 우산이다.

  1-1 빗속을 걸어가야 하는 삶의 목적이 있는가?

  1-2 내 삶의 걸림돌은 무엇인가?

  1-3 디딤돌인 우산에 해당하는 것은 무엇인가?

2 "피할 수 없으면 즐겨라"라는 말은 미국의 심장 전문의사 로버트 엘리어트(Robert S. Eliet)의 책《스트레스에서 건강으로-마음의 짐을 덜고 건강한 삶을 사는 법》에 나온 명언이다. 매사를 긍정적으로 받아들여 삶의 고통을 줄이고, 적극적으로 살라는 인생 처방전이라고 한다.

  2-1 "피할 수 없다면 즐겨라"라는 말에 대한 자신의 생각을 말해보자.

  2-2 나의 경험을 예로 들어 설명하여라.

3 내 속력이 커질수록 우산을 더 기울여 써야 비를 덜 맞는다. 그 이유를 서술하라.

생각 나누기

1 내게 주어진 자유에는 무엇이 있는가?

  1-1 그것이 나를 두렵게 하는 이유는 무엇인가?

2 누구에게나 꿈은 있다. 꿈을 향한 걸음에는 반드시 걸림돌이 있다. 꿈을 이루기 위해서는 이러한 걸림돌을 디딤돌로 만들어가는 것이 중요하다. 자신의 꿈을 소개하고 이에 대한 걸림돌과 디딤돌은 무엇인지 나누어보자.

3 바울과 같은 삶의 분명한 목표가 있는가?

  3-1 일류 인생이란 삶의 목표가 분명하고, 그 목표를 향해 걸어가는 길의 걸림돌 앞에서 웃을 수 있는 삶이라고 정의할 때, 바울의 고백을 통해 오늘도 웃어야 할 이유는 무엇인가?

융합교과 탐구활동

: 바울의 삶

푯대를 향하여 그리스도 예수 안에서 하나님이 부르신 부름의 상을 위하여 달려가노라.

– 〈빌립보서〉 3:14

예수를 만나기 전의 삶
출생 신분(행23:6), 학벌(행22:3)뿐만 아니라 당시의 모든 율법을 지키는 사람(행26:5)으로 모든
것을 다 갖춘 사람이었다. 하지만 그것으로 사람을 핍박하고(행9:1~3, 22:4) 감옥에 가두는 일
을 했다.

　"나도 육체를 신뢰할 만하니 만일 누구든지 다른 이가 육체를 신뢰할 것이 있는 줄로 생각하
면 나는 더욱 그러하리니 내가 팔 일 만에 할례를 받고 이스라엘 족의 족속이요 베냐민의 지파
요 히브리인 중의 히브리인이요 율법으로는 바리새인이요 열심히 교회를 핍박하고 율법의 의
로는 흠이 없는 자로라."

– 〈빌립보서〉 3:2~6

예수를 만난 후의 삶

하지만 예수를 만난 후에는 자랑으로 여기던 모든 것을 배설물로 여기고 하나님을 사랑하고 이웃을 사랑하는 사람으로 바뀌었다.

> "자신이 가졌던 무엇이든지 내게 유익하던 것을 내가 그리스도를 위하여 다 해로 여길 뿐더러 또한 모든 것을 해로 여김은 내 주 그리스도 예수를 아는 지식이 가장 고상함을 인함이라. 내가 그를 위하여 모든 것을 잃어버리고 배설물로 여김은 그리스도를 얻고 그 안에서 발견되려 함이니 내가 가진 의는 율법에서 난 것이 아니요 오직 그리스도를 믿음으로 말미암은 것이니 곧 믿음으로 하나님께로서 난 의라."
>
> – 〈빌립보서〉 3:7~9

1 바울의 생애를 알아보자.

    1-1 바울의 인생에서 터닝포인트는 무엇인가?

    1-2 바울이 터닝포인트 이후, 기준으로 삼고 걸어가던 푯대는 무엇이었는가?

    1-3 바울이 푯대를 향해 걸어가는 데 있어서 걸림돌과 디딤돌은 무엇이었는가?

    1-4 바울이 푯대를 향한 로드맵에서 걸림돌을 디딤돌로 만들 수 있었던 이유는 무엇인가?

2 바울의 삶을 통해 내 인생의 로드맵을 그려보자.

    2-1 나의 푯대(꿈)는 무엇인가? 그 꿈은 무엇을 위한 것인가?

    2-2 나의 푯대를 향한 인생의 로드맵을 말해보자.

    2-3 이를 향한 걸림돌과 디딤돌은 무엇인지 말해보자.

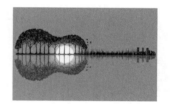

생각 정리하기

꿈이 있는 사람의 길에는 수많은 걸림돌이 있다. 하지만 그 걸림돌을 두려워하지 않고 오히려 디딤돌로 만들어가는 능력이 있다. 또한 꿈이 있는 사람은 빗속을 두려워하지 않는다. 우산을 들고 빗속을 향해 걷는다.

내게 있는 꿈, 또는 내가 가진 능력이 무엇을 위한 것인지 생각해보는 기회가 되었다. 바울은 세상 사람들이 추구하는 가치를 다 가졌으나 그것을 사람들을 괴롭히는 데 사용하였다. 하지만 예수를 만남으로 인하여 오히려 그것을 배설물로 여기고 사람들을 섬기는 일에 사용하였다.

1 그림과 같이 정사각형 ABCD에서 $\overrightarrow{AB} = \vec{a}$, $\overrightarrow{AD} = \vec{b}$, $\overrightarrow{BD} = \vec{c}$ 라 할 때, $|-\vec{a}+\vec{b}+\vec{c}| = 4$이다. 이때, 정사각형 ABCD의 한 변의 길이를 구하여라.

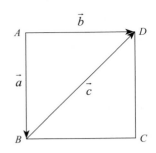

2 그림에서 A와 B가 같은 속도로 걸어가고 있다면 A와 B 중에 누가 비를 덜 맞을까?

2-1 그림에서 B의 속력과 방향을 $\vec{a}$, 빗방울이 떨어지는 속력과 방향을 $\vec{b}$라 할 때, 실제로 사람에게 떨어지는 빗방울의 속력과 방향을 벡터의 연산으로 설명하여라.

3 내가 걸어가는 길에는 걸림돌과 디딤돌이 있다. 토머스 칼라일은 "길을 가다가 돌이 나타나면 약자는 그것을 걸림돌이라고 하고 강자는 그것을 디딤돌이라고 한다"고 말한다. 문제 2에서 걸림돌은 비, 디딤돌은 우산이라고 할 때, 다음 물음에 답하여라.

   3-1 빗속을 걸어가야 하는 삶의 목적이 있는가?

   3-2 내 삶의 걸림돌은 무엇인가?

   3-3 그에 따른 디딤돌에 해당하는 것은 무엇인가?

문제 풀이

◆ 창의인성을 위한 서술·논술형 문제

1 $-\vec{a}+\vec{b}+\vec{c} = -\overrightarrow{AB}+\overrightarrow{AD}+\overrightarrow{BD} = (\overrightarrow{BA}+\overrightarrow{AD})+\overrightarrow{BD} = \overrightarrow{BD}+\overrightarrow{BD} = 2\overrightarrow{BD}$

$|-\vec{a}+\vec{b}+\vec{c}| = 4$이므로 $2|\overrightarrow{BD}| = 4$ $\therefore |\overrightarrow{BD}| = 2$

따라서 정사각형 ABCD의 한 변의 길이를 k라 하면 대각선의 길이가 2이므로 $\sqrt{2}k = 2$ $\therefore k = \sqrt{2}$

2 사람이 정지해 있을 때 떨어지는 빗방울의 속력과 방향은 $\vec{b}$이다. 사람의 속력과 방향이 $\vec{a}$이면, 실제로 사람에게 떨어지는 빗방울의 속력과 방향을 $\vec{c}$라 할 때, $\vec{a}+\vec{c} = \vec{b}$이므로 $\vec{c} = \vec{b}-\vec{a}$이다.

예를 들어, 내 속력이 1m/초, 비의 속력이 2m/초라 하자. 사람에게 실제로 떨어지는 빗방울의 속력과 방향을 $\vec{k}$라 하면 $|\vec{k}| = \sqrt{5}$이다. 비의 속력과 사람에게 실제로 떨어지는 속력과 방향 벡터가 이루는 각을 θ라 하면 $\cos\theta = \dfrac{2}{\sqrt{5}}$이고, $\theta \fallingdotseq 27°$이다. 따라서 우산을 27° 기울여 써야 비를 덜 맞는다.

즉, 내 속력이 커질수록 θ가 커지므로 우산을 더 기울여 써야 한다.

35

집합 – 소통하는 인간관계

집합의 개념과 원리를 통해 사회적 동물인 인간의 삶을 살펴보고 소통하는 인간관계를 위한 방안을 찾아보자.

(가) 집합이란 대상을 명확하게 구분할 수 있는 모임을 말한다. 집합은 원소 개수를 기준으로 유한한 원소를 가지는 유한집합과 무한한 원소를 가지는 무한집합이 있다. 힐베르트 호텔은 이러한 무한집합의 개념에 대한 유명한 이야기이다.

(나) 인간은 사회적 동물이다. 혼자 살아갈 수 없고 공동체를 이루어 살아간다. 서로 다른 입장을 가진 사람들끼리 더불어 살아가는 데 가장 중요한 것은 소통이다. 인간관계는 각자의 가치관과 관점에 따라 다양하게 형성된다. 인간관계의 형태에 어떠한 모습들이 있는지 집합의 연산을 통해 인간의 삶을 해석해보자.

$$A \cap B = \{x | x \in A \ \text{and} \ x \in B\}$$
$$A \cup B = \{x | x \in A \ \text{or} \ x \in B\}$$
$$A - B = \{x | x \in A \ \text{and} \ x \notin B\}$$
$$A^c = \{x | x \in U \ \text{and} \ x \notin A\}$$
$$\text{집합의 상등} \quad A = B$$

(다) 한 마을에 두루미와 여우가 살고 있었다. 둘은 서로 친해져서, 하루는 두루미가 여우를 집으로 초대했다. 하지만 두루미가 준비한 맛있는 스프는 목이 긴 호리병에 담겨 있었다. 두루미는 긴 부리로 호리병에 담긴 음식을 맛있게 먹었지만, 여우는 한입도 먹지 못하고 집으로 돌아왔다. 다음 날 여우도 두루미를 자신의 집에 초대했다. 여우는 스프를 넓적한  접시에 담아 대접했고, 이번에는 두루미가 스프를 먹지 못했다. 그 후로 둘은 서로 사이가 나빠지고 말았다.

1 집합의 원소 개수를 기준으로 유한집합과 무한집합으로 분류할 수 있다.

    1-1 수직선에서 폐구간 [0, 1]로 이루어진 집합은 유한집합인가, 무한집합인가?

    1-2 독일 수학자 힐베르트는 원소가 무수히 많은 집합의 개념을 이용하여 힐베르트 호텔이라는 것을 생각했다. 이에 대하여 설명해보자.

2 글 (나)에 조건제시법으로 표현한 집합을 통해 인간의 삶을 해석해보자.

3 글 (다)를 보고 다음 물음에 답하여라.

    3-1 여우와 두루미의 교집합은 무엇인가?

    3-2 여우의 입장과 두루미의 입장은 어떻게 다른가?

    3-3 서로 다름을 인정하고 상대의 입장을 고려하여 소통하는 방법은 무엇인가?

    3-4 '해피엔딩'을 위한 조건은 무엇인가?

4 역지사지(易地思之)라는 말과 연관지어 소통하는 인간관계에 대하여 나눠보자.

1 유한한 사고를 가진 사람과 무한한 사고를 가진 사람이 있다면 어떻게 관계 맺어야 할까?

⇨ 유한한 사고를 가진 사람은 무한한 사고를 가진 사람의 마음을 이해할 수 없기 때문에, 무한한 사고를 가진 사람이 유한한 사고를 가진 사람을 품어주어야 한다.

2 집합의 연산법칙에서 나는 어떤 경우에 해당되는가?

3 여우와 두루미 같은 조건의 내담자를 만났을 때 상담자는 어떻게 해야 하는가?

🗨 생각 나누기

1 집합이란 대상을 명확하게 구분할 수 있는 모임이다. 예컨대, '예쁜 여자들만의 모임'은 집합이라고 할 수 없다. '예쁜 여자'라는 기준이 명확하지 않기 때문이다.

    1-1 그렇다면, 이 세상에 명확한 기준을 가진 것이 얼마나 있는가?

    1-2 수학적 내용인 집합과 실생활의 삶이 괴리가 있는 사례를 들고, 그에 따른 문제점과 대안을 나누어보자.

    1-3 유한한 사고와 무한한 사고의 차이점을 실수의 세계와 복소수의 세계를 이용하여 설명하고, 소통을 위한 인간관계에 대하여 나누어보자.

2 인간관계의 출발점은 관심(공통점)으로부터 시작된다. 관계를 잘 유지하고 발전시키기 위한 방안은 무엇인가?

3 집합의 상등을 정의하여라.

    3-1 자신을 드러내지 않고 서로 상대에게 완전히 포함되는 상등의 개념을 평등과 관련지어 설명해보자.

📕 수업 연계형 독서활동　《이솝 우화 123가지》

이 책은 우리가 살아가는 모습을 의인화한 동물에 빗대어 풍자와 해학으로 그려낸다. 친구와의 우정, 부모 자식 간의 도리, 아름다운 사랑 이야기 등의 주제를 짧고 간결한 이야기에 담고 있다. 각각의 이야기들은 현대를 살아감에 있어 꼭 필요한 지혜와 교훈을 준다.

이솝 | 영림카디널 | 2005

《나는 까칠하게 살기로 했다》

이 책은 자존감을 지키며 다른 사람들의 마음을 움직이는 관계 심리학에 대한 책이다. 저자가 정신과 전문의다 보니 여러 사람들의 상담 내용과 그들이 갖고 있던 정신병에 대한 사례, 그에 대한 생활 속 처방 등이 담겨 있다. 세상에서 가장 가까운 사이라도 문제는 있기 마련이다. 이때 제일 중요한 것은 그 문제를 지혜롭게 풀어나가는 방법일 것이다.

양창순 | 센추리원 | 2012

융합교과 탐구활동

: 하나가 되는 세상

다양한 분야에서 '하나됨'은 어떻게 나타나는지 알아보자.

- 실생활에서: 물과 기름, 그리고 모래가 하나가 되도록 하려면 어떻게 해야 하는가?
- 수학 교과에서: 무리수와 유리수 그리고 실수와 허수, 두 집합의 상등(A=B)
- 과학 교과에서: 계면활성제란 무엇인가?
- 사회문화에서: 평등이란 무엇인가? 절대적 평등과 상대적 평등을 설명해보자.
- 정치에서: 헌법 제11조
- 성경에서: 〈에베소서〉 1:10
- 독서에서: 《베니스의 상인》
- 한문에서: 易地思之

생각 정리하기

인간관계는 공통된 관심으로부터 시작된다. 또한 관계를 유지하고 발전시키기 위해서는 다양성을 인정하는 것이 중요함을 배웠다.

《나는 까칠하게 살기로 했다》와 《이솝 우화 123가지》를 읽고 집합의 연산인 합집합, 교집합, 차집합, 여집합의 개념을 중심으로 인간관계의 유형을 분석해보았다. 이를 통해 인간관계는 공통된 관심으로부터 시작된다는 것과 서로의 다양성을 인정하는 것이 중요함을 배웠다. 또한 두 집합이 서로에게 완전히 포함될 때 상등이 될 수 있는 것처럼 인간관계도 이와 마찬가지라는 사실을 배웠다.

창의인성을 위한 서술·논술형 문제

다음 글을 읽고 물음에 답하여라.

집합이란 대상을 명확하게 구분할 수 있는 모임을 말한다. ㉠집합은 원소 개수를 기준으로 유한한 원소를 가지는 유한집합과 무한한 원소를 가지는 무한집합이 있다. 힐베르트 호텔은 이러한 무한집합의 개념에 대한 유명한 이야기이다. 힐베르트 호텔은 독일의 수학자 힐베르트가 원소가 무수히 많은 집합의 개념을 이용하여 만들었다고 한다. 예를 들어, ㉡객실이 1000개인 호텔과 ㉢객실이 무한 개인 호텔이 있다. 두 호텔 모두 객실이 꽉 찼는데 한 명의 손님이 더 왔다면 어떻게 해야 할까?

1 밑줄 친 ㉠에 대하여 갑과 을은 "수직선에서 폐구간 [0, 1]로 정해진 집합은 유한집합인가, 무한집합인가?"라는 물음에 다음과 같이 주장하였다. 갑과 을의 주장에 대하여 옳은 주장을 찾고 그 이유를 설명하여라.

갑: 정해진 구간에서 시작과 끝이 정해져 있으므로 유한집합이다.
을: 정해진 구간이라도 정수 집합이라는 전제조건이 있다면 유한집합이 되지만, 실수집합이라는 전제조건에서는 무한집합이 된다.

2 새로 도착한 손님들에게 묵을 방을 내어주기 위해서는 어떻게 해야 하는가?
 2-1 객실이 1000개인 호텔의 경우에 대하여 서술하여라.
 2-2 객실이 무한 개인 호텔의 경우, 홀수 번호의 방을 모두 비우는 방법을 서술하여라.

3 자연수 전체의 집합을 N, 짝수 전체의 집합을 E라고 하자.
 3-1 문제 1을 이용하여 두 집합 N과 E 사이의 관계를 설명하여라.
 3-2 무한집합에서는 같다고 할 수 있지만 유한집합에서는 부분집합이 된다. 그렇다면, 수의 체계에서 실수의 세계와 복소수의 세계의 특징을 이용하여 인간관계를 설명하여라.

4 힐베르트 호텔을 통해 유한의 세계에서는 있을 수 없는 일이 무한의 세계에서는 가능하다는 것을 알 수 있다. 이를 통해 배울 수 있는 교훈을 서술하여라.

◆ 생각 던지기

2 $A \cap B = \{x | x \in A \text{ and } x \in B\}$ → 인간관계는 공통된 관심사에서 시작된다.

$A \cup B = \{x | x \in A \text{ or } x \in B\}$ → 인간은 서로 도우며 살아가는 공동체다.

$A - B = \{x | x \in A \text{ and } x \notin B\}$ → 오직 자신만 생각하는 사람

$A^c = \{x | x \in U \text{ and } x \notin A\}$ → 자신 외에 나머지

집합의 상등 $A = B$ → 평등한 사회

◆ 창의인성을 위한 서술·논술형 문제

1 을이 옳은 주장을 하였다. 0과 1 사이에는 셀 수 없는 유리수와 무리수가 존재하기 때문이다. 하지만 갑은 0과 1 사이에는 정수가 없으므로 공집합인 유한집합이라고 주장하였다.

2-1 객실이 1000개인 유한 호텔의 경우 객실이 꽉 찼다면 $1000 < 1000 + 1$이므로 한 명의 손님을 더 받을 수 없다.

2-2 모든 방에 있는 손님을 현재 방 번호의 2배인 번호의 방으로 옮기면 홀수 번호의 방을 모두 비울 수 있다.

3 $E \subset N$이지만 집합 E의 모든 원소와 집합 N의 모든 원소는 서로 하나씩 짝지을 수 있다.

4 무한의 세계는 우리가 상식으로 아는 세계와는 차이가 있다.
만약 힐베르트 호텔 문제에서처럼 방이 없는 상황에서 양보를 부탁받았을 때, 무한의 객실과 무한의 사람이 있다면 얼마든지 양보할 수 있을 것이다. 조금 귀찮다고 불평할 수는 있지만 양보하더라도 내가 머물 방이 있기 때문이다. 그러나 유한의 호텔이라면 상황은 달라진다. 양보한다면 내가 머무를 방이 없어지기 때문이다.
이처럼, 유한한 사고를 가진 사람은 무한한 사고를 가진 사람과 다르게 행동할 수밖에 없다. 그러므로 우리는 무한한 사고를 가지고 상대를 품어줄 수 있는 사람이 되어야 한다.

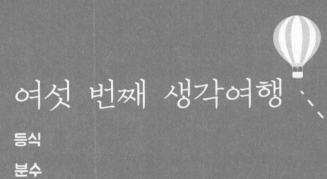

여섯 번째 생각여행

나눔과 비움,
행복 채움

유리식의 개념과 원리를 통해 수학적 계산(산술적 관점)으로 풍요로운 인간의 삶을 흐트러뜨리는 원인은 무엇인지 찾아보자.

(가) 세 자녀를 둔 아버지가 아래와 같은 유언을 남겼다.

"내게는 17마리의 양이 있는데, 양을 죽이지도, 팔지도 말고 다음과 같이 사이좋게 나누어 가지거라."

> ㉠ 큰아들에게는 1/2, 둘째아들에게는 1/3, 셋째아들에게는 1/9을 준다.
> ㉡ 큰아들에게는 1/2, 둘째아들에게는 1/3, 셋째아들에게는 1/6을 준다.

자녀들은 아버지의 유언대로 양을 나누어보려 했지만 오히려 형제 간에 불화만 생겼다. 그때 그곳을 지나던 수학자가 무엇 때문에 다투는지를 물었다. 자초지종을 들은 수학자는 자신의 양 1마리를 주면서 나누어 갖고 혹시 남는다면 다시 돌려달라고 했다. 덕분에 형제들은 아버지의 유언대로 사이좋게 양을 나누어 가질 수 있었다.

(나) 오병이어의 기적

예수께서 눈을 들어 큰 무리가 자기에게로 오는 것을 보시고 빌립에게 이르시되 우리가 어디서 떡을 사서 이 사람들을 먹이겠느냐 하시니 이렇게 말씀하심은 친히 어떻게 하실지를 아시고 빌립을 시험하려 하심이라. 빌립이 대답하되 각 사람으로 조금씩 받게 할지라도 이백 데나리온의 떡이 부족하리이다. 제자 중 하나 안드레가 예수께 여짜오되 여기 한 아이가 있어 보리떡 다섯 개와 물고기 두 마리를 가지고 있나이다. 그러나 그것이 이 많은 사람에게 얼마나 되겠사옵나이까? 예수께서 이르시되 이 사람들로 앉게 하라 하시니 그곳에 잔디가 많은지라. 사람들이 앉으니 수가 오천 명쯤 되더라. 예수께서 떡을 가져 축사하신 후에 앉아 있는 자들에게 나눠주시고 물고기도 그렇게 그들의 원대로 주시니라.

– 〈요한복음〉 6:3~13

생각 던지기

1 글 (가)를 읽고 물음에 답하여라.

    1-1 아버지가 남긴 유언의 의도는 무엇인가?

    1-2 형제들 사이에 불화가 일어난 원인은 무엇인가?

    1-3 수학자가 내어준 양 1마리의 의미는 무엇인가?

    1-4 아버지의 유언대로 나눌 수 있었던 원리를 수학적 개념을 이용하여 설명하여라.

2 글 (나)를 읽고 물음에 답하여라.

    2-1 각각 '예수, 빌립, 다른 제자'를 중심으로 이야기를 나누어보자.

    2-2 예수의 말씀에 대한 빌립의 반응은 어떠했는가?

    ⇨ 수학적 계산으로 불가능하다고 대답했다.

    2-3 예수의 말씀에 대한 안드레의 반응은 어떠했는가?

    ⇨ 물고기 두 마리와 보리떡 다섯 개를 제시하였지만, 역시 불가능하다고 답했다.

생각 넓히기

1 글 (가)를 읽고 다음 질문에 대해 생각해보자.

    1-1 나를 향한 선의의 행동에 감사하지 못하고 불평했던 사례가 있다면 말해보자.

    1-2 내 삶에 불평불만의 원인은 무엇인가?

    1-3 이야기 속의 수학자 같이 내 삶의 문제를 해결해줄 현자(賢者)가 있는가?

2 글 (나)를 읽고 다음 질문에 대해 생각해보자.

    2-1 누군가 나에게 예수님처럼 불가능한 제안을 한다면 어떻게 하겠는가?

    2-2 나는 빌립처럼 반응할 것인가? 안드레처럼 반응할 것인가?

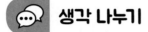

생각 나누기

1 아버지의 유언에 따르면, 세 자녀에게 차별적인 유산 분배가 된다. '차별과 공평' 또는 '평등과 불평등'을 주제로 이에 대한 의견을 나누어보자.

2 공부를 열심히 해야 하는 이유를 말하여보자.

3 만일 아버지의 유언이 다음과 같다면, 수학자는 분쟁이 일어난 세 형제의 일에 개입할까?

> ㉠ 큰아들에게는 1/2, 둘째아들에게는 1/3, 셋째아들에게는 1/9을 준다.
> ㉡ 큰아들에게는 1/2, 둘째아들에게는 1/3, 셋째아들에게는 1/6을 준다.

⇨ ㉠의 경우, 정확한 분배는 아니다. 어찌 보면 세 자녀를 그럴듯하게 속인 것으로, 오히려 봉변을 당할 수도 있다. ㉡의 경우엔 자신의 양 1마리를 잃어야 하는 상황이 된다.

▌ 수업 연계형 독서활동　《죽음의 수용소에서》

"왜 살아야 하는지 아는 사람은 그 어떤 상황도 견딜 수 있다."

나치가 유대인을 잔인하게 학대한 일들이 기록되어 있다. 나치는 고문, 강제 노동, 집단 학대 등의 비인간적 행위를 일삼았고, 매질과 폭력을 수시로 가했다. 그들은 스스로가 인간이기를 포기한 것처럼 보였다. 그렇지 않고서야 인간으로써 어떻게 그러한 행위를 할 수 있을까? 저자는 자신이 죽음의 수용소에서 죽을 고비를 여러 번 넘기면서 느꼈던 막연한 기다림, 정신적, 육체적 고통들을 이 책에 담아냈다.

기본적인 선택의 자유조차 없었던 그 어두운 공간 속에서 저자가 무너지지 않고 다시 일어설 수 있었던 것은 마음속 여백에서 희망을 찾을 수 있었기 때문이라고 생각했다. 어떠한 환경에 처하든 그 속에서 삶의 여백을 찾을 수 있다는 것을 배웠다.

빅터 프랭클 | 청아출판사 | 2005

: 호루스의 눈

그림에 보이는 눈 모양의 문양은 '호루스의 눈(우제트, Udjet)'이다. 이는 고대 이집트의 신격화된 파라오의 왕권을 보호하는 상징이다. 오른쪽 눈은 라의 눈으로 태양을 상징하고, 왼쪽 눈은 토트의 눈으로 달을 상징한다.

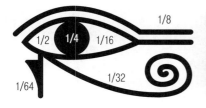  

그림에 표시된 것처럼 호루스의 눈 각각의 부분에 1/64, 1/32, 1/16, 1/8, 1/4, 1/2을 배치하였다. 자세히 살펴보면 각 분수들이 1/2 비율로 줄어들고 있음을 알 수 있다. 만약 이를 따라 그대로 그림을 그려보면, 시계방향의 곡선이 그려진다. 여기서 1/64은 인간의 촉각을, 1/32은 미각을, 1/16은 청각을, 1/8은 생각을, 1/4은 시각을, 1/2은 후각을 의미한다고 한다.

1 호루스의 눈에 표시된 감각들에 대하여 물음에 답하여라.

   1-1 호루스의 눈에 표시된 수치들의 합은 얼마인가?

   1-2 호루스의 눈에 표시된 수치들의 합이 1이 되지 않는 이유는 무엇인가?

   1-3 고대 이집트인들은 부족한 부분을 어떻게 이해했는가?

생각 정리하기

누군가 나에게 무리한 과제를 제시할 때, 그것은 나를 향한 깊은 사랑이 있기 때문일 수 있다. 이러한 사실을 알면 모든 것을 품을 수 있지만 모르면 불평하게 된다. 세상에는 의미 없는 것이 없다. 단지 선입견과 편견이 참된 의미를 발견하지 못하게 한다.

수학적 언어와 삶의 언어는 일치하지 않는다. 기적이라는 단어는 우리의 삶에서는 행복과 행운의 관계와 같다.

창의인성을 위한 서술·논술형 문제

다음 글을 읽고 물음에 답하여라.

(가) 세 자녀를 둔 아버지가 아래와 같은 유언을 남겼다.

"내게는 17마리의 양이 있는데, 양을 죽이지도, 팔지도 말고 다음과 같이 사이좋게 나누어 가지거라."

> ㉠ 큰아들에게는 1/2, 둘째아들에게는 1/3, 셋째아들에게는 1/9을 준다.
> ㉡ 큰아들에게는 1/2, 둘째아들에게는 1/3, 셋째아들에게는 1/6을 준다.

자녀들은 아버지의 유언대로 양을 나누어보려 했지만 오히려 형제 간에 불화만 생겼다. 그때 그곳을 지나던 수학자가 무엇 때문에 다투는지를 물었다. 자초지종을 들은 수학자는 자신의 양 1마리를 주면서 나누어 갖고 혹시 남는다면 다시 돌려달라고 했다. 덕분에 형제들은 ㉢아버지의 유언대로 사이좋게 양을 나누어 가질 수 있었다.

(나) 오병이어의 기적

예수께서 눈을 들어 큰 무리가 자기에게로 오는 것을 보시고 빌립에게 이르시되 우리가 어디서 떡을 사서 이 사람들을 먹이겠느냐 하시니 이렇게 말씀하심은 친히 어떻게 하실지를 아시고 빌립을 시험하려 하심이라. ㉣빌립이 대답하되 각 사람으로 조금씩 받게 할지라도 이백 데나리온의 떡이 부족하리이다. 제자 중 하나 ㉤안드레가 예수께 여짜오되 여기 한 아이가 있어 보리떡 다섯 개와 물고기 두 마리를 가지고 있나이다. 그러나 그것이 이 많은 사람에게 얼마나 되겠사옵나이까? 예수께서 이르시되 이 사람들로 앉게 하라 하시니 그곳에 잔디가 많은지라. 사람들이 앉으니 수가 오천 명쯤 되더라. 예수께서 떡을 가져 축사하신 후에 앉아 있는 자들에게 나눠주시고 물고기도 그렇게 그들의 원대로 주시니라.

– 〈요한복음〉 6:3~13

1 아버지의 유언을 실천하는 데 따르는 문제점을 자녀의 입장에서 서술하라.

2 수학자의 양 1마리가 아버지의 유언을 해결할 수 있었던 이유를, 등식 또는 부등식의 개념을 이용하여 설명하라.

3 아버지의 유언 ㉠, ㉡에 대하여 다음 물음에 답하여라.

　3-1 아버지, 세 아들, 수학자 모두가 만족할 수 있는 유언은 어떤 것인가?

　3-2 수학자는 뛰어난 계산 능력으로 자신의 손해를 미리 예측할 수 있다. 그럼에도 불구하고 자신의 양 1마리를 내어줄 것인가?

4 밑줄 친 ㉢의 내용처럼 아버지의 유언대로 나누었을 때 각각 받을 수 있는 양의 수는 몇 마리인가?

5 이 문제를 통해 얻은 교훈을 30자 이내로 서술하라.

6 글 (나)에서 밑줄 친 ㉣과 ㉤은 예수님의 말씀에 대한 빌립과 안드레의 반응이다. 이와 관련하여 현실과의 괴리를 제시하고, 수학적인 관점에서는 설명되지 않는 상황을 어떻게 받아들일 것인지 자신의 생각을 서술하여라.

◆ 융합교과 탐구활동

1 호루스의 눈에 표시된 분수들의 분모를 64로 통일해보자. 1/64, 2/64, 4/64, 8/64, 16/64, 32/64로 분자의 합은 1+2+4+8+16+32=63이다. 그래서 호루스의 여섯 부분에 해당하는 분수를 모두 더하면 그 값은 63/64이 된다. 이 값은 약 1을 나타내기 때문에 호루스의 눈은 결국 1을 함축한다.

고대 이집트인들은 부족한 1/64은 호루스의 눈을 치유해준 지식과 달의 신 토트가 채워준다고 여겼다.

◆ 창의인성을 위한 서술·논술형 문제

1 아버지는 유리수 집합에서 해결할 것을 의도했지만, 자녀들은 정수 집합에서 해결해야 한다고 생각하여 문제가 되었다. 즉, 유리수를 아느냐 모르느냐가 문제의 핵심이다.

2 $1/2+1/3+1/9=17/18\neq1$
따라서 수학자의 양 1마리가 아버지의 유언을 해결할 수 있다.

3-1 답: ㉠

유언 ㉠은 아버지의 유언대로 나누어 가지면서도 수학자에게 다시 1마리가 돌아온다. 유언 ㉡은 아버지의 유언대로 나누어 가질 수는 있지만 수학자의 양 1마리는 돌려받을 수 없다.

수학자는 유언 ㉠에서는 자신이 가진 지혜로 많은 사람들의 문제를 해결해주어 평안을 안겨주지만, 유언 ㉡에서는 자신이 가진 지혜뿐만 아니라 자신이 가진 물질도 함께 주어야 한다.

4 아버지가 남기신 17마리+수학자의 1마리=18마리

㉠ 큰아들: $\frac{1}{2}\times18=9$(마리), 둘째아들: $\frac{1}{3}\times18=6$(마리), 셋째아들: $\frac{1}{9}\times18=2$(마리)

⇨ 남은 1마리는 수학자에게 돌려주었다. ($\because\frac{1}{2}+\frac{1}{3}+\frac{1}{9}=\frac{17}{18}$이므로)

㉡ 큰아들: $\frac{1}{2}\times18=9$(마리), 둘째아들: $\frac{1}{3}\times18=6$(마리), 셋째아들: $\frac{1}{6}\times18=3$(마리)

⇨ 수학자가 내어준 양 1마리는 돌려받을 수 없다. ($\because\frac{1}{2}+\frac{1}{3}+\frac{1}{6}=\frac{18}{18}$이므로)

37

분수 – 분수에 넘치는 삶

분수(유리수)의 개념을 통해 부모와 자녀 사이의 관계를 살펴보고, 가장 아름다운 가족 공동체를 위한 방안을 찾아보자.

(가) 분수란 전체에 대한 부분을 나타낸 것으로 전체를 분모로, 부분을 분자로 표현한다. 분수의 대소관계는 분모와 분자의 값에 따라 달라지고 크게 진분수, 가분수, 대분수로 나눌 수 있다.

  분수에 분모와 분자가 있듯이, 자녀들은 부모님의 울타리 안에서 성장한다. 분모를 어머니, 분자를 아들이라고 할 때, $\frac{b}{a}$ 와 같이 표시되는 분수는 마치 어머니가 아들을 업고 있는 모습 같다. 이를 통해 부모와 자녀 사이의 관계를 생각해보자.

  첫째, 분수의 대소관계를 통해 부모와 자식 간의 힘의 차이를 비교할 수 있다. 둘째, 분자인 우리를 지탱하기 위해 분모인 부모님이 버텨내었을 무게와 우리가 받아온 혜택을 떠올리며 그 사랑에 감사함을 느낄 수 있다. 셋째, 분수의 종류를 통해 우리의 삶을 디자인할 수 있다. 넷째, 분모가 0일 때를 가정해봄으로써 부모님의 존재가 우리에게 얼마나 소중한지 알 수 있다.

(나) 爲人子者 曷不爲孝 欲報深恩 昊天罔極 (위인자자 갈불이효 욕보심은 호천망극)

  元是孝者 百行之本 事親至孝 養親至誠 (원시효자 백행지본 사친지효 양친지성)

  事親如此 可謂人子 不能如此 禽獸無異 (사친여차 가위인자 불능여차 금수무이)

사람의 자식 된 자로서 어찌 효도를 하지 않으리오? 그 깊은 은혜를 갚고자 하여도 하늘처럼 다함이 없도다.

본래 효도는 모든 행함의 근본일진대, 부모님을 섬기는 데에는 지극한 효로써 하고, 봉양하는 데에는 정성을 다할 것이니라.

부모님 섬기기를 이같이 한다면 가히 사람의 자식 된 자라 할 것이나, 이같이 하지 못한다면 짐승과 다를 바가 없느니라.

– 〈사자소학 – 효행편〉

📖 생각 던지기

1 분모와 분자가 서로 다른 분수일 경우에는 어떻게 비교할 수 있을까?

   1-1 분모가 같은 분수일 경우 어떻게 비교할까?

   1-2 분자가 같은 분수일 경우 어떻게 비교할까?

   1-3 분모와 분자가 서로 다른 수일 때는 어떻게 비교할까?

2 분모나 분자가 0인 경우에 분수의 값은 어떻게 될까?

   2-1 분모가 0인 경우 어떻게 될까?

   ⇨ 분모가 0인 경우에는 ∞, 무한함을 나타낸다.

   2-2 분자가 0인 경우 어떻게 될까?

🔍 생각 넓히기

1 분수의 분모와 분자를 통해 부모와 자식의 관계를 생각해보자.

   1-1 분모인 어머니가 현실에서 의미하는 것은 무엇인가?

   1-2 분자인 자식이 현실에서 의미하는 것은 무엇인가?

   1-3 분모와 분자가 조화를 이루는 상황은 무엇인가?

2 성장 과정에 따른 부모와의 관계 변화에 대해 생각해보자.

   2-1 성인이 된 우리와 부모의 관계에 영향을 미치는 것은 무엇인가?

   2-2 가분수 형태를 가진 관계를 긍정적인 관점으로 바라본다면?

   ⇨ "슬프도다! 부모는 나를 낳았기 때문에 평생 고생만 했다."　　－《시경》

    부모님은 분모처럼 아래에서 항상 우리를 떠받쳐주신다. 우리는 부모님의 사랑 덕에 편안한 삶을 살아간다. 하지만 그에 비해 우리가 부모님께 하는 효도의 크기는 눈에 띄게 비교된다. 이제 우리는 분모와 분자의 위치를 바꾸어야 한다.

다음은 《사자소학–효행편》의 일부분으로 효를 중시했던 과거의 모습을 엿볼 수 있다. 그렇다면, 과거와 현재의 효 사상의 차이점은 무엇일까?

爲人子者 曷不爲孝 欲報深恩 昊天罔極 (위인자자 갈불이효 욕보심은 호천망극)
元是孝者 百行之本 事親至孝 養親至誠 (원시효자 백행지본 사친지효 양친지성)
事親如此 可謂人子 不能如此 禽獸無異 (사친여차 가위인자 불능여차 금수무이)

사람의 자식 된 자로서 어찌 효도를 하지 않으리오? 그 깊은 은혜를 갚고자 하여도 하늘처럼 다함이 없도다.
본래 효도는 모든 행함의 근본일진대, 부모님을 섬기는 데에는 지극한 효로써 하고, 봉양하는 데에는 정성을 다할 것이니라.
부모님 섬기기를 이같이 한다면 가히 사람의 자식 된 자라 할 것이나, 이같이 하지 못한다면 짐승과 다를 바가 없느니라.

1 과거와 현재의 부모와 자식의 관계가 달라진 이유는 무엇인가?

2 '효'와 '예'의 관계는 무엇인가?
  2-1 이는 그저 도덕에 국한된 문제인가?

3 분모가 0이면 수의 체제가 무너지듯, 부모님의 희생 없이 우리는 존재할 수 없다.
  3-1 우리가 일상에서 겪는 위와 같은 상황에 대해 이야기해보자.
  3-2 반대로 우리가 부모님의 성공을 도울 수는 없을지 이야기해보자.

4 진정한 효란 무엇인가?
  4-1 성장 과정에 따라 우리가 할 수 있는 최선의 효도에 대해 이야기해보자.
  4-2 부모님과 자식인 우리의 역할을 바꾼다고 생각해보자. 우리는 과연 부모님의 헌신적인 사랑에 보답할 수 있을까? 내가 만약 이러한 상황이라면 어떨지 이야기해보자.

孟懿子問孝 子曰無違(맹의자문효 자왈무위)

樊遲御 子告之曰孟孫 問孝於我 我對曰無違(번지어 자고지왈맹손 문효어아 아대왈무위)

樊遲曰何謂也 子曰生事之以禮 死葬之以禮 祭之以禮(번지왈하위야 자왈생사지이례 사장지이례 제지이례)

맹의자가 공자에게 효를 물었다. 공자가 "어기지 말라"라고 말씀하시었다.

번지가 말을 몰고 있는데 공자가 번지에게 말하기를 맹손 씨가 나에게 효를 물어서 내가 대답하기를 "어기지 말라"라고 했다. 번지가 말하기를 "그게 무슨 뜻입니까?"라고 묻자. 공자가 말하기를 "부모님이 살아계실 때에는 예로써 섬기고 돌아가시면 예로써 장사 지내고 예로써 제사를 지내는 것이다."

맹의자가 공자에게 효에 대해 묻자 공자는 '어기지 않는 것'이라고 하였다. 이 말은 부모님의 말씀을 어기지 않는 것이 아니라 예법을 어기지 않는 것이라는 의미를 지니고 있다. 이 구절을 읽으며 기본적인 예조차 지키지 않는 현실에 안타까움을 느꼈다.

공자 | 홍익출판사 | 2016

 융합교과 탐구활동

: 내리사랑은 있어도 치사랑은 없다

내리사랑과 치사랑

'치사랑'이란 손윗사람에 대한 사랑을 말하며, '내리사랑'은 자식에 대한 부모의 사랑을 뜻한다. 이 속담은 부모는 자식을 사랑하지만 자식은 그러지 못한다는 말로, 부모의 사랑이라는 은혜에 대해 감사함을 느끼지 못하고 보답하지 않는 우리의 부끄러운 모습을 담고 있다. 또한 "부모 속에는 부처가 들어 있고 자식 속에는 앙칼이 들어 있다"는 말처럼 부모는 누구나 다 제 자식을 한없이 사랑하지만 자식들 가운데는 부모의 은덕을 저버리는 경우가 없지 아니함을 비유적으로 이르는 말이다. 하지만 "피는 물보다 진하다"는 혈육 간의 정을 나타내는 속담이 있듯,

부모와 자식은 떼고자 하여도 뗄 수 없는 존재일 것이다. 우리는 부모님께 효도를 못하는 것이 아니라 안 하는 것이다. 우리는 부모님의 은혜를 모르는 것이 아니라 그저 당연히 여겨온 것이다. 이제는 우리가 부모님께 효도해야 할 차례이다. 분모와 분자가 바뀌어야 할 때가 온 것이다.

효도법

효도법은 존재할까?

효행장려지원법은 존재하지만 배은행위에 대한 법은 아직 존재하지 않는다. 이는 효도가 의무가 아니라는 것을 의미한다. 마치 우리가 예의를 갖추지 않고 행동하였을 때 양심의 가책 말고는 아무런 벌을 받을 수 없는 것처럼 말이다. 효행장려지원법은 부모의 재산을 상속받은 뒤 부모를 부양하지 않을 경우 자식이 부모에게 다시 재산을 돌려주도록 제한하는 법이다. 이러한 법이 진정한 효를 돕는다고 보기는 어렵다는 의견 또한 존재한다. 과연 이 법을 통해 우리는 효를 증진시킬 수 있을까?

효도를 법으로 제한할 수 있을까?

가족법에는 일반적으로 민법의 친족법과 재산상속법이 포함되어 있으며 가부장제도와 부모와 자식의 평등에 관한 법까지 다루고 있다. 하지만 자녀가 부모에게 효도하지 않는 것은 도덕적인 문제에 그친다. 그 이유는 배은행위의 기준이 너무 주관적이고, 부모가 자식에게 했던 행동들을 알 수 없기에 자식이 꼭 효를 행할 필요나 의무가 없다고 보기 때문이다. 또한 부모가 자식의 배은행위를 묵인할 가능성도 있다.

효도법 논란

하지만 늘어나는 독거노인 수 등 여러 사회문제 아래 아직까지도 효도법에 대한 논란은 꺼지지 않고 있다. 한 대통령 후보는 효도를 하지 않는 자는 사형에 처하겠다는 공약을 내세우며 여러 번 선거에 출마했지만 최근 선거에서는 젊은 층의 투표수 하락을 걱정하여 효도법에 대한 공약을 제거하였다. 과연 효도를 법으로 제한하는 것이 맞을까? 과거에는 예를 이루는 수단이 효라는 공자의 주장이 있을 정도로 중요시되었던 효가 지금은 법 제한으로 논란이 될 만큼 찾아보기 힘들어졌다는 사실이 안타깝다.

창의인성을 위한 서술·논술형 문제

다음 글을 읽고 물음에 답하여라.

(가) 1부터 9까지 9장의 카드가 있다. 9장의 카드로 각각 진분수 또는 가분수를 만들 때 만들 수 있는 가장 큰 수와 가장 작은 수를 구하여라.

(나) 민간 전승에 따르면 까마귀는 효의 상징이라고 한다. 새끼 까마귀는 성장하는 동안은 부모 까마귀로부터 먹이를 입으로 받아먹지만, 어느 정도 성장을 하면 새끼 까마귀가 부모 까마귀에게 먹이를 물어다 주는 모습을 보이기 때문이다. 하지만 이는 잘못 알려진 사실이다. 새끼 까마귀는 충분히 성장하여 부모 까마귀보다 덩치가 더 커진 후에도 부모로부터 먹이를 받아먹는다고 한다. 그래서 과거에는 사람들이 덩치가 더 큰 성장한 새끼 까마귀를 부모 까마귀라고 착각했던 것이다.

1 글 (가)의 답을 구하여라.

  1-1 가장 큰 수를 구하여라.

  1-2 가장 작은 수를 구하여라.

2 문제 1의 답에서 가장 큰 수와 가장 작은 수의 분자와 분모를 바꾼 값을 구하여라.

  2-1 바꾸기 전의 값과 바꾼 후의 값을 비교해보아라.

3 글 (나)에서 분수의 개념을 이용하여 서로 상반된 까마귀 이야기를 설명하여라.

  3-1 가분수에서 분모와 분자의 위치를 바꾼 수를 비교하라.

  3-2 이와 관련하여 부모와 자녀의 관계에서 자녀의 역할이 무엇인지 서술하여라.

4 다음 글을 읽고, '무소유'를 주장한 법정스님과 "헛되고 헛되도다"라고 노래한 솔로몬의 주장에 대한 자신의 생각을 서술하라.

조디 피코의 《19분》에서는 행복공식을 현실에 대한 기대의 비로 표현하고, 행복하기 위한 두 가지 방법을 제시한다. 예컨대, 행복$=\dfrac{현실}{기대}=\dfrac{99}{4}$라 할 때, 열심히 노력하여 분자에 1을 더한다면 25의 행복이 주어지지만 기대, 즉 욕심을 1만큼 줄이면 33의 행복이 주어진다는 것이다. 그렇다면 욕심을 버려 분모를 0으로 만든다면 무한히 행복해진다는 결과를 얻는다.

◆ 창의인성을 위한 서술·논술형 문제

1-1 $\dfrac{9}{2}$

1-2 $\dfrac{1}{9}$

2 $\dfrac{2}{9}$

2-1 9

바꾸기 전에 크기가 큰 분수는 작아졌고, 바꾸기 전 크기가 작은 분수는 커졌다.

3 분수 $\dfrac{9}{2}$는 나이를 먹어 덩치가 더 커진 새끼 까마귀가 부모에게 아직도 어린아이처럼 구는 것과 마찬가지로 부모보다 더 큰 힘을 가졌음에도 불구하고 의지하고자 하는 자식의 모습으로 볼 수 있다. 하지만 여기에서 분모와 분자의 위치가 바뀌게 되면, 부모보다 더 큰 힘을 발휘할 수 있는 우리가 자식을 지탱해오던 부모의 역할을 할 수 있게 되는 것이다.

38

집합 - 다양성과 협력으로 완성되는 공동체

집합(유한집합의 개수)의 개념과 원리를 통해 더불어 살아가는 공동체에서 스스로의 정체성을 찾아보자.

(가) 고양외고에서 방과후학교 수강신청이 있었다. 학생이 40명인 학급에서 수학 교과를 신청한 학생은 24명, 영어 교과를 신청한 학생은 18명이고, 두 강좌를 모두 신청한 학생이 11명이라면, 아무것도 신청하지 못한 학생은 몇 명인가?

(나) 색의 3요소와 빛의 3요소
색의 3요소는 광원 또는 발광체에서 나오는 빛의 파장(가시광선, 광원, 빛)이고, 물체에 반사 또는 투과(흡수)할 수 있는 빛의 파장(물체 색)이며, 물체를 지각할 수 있는 빛의 파장(인간의 눈)이다. 색에는 색상·명도·채도의 3속성이 있는데, 이것을 색의 3요소라고 한다. 색의 3원색은 빨강·노랑·파랑이며, 이들을 적당히 섞어서 여러 가지 색을 낼 수 있다. 모두 섞으면 검정색이 된다. 빛의 3원색은 초록·파랑·빨강이며 모두 섞으면 흰색이 된다. 빛의 성질에는 직진의 성질, 반사의 성질, 굴절의 성질이 있다.

(다) 우리들은 필요에 의해 물건을 소유하지만, 때로는 그 물건 때문에 적잖이 마음을 쓰게 된다. 그러니까 무엇을 갖는다는 것은 다른 한편으로는 무엇인가에 얽매인다는 뜻이다. 필요에 따라 가졌던 것이 도리어 우리를 부자유하게 얽어맨다면 주객이 전도되어 우리는 가짐을 당하게 된다. 그러므로 많이 갖고 있다는 것은 흔히 자랑거리처럼 여기지만, 그만큼 많은 것에 얽혀 있다는 측면도 동시에 지닌다.

- 법정, 《무소유》

생각 던지기

1 글 (가)를 읽고 물음에 답하여라.

1-1 집합이란 무엇인가?

1-2 집합에는 어떤 것들이 있는가?

1-3 강좌를 듣지 못하는 것을 사회적인 측면에서 본다면 어떤 상황인가?

2 글 (나)를 읽고 물음에 답하여라.

2-1 빛의 3원색을 말해보자.

2-2 색의 3원색을 말해보자.

2-3 빛의 3원색과 색의 3원색을 통해 배울 수 있는 교훈은 무엇인가?

3 글 (다)를 읽고 법정 스님의 '무소유'와 연관지어 공집합의 특성을 설명하여라.

 생각 넓히기

1 우리 주위의 사회적 약자는 누구일까?

1-1 내가 사회적 약자를 위해 할 수 있는 일은 무엇일까?

2 집합을 통해 공동체의 삶에 대하여 생각해보자.

2-1 $A=\{a, b, \{a\}\}$에 대하여 $a \in A$, $c \notin A$, $\{a\} \subset A$, $\{a\} \in A$

⇨ 나는 자녀도 되지만 아버지도 된다.

2-2 서로소란 무엇인가?

⇨ $A \cap B = \varnothing$일 때, 집합 A, B는 서로소이다. 서로 다름을 인정하는 것이 소통의 출발이다.

2-3 $A=B \Leftrightarrow A \subset B$이고 $B \subset A$

⇨ 같다는 것은 쌍방향이다. 어느 누구라도 자신을 드러내면 같아질 수 없다.

3 빛의 3원색이 만나면 흰색이 되고, 색의 3원색이 만나면 검정색이 된다.

    3-1 나는 어떤 색을 가졌는가?

    3-2 내가 기대하는 색은 무엇인가?

    3-3 이를 위해 내가 해야 할 것은 무엇인가?

 생각 나누기

1 사회적 약자를 위한 올바른 방안은 무엇일까. 그들이 스스로 노력해야 하는가, 아니면 가진 사람이 도와주어야 하는가?

2 교사는 교실 속 아이들을 집합으로 볼 것인가, 원소로 볼 것인가?

3 두 집합 A, B에 대하여 생각해보자.

    3-1 등식 $n(A \cup B) = n(A) + n(B)$이 성립하는 사례를 실생활에서 제시하고 그에 따른 긍정적인 측면과 부정적인 측면을 설명하라. 그에 따른 가장 이상적인 방안은 무엇인지 자신의 견해를 말하여라.

    3-2 등식 $n(A \cup B) = n(A) + n(B) - n(A \cap B)$이 성립하지 않는 사례를 실생활에서 제시하고 설명하라. 그에 따른 교훈을 서술하라.

▌수업 연계형 독서활동   《정의는 약자의 손을 잡아줄까?》

가장 많은 수를 차지하는 사회적 약자인 여성들, 특히 성범죄와 가정폭력 피해자들의 이야기, 앞으로 사회적 약자가 되지는 않을까 걱정하는 청년들(취업 준비생)의 이야기를 다룬다. 또한 편의점주나 협력업체들과 같이 갑이라고 생각하기 쉬우나 사실상 '을'로서 살아가는 이들의 삶을 통해 약자에 대한 이야기를 풀어간다.

이전에는 사회적 약자라는 말에 새터민과 장애인들만 떠올렸다. 하지만 현실의 높은 벽에 가로막혀 뜻대로 할 수 없는 삶을 살아가는 사람 또한 우리 사회에서 지켜주어야 할 사회적 약자라는 생각이 들었다.

손은혜 | 에이지21 | 2016

융합교과 탐구활동

: 부의 대물림과 사회적 약자

부의 대물림은 왜 생겨났는가?

부의 대물림은 부유한 사람은 계속해서 부를 세습할 수 있고, 가난한 사람들은 또한 계속 가난을 대물림하게 되기 때문에 발생한다고 생각한다. 자본주의 사회에서는 생산에 필요한 수단도 모두 개인의 소유이기 때문에 생산물뿐만 아니라 생산 수단도 대물림된다. 이처럼 물려받은 생산 수단을 이용해 발생한 이익은 이미 부유한 개인에게 축적된다. 가난한 사람들, 즉 노동자들은 생계에 필요한 재정 상태를 유지하는 것만으로도 벅차기 때문에 큰 자본이 필요한 생산 수단을 마련할 여력이 없고, 계속해서 가난한 상태로 남게 되는 것이다. 만약 이런 모순된 자본주의 사회가 계속된다면 빈익빈 부익부는 계속 심화될 것이다.

이러한 현상으로 발생하게 될 사회적 약자에 대하여 알아보자

첫 번째로는 노동자이다. 이기적인 기업에서 일하는 노동자들은 어쩌면 최저임금도 못 받으며 일할 수 있다. 이처럼 상대적 약자인 노동자들이 기업의 횡포로 해고를 당한다면 하루아침에 길거리로 쫓겨날 수 있다. 그러면 노동자에서 노숙자로, 더 심각한 사회적 약자로 도태된다. 생산성을 극대화시키고자 하는 기업 논리로만 본다면, 장애인들 또한 업무 능력이 떨어질 수 있다는 우려로 취업하기가 더 힘들고, 그로 인해 생계 유지가 어려워질 수 있다.

생각 정리하기

최근 인권운동이나 사회복지 활동에 관심이 생기고 유니세프, 세이브더칠드런과 같은 NGO에 흥미를 느껴서 이에 관해 더 깊이 알아보고 싶다는 생각을 했다. 그런데 이번 기회에 사회적 약자의 인권 문제를 수학과 연관지어 생각해볼 수 있었다. 수학 개념을 이해하는 데 공식에만 매달리는 것이 아니라, 인문학적으로 접근할 수도 있다는 것을 알았다. 특히 내가 관심 있는 주제와 수학을 연결해보니 그 개념을 더 쉽게 이해할 수 있었다.

창의인성을 위한 서술·논술형 문제

1 고양외고에서 방과후학교 수강신청이 있었다. 학생이 40명인 학급에서 수학 교과를 신청한 학생은 24명, 영어 교과를 신청한 학생은 18명이고, 두 강좌를 모두 신청한 학생이 11명이라면, 아무것도 신청하지 못한 학생은 몇 명인가?

2 두 집합 A, B에 대하여 생각해보자.

    2-1 등식 $n(A \cup B) = n(A) + n(B)$이 성립하는 사례를 실생활에서 제시하고 그에 따른 긍정적인 측면과 부정적인 측면을 설명하라. 그에 따른 가장 이상적인 방안은 무엇인지 자신의 견해를 말하여라.

    2-2 등식 $n(A \cup B) = n(A) + n(B) - n(A \cap B)$이 성립하지 않는 사례를 실생활에서 제시하고 설명하라. 그에 따른 교훈을 서술하라.

3 다음은 법정 스님의 '무소유'와 관련한 글이다. 글을 읽고 공집합의 특성을 3가지 이상 제시하고, 그 이유를 설명하여라.

> 우리들은 필요에 의해 물건을 소유하지만, 때로는 그 물건 때문에 적잖이 마음을 쓰게 된다. 그러니까 무엇을 갖는다는 것은 다른 한편으로는 무엇인가에 얽매인다는 뜻이다. 필요에 따라 가졌던 것이 도리어 우리를 부자유하게 얽어맨다면 주객이 전도되어 우리는 가짐을 당하게 된다. 그러므로 많이 갖고 있다는 것은 흔히 자랑거리처럼 여기지만, 그만큼 많은 것에 얽혀 있다는 측면도 동시에 지닌다.
>
> – 법정, 《무소유》

◆ 생각 던지기

3 공집합(∅)은 가진 것이 하나도 없기 때문에 모든 곳에 다 포함된다. → 자신을 비우면 모든 것에 다 들어갈 수 있고 그 어떤 것도 공집합을 배척하지 않는다.

공집합(∅)은 가진 것이 하나도 없기 때문에 어떤 것과 합해도 그것을 변화시키지 않는다. → $X \cup \varnothing = X$

아무것도 없는 공집합에서조차 무엇인가를 취하려고 한다면 공집합은 그것을 자기처럼 만들어버린다.

즉, 그가 갖고 있는 모든 것을 없애버린다. → $X \cap \varnothing = \varnothing$

– 이규봉, 《수학의 창을 통해 보다》

◆ 창의인성을 위한 서술·논술형 문제

1 전체집합을 U, 수학 교과를 선택한 학생을 A, 영어 교과를 선택한 학생을 B라 하면

$n(A \cup B) = n(A) + n(B) - n(A \cap B)$가 성립하므로 $n(A \cup B) = 24 + 18 - 11 = 31$

따라서, 구하고자 하는 식의 값은 $n(U) - n(A \cup B) = 40 - 31 = 9$

2 매년 대학 입시 결과를 발표할 때마다 단위학교에서 중복 합격자를 배제하지 않고 발표하여 재학생 수보다 진학 학생 수가 더 많은 경우가 있다. 또한, 도박 현장에서 도박사범들을 검거한 후 경찰 발표에서 실제 현장에 있던 돈에 비하여 판돈을 몇 배 더 크게 발표하기도 한다.

3 법정 스님이 말하는 무소유는 공집합을 말한다.

첫째, 무소유란 아무것도 갖지 않는 것이 아니라 집착하지 않는 것이다.

둘째, 공집합은 무척 자유롭고 어디에든 포함되며 누구도 배척하지 않는다.

　　　있는 듯 없는 듯, 일체의 간섭도 하지 않고 영향을 미치지도 않는다.

셋째, 하지만 상황이 바뀌면 모두를 없애버릴 수 있는 막강한 힘이 있다.

39

일차방정식 – 인생 방정식

일차방정식의 개념과 원리를 통해 디오판토스의 일생을 계산해보고, 내가 살아갈 삶의 방향을 생각해보자.

(가) 디오판토스(Diophantos)는 고대 알렉산드리아에서 활약한 그리스의 수학자로 대수학의 아버지라고 불린다. 그가 언제 태어나 언제 죽었는지는 아무도 알 수 없지만, 그가 죽었을 때의 나이는 정확하게 알 수 있다. 그의 제자들이 묘비에 다음과 같이 새겨놓았기 때문이다.

"신의 축복으로 태어난 그는 인생의 1/6을 소년으로 보냈다. 그리고 다시 인생의 1/12이 지난 뒤에는 얼굴에 수염이 자라기 시작했다. 다시 1/7이 지난 뒤 그는 아름다운 여인을 맞이하여 화촉을 밝혔으며, 결혼한 지 5년 만에 귀한 아들을 얻었다. 그러나 그의 가엾은 아들은 아버지의 반밖에 살지 못했다. 아들을 먼저 보내고 깊은 슬픔에 빠진 그는 그 뒤 4년간 정수론에 몰입하여 스스로를 달래다가 일생을 마쳤다."

(나) '페르마의 마지막 정리'는 피타고라스의 정리만큼 명확하게 증명되는 것이 아니었다. 그 때문에 내로라하는 많은 수학자들이 페르마의 정리를 풀지 못해 좌절했다. 수학자 한 사람 한 사람의 인생을 그야말로 행복에서 불행으로 바꾼, 마치 희대의 카사노바 같은 존재였다. 페르마의 마지막 정리 문제는 결국 앤드류 와일즈에 의해서 풀렸다. 그 과정에서 많은 루머와 해프닝을 낳았지만 마침내 풀이에 성공했다. 우리의 인생은 어쩌면 페르마의 마지막 정리와 닮은꼴이 아닐까 생각해본다. 때로는 풀릴 듯하다가 다음 순간 낭떠러지로 떨어지는 좌절감을 안겨주기도 하고, 동시에 한번 피 터지게 살아보라고 유혹하는 듯도 하다. 이처럼 내 앞에 펼쳐진 인생을 살기 위해, 오늘도 다시 한 번 박차고 일어난다.

📖 생각 던지기

1 인생이란 수많은 방정식을 풀어가는 과정이라 할 수 있다. 내 인생의 방정식에는 무엇이 있을까?

   1-1 방정식이란 무엇인가?

   1-2 방정식의 해란 무엇인가?

2 글 (가)의 디오판토스의 비문을 통해 디오판토스가 살아온 삶의 여정을 알아보자.

3 글 (나)의 페르마의 마지막 정리를 풀어낸 앤드류 와일즈의 인생에 대해 이야기해보자.

🔍 생각 넓히기

1 인생이란 수많은 방정식을 풀어가는 것이라 할 때, 다음 물음에 답하여라.

   1-1 그 방정식은 내가 만들어낸 것인가, 누군가가 나에게 만들어준 것인가?

   1-2 그에 대한 나의 반응은 어떠한가?

   1-3 그렇다면, 그 방정식의 해는 무엇인가?

2 내게 주어진 방정식들에 대하여 생각해보자.

   2-1 지금까지 경험한 방정식은 무엇이었는가?

   2-2 현재 내가 해결해야 할 방정식은 무엇인가?

   2-3 앞으로 내게 주어질 방정식은 무엇인가?

3 나에게 주어진 방정식을 해결하기 위해서 어떤 노력을 했으며, 앞으로 할 것인가?

4 내게 주어진 방정식들은 무엇 때문에 존재하는 것인가?

💬 생각 나누기

1 꿈을 향한 여정에는 풀어야 할 인생 방정식이 있다. 거기에는 해가 분명하게 존재하는 경우와 존재하지 않는 경우, 그리고 무수히 많은 해가 존재하는 경우가 있다. 각각의 경우에 대하여 어떤 자세로 임할 것인지 나누어보자.

    1-1 해가 분명하게 존재하는 경우

    1-2 해가 무수히 많은 경우

    1-3 해가 존재하지 않는 경우

2 방정식을 해결함에 있어서 주어진 조건의 개수가 동일한 경우가 있다. 혹은, 막연한 조건이 주어진 경우도 있다. 해가 존재하지 않는 방정식을 만났을 때 어떻게 해야 하는가?

3 "문제에는 반드시 해가 있다"는 말에서 삶의 의미를 발견할 수 있다. 그런데 방정식의 해를 구하기 위해 노력했음에도 해를 구하지 못했다면 무엇이 문제인가?

"신념을 갖고 자기 마음의 주인이 돼라. 남에게 받고 싶은 대로 줘라. 행복하라! 다른 사람을 행복하게 하라. 기도의 힘을 이용하라. 목표를 세워라. 공부하라, 생각하라, 그리고 날마다 계획하라."

저자는 성공을 이루려면 자신이 자기 마음의 주인이 되어야 한다고 말한다. 진정한 성공은 남을 이기는 것이 아닌 자신의 힘으로 만들어가는 것이다. 이에 대하여 내가 생각하는 성공의 기준이 무엇인지, 그리고 그것을 이루기 위한 나의 목표와 계획은 무엇인지 다시금 생각해보게 되었다. 또한 나만의 독특한 삶을 살아가고자 다짐하게 되었다.

나폴레온 힐 | 국일미디어 | 2015

《톨스토이의 인생을 어떻게 살 것인가》

이 책은 '처세, 행복, 시간, 사색, 교양, 정신, 일, 욕망, 사회, 시련, 이웃, 죽음' 과 같은 간결한 주제들로 구성되어 있다. 우리는 자신에 대하여 과소평가하거나 과대평가하는 경우가 많다. 자신을 잘 알고 있는 사람은 누구보다도 냉정하다. 자신의 힘을 잘 안다면 그 능력이 낮게 평가되는 것을 두려워하지 말라. 오히려 그 능력이 과대평가되는 것을 두려워하라.

레프 톨스토이 | 책만드는집 | 2014

융합교과 탐구활동

: 적소성대(積小成大)

積塵成山 積小成大(적진성산 적소성대)는 티끌모아 태산을 뜻하는 성어이다. 예컨대, 티끌이라도 쌓고 쌓다 보면(積塵) 큰 산을 이루게 되고(成山), 작은 것이라도 쌓으면(積小) 태산을 이룰 수 있다(成大)는 뜻이다.

하찮아 보이는 작은 것 하나가 후에 나의 진로에, 더 나아가서는 나의 인생에 큰 영향을 미친다. 나의 미래를 위해서, 즉 나의 방정식을 풀기 위해서 우리는 성공의 요소인 미지수에 집중하고, 그것을 달성하기 위해 노력해야 한다. 여기에는 사소한 습관처럼 작은 것들이 포함된다.

1 "노력을 이기는 재능도 없고, 노력을 외면하는 결과도 없다"라는 말과 관련하여 자신이 경험한 사례를 설명해보자.

2 앞으로 이루고 싶은 꿈을 제시하고 어떻게 실천할 것인지 서술하라.

생각 정리하기

인생은 흘러가는 것이 아니라 채워지는 것이다.
우리는 하루하루를 보내는 것이 아니라
내가 가진 무엇으로 채워가는 것이다.　　　　　 ― 존 러스킨

인생은 내가 어떻게 하느냐에 따라 달라진다. 누가 나의 인생을 대신 살아주는 것도, 내가 남의 인생을 사는 것도 아니다. 내가 어떠한 일을 결정할 때 아무도 나에게 뭐라 할 사람은 없다. 그러므로 실패를 두려워하여 시도도 하지 않는 것은 어리석은 일이다.
인생 방정식을 풀려고 시도했는데도 풀리지 않는 경우가 있을 것이다. 하지만 좌절할 필요는 없다고 생각한다. 해를 구하려고 시도하는 과정에서 더 많은 것을 배우기 때문이다.

창의인성을 위한 서술·논술형 문제

디오판토스는 고대 알렉산드리아에서 활약한 그리스의 수학자로 대수학의 아버지라고 불린다. 그가 언제 태어나 언제 죽었는지는 아무도 알 수 없지만, 그가 죽었을 때의 나이는 정확하게 알 수 있다. 그의 제자들이 묘비에 다음과 같이 새겨놓았기 때문이다.

"신의 축복으로 태어난 그는 인생의 1/6을 소년으로 보냈다. 그리고 다시 인생의 1/12이 지난 뒤에는 얼굴에 수염이 자라기 시작했다. 다시 1/7이 지난 뒤 그는 아름다운 여인을 맞이하여 화촉을 밝혔으며, 결혼한 지 5년 만에 귀한 아들을 얻었다. 그러나 그의 가엾은 아들은 아버지의 반밖에 살지 못했다. 아들을 먼저 보내고 깊은 슬픔에 빠진 그는 그 뒤 4년간 정수론에 몰입하여 스스로를 달래다가 일생을 마쳤다."

1 묘비의 내용을 통해 다음 내용을 추측해보자.

   1-1 디오판토스가 몇 년을 살았는지 방정식을 세워 계산하여라.

   1-2 디오판토스는 몇 살에 결혼했을까?

   1-3 그의 아들은 몇 년 동안 살았을까?

2 디오판토스의 묘비를 통해 알 수 있는 교훈은 무엇인가?

⇨ 세상에 태어난 것 자체가 신의 축복이다.
　아름다운 여인과 결혼하였고, 사랑의 선물로 아들이 태어났으나 아들이 먼저 세상을 떠났다. 그 슬픔을 이겨내기 위해 정수론에 몰입하였다.

3 이 세상을 살다간 사람들의 묘비명에 대하여 조사해보자.

4 나의 묘비에 어떤 글이 쓰이기 원하는지 나누어보자.

◆ 창의인성을 위한 서술·논술형 문제

1-1 디오판토스의 나이를 x라고 하면,

$\dfrac{1}{6}x + \dfrac{1}{12}x + \dfrac{1}{7}x + 5 + \dfrac{1}{2}x + 4 = x$ $\therefore x = 84$(세)

1-2 결혼한 나이 $= \dfrac{1}{6}x + \dfrac{1}{12}x + \dfrac{1}{7}x$이므로 $\therefore 33$(세)

1-3 아들은 아버지의 반밖에 살지 못하였으므로 $84 \times \dfrac{1}{2} = 42$(세)

방정식의 개념과 원리를 통해서 누구에게나 똑같이 주어진 시간을 어떻게 활용할 것인지에 대해 생각해보자.

(가) 세상에는 수많은 약속들이 있다. 우리가 살아가는 공동체 안에도 마찬가지다. 이를 '문화'라고 정의한다. 그 약속들을 이해하지 못하면 서로 소통할 수 없다.

다음은 어떤 집단의 '삶의 문화'를 나열한 것이다. 이는 무엇을 의미하는가?

$$2+7=9, \qquad 10+6=4 \qquad 11+12=11$$

(나) 10대 후반의 소녀 A에게는 특정 시점으로 시간을 되돌릴 수 있는 힘이 있다. 그 힘의 이용 횟수는 10번으로 한정되어 있었는데, 마침내 전부 사용하고 마지막 열 번째만 남았다. A는 얼마 전에 교통사고로 유명을 달리한 친구 B의 죽음을 막기 위해 사고 당일 9시에서 10시 사이의 어느 시점으로 돌아간다. B의 사고는 9시 50분경에 발생하였고, A의 위치와 사고 현장까지는 약 4km 떨어져 있었다. 평균속도가 11km/h인 A가 3.5km를 달리는 순간에 시계의 분침과 시침이 서로 겹쳐진다.

(다) 세상에서 가장 길면서도 가장 짧은 것, 가장 빠르면서도 가장 느린 것, 가장 작게 나눌 수 있으면서도 가장 길게 늘일 수 있는 것, 가장 하찮은 것 같으면서도 가장 회한을 많이 남기는 것, 그것이 없으면 아무것도 할 수 없고, 사소한 것은 모두 집어삼키고 위대한 것에게는 생명과 영혼을 불어넣는 그것은 무엇일까?

−물리학자 M. 패러데이가 누군가에게 수수께끼처럼 물은 말

(라) 시간과 관련된 그리스 신화의 신은 두 명이 있다. 크로노스와 카이로스이다. 크로노스는 시간을 관장하는 신이다. 무형의 신이고 간혹 형태를 갖추면 긴 수염을 가진 늙은 현자의 모습으로 나타난다. 카이로스는 제우스의 막내아들로 기회의 신이라고도 한다. 특이한 점은 앞머리만 있어서 그의 앞머리를 잡으면 운 좋게 기회를 잡을 수 있다고 한다. 크로노스는 자연적으로 해가 뜨고 지는 시간, 태어나고 죽는 생로병사의 시간과 같은 객관적인 시간을 의미하고, 카이로스는 자신의 선택에 의한, 또는 마음먹기에 따른 주관적인 시간을 의미한다. 두 신 중 하나를 선택하라고 한다면 어떤 선택을 할 것인가? 인생을 변화시키는 것은 매일 스스로 선택하는 것뿐이다.

📖 생각 던지기

1 글 (가)에서 제시한 조건은 어떤 집단에 대한 문화를 나타내는가?

2 글 (나)를 읽고 다음 물음에 답하여라.

2-1 A의 시간을 되돌릴 수 있는 힘은 왜 10번으로 한정되었을까?

2-2 만약 A의 달리기 속도가 조금만 더 빨랐더라면, B가 조금만 더 늦게 사고를 당했더라면, A가 조금만 더 빠른 시점으로 이동을 했다면, A는 B를 구해낼 수 있었을까?

2-3 위 가정에 따라 B를 구해낼 수 있었다면, 거기에서 계산할 수 있는 근소한 '시간의 차'는 얼마나 되는가?

2-4 A가 시간을 되돌릴 수 있는 마지막 순간에 B를 구하고자 하는 이유는 무엇일까?

2-5 A는 B의 죽음에 대하여 어떻게 생각했을까?

2-6 A는 기회가 한 번 더 왔음에도 불구하고 B의 죽음을 막지 못한 것에 대하여 어떻게 생각했을까?

3 글 (다)에서 시간에 대한 특성을 이분법적으로 나열하고 있다. 이에 대하여 자신의 생각을 나누어보자.

4 글 (라)를 읽고 다음 물음에 답하여라.

    4-1 카이로스와 크로노스의 신화 이야기를 조사해보자.

    4-2 신화가 의미하는 메시지는 무엇인가?

🔍 생각 넓히기

1 내가 살아가는 공동체의 삶의 문화에 대하여 생각해보자.

    1-1 내가 속한 집단이 가진 삶의 문화는 무엇이 있는가?

    1-2 내가 만들어낸 삶의 문화는 무엇인가?

    1-3 꿈꾸는 삶의 문화를 이루기 위해 해야 할 일은 무엇인가?

2 나에게 시간을 되돌릴 수 있는 능력이 있다면 무엇을 위해 사용하겠는가?

    2-1 마지막 한 번의 기회가 남아 있다면 어디에 사용하겠는가?

3 시간에 종속된 '나'가 아니라, 시간과 동등한 위치의 '나'로서 기회가 찾아왔다.

    3-1 내가 저지를 수 있는 과오에는 무엇이 있는가?

    3-2 그 과오를 벗어나 어떠한 현명한 결정과 행동을 할 것인가?

4 시간의 파괴성, 죽음에 대한 두려움에 빠졌던 적이 있는가?

    4-1 현재에 집중하고 현재를 소중히 여기며 즐기기 위해 어떤 노력을 해야 하는가?

    4-2 나에게 '카르페 디엠(carpe diem)'이란 어떤 의미인가?

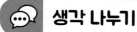

💬 생각 나누기

1 시간은 모두에게 공평하다. 공평한 시간을 현명하게 사용할 수 있는 방법은 무엇인가?

2 시간을 '크로노스'와 '카이로스'로 구분하여 설명해보자.

   2-1 나에게 주어진 시간을 무엇을 위해 어떻게 사용하겠는가?

3 인디언의 경매제도에 따르면 마지막까지 남아 있는 사람이 물건을 낙찰받는다고 한다.

   3-1 그 이유가 무엇인지 인디언들의 문화에 대해 말해보자.

   3-2 주어진 시간을 소중하게 여겨야 하는 이유를 나누어보자.

🚩 수업 연계형 독서활동 《죽은 시인의 사회》

미국의 명문 학교에서는 모두가 표면적 성공만을 좇는다. 일류 대학과 출세는 어느새 학생들의 궁극적 목표, 미래의 과업이 되어 있다. 그렇게 자신의 진실된 목소리에 귀 기울일 틈 없는 학생들을 위해 키팅 선생님은 수업 시간마다 생각할 거리들을 던져주며 학생들의 무한한 잠재력을 깨운다. 학생들은 자연히 현재, 지금 이 순간의 자신에 눈뜨게 된다. 키팅 선생님의 수업은 크게 다섯 가지 가치를 선물한다. 존재의 유한성과 현재의 의미, 다르게 보고 다가가기, 존재의 발견과 표현, 개별 존재의 차이와 일상적 동일성 등이 그것이다. 그중 현재의 의미를 발견하는 그의 첫 수업에서 키팅 선생님은 'Carpe diem'이라는 말로 인생 수업의 시작종을 울린다.

"Carpe diem! Seize the day, Make your lives extraordinary."
"현재를 잡아라, 삶의 정수는 미래가 아니라 지금에 있다."

책을 읽는 내내, 나 자신을 키팅 선생님의 열띤 수업 현장 속으로 가만히 가져다 놓아보았다. 그러자 그가 전해주는 시와 인생을 살아가는 자세가 하나둘 마음속에 들어오기 시작했다. 나는 이 흘러가는 시간 속에서 그 흐름에 나를 맡기며, 매 순간 현재에 충실하게 살아가리라 다짐했다.

N.H. 클라인바움 | 서교출판사 | 2004

: 시간의 두 얼굴

아리스토텔레스는 기원전 4세기에 시간을 '물리적 시간'으로 규정지었다. 물리적 시간이란 시계로 재는 자연적 시간으로 무한히 나뉘어 끊임없이 흘러가버리는 시간이다. 이 시간은 언제나 '현재'만 존재한다. 시계를 보면 순간순간 바뀌는 지금의 시각만 표시된다. 물론 물리적 시간도 '과거-현재-미래'로 이어짐은 알 수 있지만, 과거는 '이미' 존재하지 않고 미래는 '아직' 존재하지 않기 때문에 실제로 시계판에서 그 존재를 확인할 수 있는 것은 오직 '현재'뿐이다.

이러한 물리적 시간은 우리가 가진 모든 것, 즉 육체와 정신, 그리고 삶 자체까지 하나하나 파괴해간다. 태어나는 모든 어린아이는 세상에 나오자마자 늙기 시작하여 결국 죽는다. 시간은 그 누구도 피해 가지 못하는 폭력적 파괴자이다. 그래서 서양 사람들은 이 시간을 '크로노스(Cronos)'라 부른다. 크로노스 안에서 경험하는 우리의 삶은 사멸하는 것, 단지 흘러가고 마는 것, 허무하기 짝이 없는 것, 때문에 값어치 없는 것이 되고 만다. 이렇듯 물리적 시간 안에서 개인의 감정은 행복보다는 불안과 절망, 허무주의적 사상에 더 치우쳐 있다.

이러한 시간의 파괴성, 무상함을 극복하고자 에피쿠로스는 쾌락주의를 탄생시킨다. 인간으로서는 도저히 극복할 수 없는 물리적 시간의 파괴성을 두려워하거나 피하려 애쓰지 않고 오히려 그것을 인정하고 적극적으로 받아들여 오직 현재에 몰두할 것을 권한다. '카르페 디엠(Carpe diem)!', 마치 산딸기의 열매를 따듯이 그때그때 그 일에 몰두해 행복하게 살아가라는 것이다. 그럼으로써 바람처럼 흘러가버려 '이미' 존재하지 않는 과거나 신기루처럼 '아직' 다가오지 않는 미래 때문에 생기는 회한과 절망, 그리고 불안과 공포들을 떨쳐버리라는 것이다.

– 김용규 강연, 〈시간의 두 얼굴〉中

1 아리스토텔레스가 정의한 물리적 시간의 개념은 무엇인가?

　1-1 물리적 시간의 관점에서는 인생을 어떻게 바라보고 있는가?

　1-2 에피쿠로스의 쾌락주의가 강조하는 시간과 인생을 대하는 자세는 무엇인가?

　1-3 '카르페 디엠(Carpe diem)!'이란 무엇을 의미하는가?

2 아리스토텔레스의 물리적 시간 속에서 사람은 결국 죽을 것이다.

  2-1 나에게 죽음이란 무엇인가?

  2-2 한 번뿐인 인생을 아름답게 살아가야 한다. 아름다운 인생을 위해 어떤 자세로 삶을 바라보아야 할까? 허무주의적 자세가 필요할까, 쾌락주의적 자세가 필요할까?

3 살면서 후회되는 순간들이 많다. 모든 후회는 시간과 이어져 있다. 후회가 적을수록, 우린 더 알찬 인생을 살 수 있다. 인생이란 시간의 흐름을 받아들이는 과정이다. 시간의 흐름을 받아들이는 과정에서 여러 고난이 있을 것이다. 이 고난들을 이겨낸 우리는 어떤 존재가 될까?

생각 정리하기

그동안 수학은 계산만 하는 재미없는 과목이라고 생각했는데, 이렇듯 융합적으로 다른 과목과 연관 지어 생각해보니 수학 교과에 더욱 흥미를 가질 수 있었다. 또한 대인관계를 형성해가기 어려웠던 경험에 비추어, '인간관계'라는 주제에 대하여 다시 생각해보는 계기가 되었다.

나는 아직 진로를 확실히 정하지 않았지만, 이 활동을 통해서 어떤 현상에 대해 분석하고 글을 쓰는 활동에 흥미를 느꼈다. 그동안 깊이 생각해보지 않았던 개념에 대한 생각을 정리하고, 분석하여 글로 표현함으로써 나의 적성과 흥미가 무엇인지 다시 한 번 생각해볼 수 있었다.

(가) 10대 후반의 소녀 A에게는 특정 시점으로 시간을 되돌릴 수 있는 힘이 있다. 그 힘의 이용 횟수는 10번으로 한정되어 있었는데, 마침내 전부 사용하고 마지막 열 번째만 남았다. A는 얼마 전에 교통사고로 유명을 달리한 친구 B의 죽음을 막기 위해 사고 당일, 9시에서 10시 사이의 어느 시점으로 돌아간다. B의 사고는 9시 50분경에 발생하였고, A의 위치와 사고 현장까지는 약 4km 떨어져 있었다. 평균속도가 11km/h인 A가 3.5km를 달리는 순간에 시계의 분침과 시침이 서로 겹쳐진다.

(나) 예수께서 베다니 나병환자 시몬의 집에 계실 때에 한 여자가 매우 귀한 향유 한 옥합을 가지고 나아와서 식사하시는 예수의 머리에 부으니 제자들이 보고 분개하여 이르되 무슨 의도로 이것을 허비하느냐? 이것을 비싼 값에 팔아 가난한 자들에게 줄 수 있었겠도다, 하거늘 예수께서 아시고 그들에게 이르시되, 너희가 어찌하여 이 여자를 괴롭게 하느냐? 그가 내게 좋은 일을 하였느니라. 가난한 자들은 항상 너희와 함께 있거니와 나는 항상 함께 있지 아니하리라. 이 여자가 내 몸에 이 향유를 부은 것은 내 장례를 위함이니라.

— 〈마태복음〉 26:6~12

(다) 시간과 관련된 그리스 신화의 신은 두 명이 있다. 크로노스와 카이로스이다. 크로노스는 자연적으로 해가 뜨고 지는 시간, 태어나고 죽는 생로병사의 시간과 같은 객관적인 시간을 의미하고, 카이로스는 자신의 선택에 의한, 또는 마음먹기에 따른 주관적인 시간을 의미한다.

(라) 1시간 60분, 1일 24시간, 1년 365일, 누구에게나 시간의 재료는 같다. 단지 결과가 다를 뿐. 단맛일지, 쓴맛일지, 성공을 만들지, 실패를 만들지, 박수를 만들지, 외면을 만들지, ㉠모든 것은 시간을 요리하는 셰프, 당신에게 달렸다.

— 여훈, 《My friend creativity》 中

1 글 (가)를 읽고 물음에 답하여라.

   1-1 분침이 시침과 겹치는 시각을 구하여라.

   1-2 A가 달리기 시작한 시각을 구하여라.

   1-3 A는 과연 B를 구할 수 있었을까?

2 A는 자신이 가진 마지막 능력의 기회를 친구에게 사용하고 있다. 이에 대하여 대한이와 민국이는 다음과 같은 대화를 나누었다. 글 (나)의 '예수, 옥합을 깨트린 여인, 제자들'의 관점을 살펴보고, 이와 연관지어 대한이와 민국이의 견해를 논리적으로 설명하여라.

> 대한: 친구의 생명을 구했다면 참으로 소중한 일이 될 것이다.
> 민국: 친구의 생명을 구하지 못했다면 그 소중한 능력은 허비하고 만 것이다.

3 글 (다)에서, 두 가지 개념의 시간 중 하나를 선택하라고 한다면, 어느 쪽을 선택할 것인가?

   3-1 그 이유를 서술하여라.

   3-2 글 (다)의 크로노스와 카이로스의 시간 개념에 비추어, 글 (나)의 '예수, 옥합을 깨트린 여인, 제자들' 각각의 입장을 변호하여라.

   3-3 크로노스와 카이로스의 시간적 개념을 글 (라)를 중심으로 설명하고, 그에 따른 자신의 삶을 밑줄 친 ㉠의 입장에서 설명하여라.

◆ 생각 나누기

2 크로노스의 시간은 누구에게나 똑같이 주어지는 물리적 시간이다. 카이로스 시간은 주어진 그 시간을 어떻게 사용하느냐에 따라 달라지는 것이다.

◆ 창의인성을 위한 서술·논술형 문제

1-1 시계의 분침은 1분 동안 6°를, 시계의 시침은 1분 동안 0.5°를 움직인다. 9시는 $360°x - 9/12 = 270°$로, 시침과 분침이 270° 떨어진 위치에 있다. 9시 이후, x분 후에 분침이 시침과 일치한다고 하면,

$$6x = 270 + 0.5x \qquad \therefore \ x = \frac{540}{11}$$

즉, 9시 $\frac{540}{11}$분에 분침이 시침과 겹쳐진다.

1-2 A가 움직인 시간: $\frac{35}{11} \times 60 = \frac{210}{11}$ (분)

A가 출발한 시간: $\frac{540}{11} - \frac{210}{11} = \frac{330}{11} = 30$ (분)

∴ A가 달리기 시작한 시각은 9시 30분이다.

1-3 A가 사고 현장으로부터 약 500m의 거리를 남겨두고 있을 때, 9시 50분이 되어 B는 사고를 당하였으므로 A는 결국 B를 죽음으로부터 구해낼 수 없었다.

부등식의 영역 - 행운은 행복 속에 있다

부등식의 개념과 원리를 통해 자신의 모습과 역량을 살펴보고 꿈꾸는 자신의 모습을 향한 로드맵을 작성해보자.

(가) 등식을 만족하는 점들의 집합은 그래프로 표현되지만 그렇지 않은 점들이 모인 영역은 부등식을 만족한다. 역으로 말하면 부등식을 만족하는 점들의 집합은 영역으로 표현되는 것으로 자취방정식을 경계로 이루어지는 영역을 나타낸다. 그렇다면, 부등식 $(|x|-1)^2+(|y|-1)^2 \leq 2$는 무엇을 나타내는 것일까?

(나) 네 잎 클로버의 꽃말은 행운이고, 세 잎 클로버의 꽃말은 행복이다. 우리는 수많은 세 잎 클로버를 짓밟고 네 잎 클로버를 찾으려 한다. 행운을 얻기 위해 수많은 행복을 저버린다는 것이다.

　네 잎 클로버의 유래는 다음과 같다. 나폴레옹이 전쟁 중 알프스산맥을 넘어가다가 우연히 네 잎 클로버를 발견한다. 신기한 마음에 살펴보려고 고개를 숙인 순간, 마침 적이 총을 쏘았고 고개를 숙인 덕분에 총알이 빗나가 목숨을 구했다고 한다. 이때부터 네 잎 클로버는 행운을 상징하게 되었다고 한다.

(다) 부등식의 영역을 어떤 공동체에 대한 특성을 나타내는 관계식이라고 할 때, 방정식 $f(x, y)=0$은 그 집단의 기준이요 가치관이다. 이에 대하여 서로 다른 두 점 (x_1, y_1), (x_2, y_2)에 대하여 $f(x_1, y_1) \times f(x_2, y_2) > 0$을 만족하면 두 점은 같은 영역에 있고, $f(x_1, y_1) \times f(x_2, y_2) < 0$을 만족하면 두 점은 서로 다른 영역에 있다고 판별할 수 있다.

1 부등식의 영역은 경계를 중심으로 서로 다른 영역으로 구분된다.

1-1 $(4x^2-y^2)(x^2+y^2-4x+3)<0$의 영역을 나타내어라.

1-2 만일 그 영역이 어떤 집단에 대한 '문화'를 나타낸다면, 그들은 서로 다른 삶의 문화를 가진 사람들이 함께 살아가고 있는 것인가? 아니면 같은 문화를 가진 사람들끼리 모여 살아가는 것인가?

2 〈보기〉의 자취방정식에 대하여 물음에 답하여라.

보기

ㄱ. $(|x|-1)^2+(|y|-1)^2 \leq 2$ ㄴ. $x+y=7$ ㄷ. $y=(x-1)^2+7$

ㄹ. $y=\dfrac{7x+1}{x-7}$ ㅁ. $y=\sqrt{x-7}+7$

2-1 그래프의 개형을 그려라.

2-2 행운을 의미하는 자취방정식은 무엇인가?

2-3 네 잎 클로버의 꽃말은 무엇인가?

2-4 행복과 행운의 상관관계를 설명하여라.

2-5 네 잎 클로버의 유래에 대하여 알아보자.

1 그래프가 나타내는 부등식의 영역은 네 잎 클로버를 연상시킨다. 행운은 내 삶에 어떤 의미인가?

1-1 나의 행복 속에서 행운을 발견하기 위해 해야 할 일은 무엇인가?

1-2 내 삶에서 행복과 행운의 요소는 무엇인가?

1-3 지천에 널려 있는 행복 중에 내가 누리고 있는 행복은 무엇인가?

2 내가 꿈꾸는 행복과 행운은 무엇인가?

　2-1 내 삶에 존재하는 행운과 행복은 어떻게 구분 지을 수 있는가?

　2-2 행운과 행복의 우선순위를 어디에 두고 있는가?

3 에이브러햄 링컨은 "사람은 행복하기로 마음먹은 만큼 행복하다"라고 말한다. 내 삶에서 가장 행복했던 때와 그 이유를 말해보자.

 생각 나누기

1 네 잎 클로버의 꽃말은 행운이고, 세 잎 클로버의 꽃말은 행복이다. 우리는 수많은 세 잎 클로버를 짓밟고 네 잎 클로버를 찾으려 한다. 행운을 얻기 위해 수많은 행복을 저버린다는 것이다. 이에 대한 자신의 생각을 나누어보자.

2 행운을 기다리며 안주하는 자세로 성공적인 삶을 이끌 수 있는가?

　2-1 행운이 내 삶을 바꿀 수 있는가?

　2-2 행운을 기대하는 이유는 무엇인가?

3 부등식의 영역의 개념과 원리를 〈가시나무 새〉의 가사를 중심으로 자신의 생각을 나누어보자.

> 내 속엔 내가 너무도 많아, 당신의 쉴 곳 없네
> 내 속엔 헛된 바램들로 당신의 편할 곳 없네
> 내 속엔 내가 어쩔 수 없는 어둠, 당신의 쉴 자리를 뺏고
> 내 속엔 내가 이길 수 없는 슬픔, 무성한 가시나무 숲 같네
>
> 바람만 불면 그 메마른 가지 서로 부대끼며 울어대고
> 쉴 곳을 찾아 지쳐 날아온 어린 새들도 가시에 찔려 날아가고
> 바람만 불면 외롭고 또 괴로워 슬픈 노래를 부르던 날이 많았는데
> 내 속엔 내가 너무도 많아서 당신의 쉴 곳 없네
>
> － 〈가시나무 새〉

 융합교과 탐구활동

: 영역과 경계

부등식의 영역은 방정식을 기준으로 나타난다. 이러한 개념을 사회 교과에서 찾아보자.

1 북한이 연평도를 공격한 사건에 대하여 동아일보는 "연평도가 공격당했다", 조선일보는 "대한민국이 공격당했다"라고 헤드라인 기사를 작성하였다. 두 신문사의 기준은 무엇인가?

2 아래 그림은 일본이 주장하는 영해와 추가확장지역을 나타내는 EEZ(배타적경제수역)이다. 이에 대한 우리의 주장을 나누어보자.

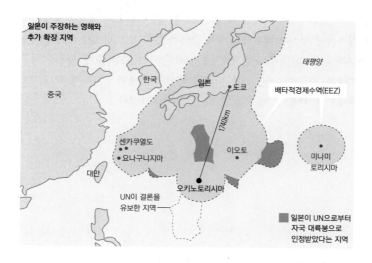

3 아래 그림은 북방한계선 NLL에 대한 한국 측 주장과 중국 측 주장이다. 이에 대한 우리의 생각을 이야기해보자.

창의인성을 위한 서술·논술형 문제

(가) 등식을 만족하는 점들의 집합은 그래프로 표현되지만 그렇지 않은 점들이 모인 영역은 부등식을 만족한다. 역으로 말하면 부등식을 만족하는 점들의 집합은 영역으로 표현되는 것으로 자취방정식을 경계로 이루어지는 영역을 나타낸다.

(나) 네 잎 클로버의 꽃말은 행운이고, 세 잎 클로버의 꽃말은 행복이다. 우리는 수많은 세 잎 클로버를 짓밟고 네 잎 클로버를 찾으려 한다. 행운을 얻기 위해 수많은 행복을 저버린다는 것이다.

(다) 부등식의 영역을 어떤 공동체에 대한 특성을 나타내는 관계식이라고 할 때, ㉠방정식 $f(x, y)=0$은 그 집단의 기준이요 가치관이다. 이에 대하여 서로 다른 두 점 (x_1, y_1), (x_2, y_2)에 대하여 $f(x_1, y_1) \times f(x_2, y_2) > 0$을 만족하면 두 점은 같은 영역에 있고, $f(x_1, y_1) \times f(x_2, y_2) < 0$을 만족하면 두 점은 서로 다른 영역에 있다고 판별할 수 있다.

(라) "사람은 무엇으로 사는가?"라는 물음에 '사랑'이라고 말하고 싶다. 사랑에는 아가페(조건 없는 사랑), 에로스(이성 간의 사랑), 스톨게(가족 간의 사랑), 필리아(친구 간의 사랑)가 있다.

그렇다면, 인생이란 무엇인가? ⓒ내 생애에 사랑이 더해지면 행복해지지만, 사랑이 빠지면 슬퍼진다. 이를 통해 ⓒ인생이란 절반은 슬픔이고 절반은 행복으로 구성되어 있다고 말할 수 있다. 여기서 무엇을 끄집어내느냐에 따라 전혀 다른 삶의 모습이 나타난다. 또한 오늘의 나는 이러한 것들이 모여서 이루어진 것이다. ⓔ만일 숨기고 싶은 삶의 이야기를 지워 버린다면 등식은 성립하지 않을 것이다. 내 생애에 "지우개로 지워야 할 삶의 이야기는 없다"고 말하고 싶다.

1 글 (가)와 관련하여 다음 문제를 풀고, 그 과정을 서술하여라.

부등식 $(|x|-1)^2 + (|y|-1)^2 \leq 2$가 나타내는 영역을 표시하고, 영역의 넓이를 구하여라.

2 글 (나)에서 행운과 행복에 대하여 설명하고 있다.

  2-1 행운과 행복의 상관관계를 제시하여라.

  2-2 자신의 삶에서 경험한 사례를 들어 행운과 행복의 관계를 설명하여라.

3 좌표평면 위에 곡선 $f(x, y)=0$이 나타내는 도형이 그림과 같을 때, 〈보기〉에서 옳은 것을 모두 골라라.

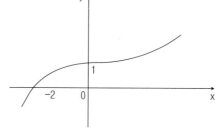

보기

ㄱ. $f(0, 2)+f(-2, 0) > 0$

ㄴ. $f(0, 2)f(2, 0) < 0$

ㄷ. $f(1, 0)+f(2, 0) < f(0, 1)$

4 글 (다)를 읽고 다음 문제를 풀어보자.

4-1 밑줄 친 ㉠의 의미는 무엇인가?

4-2 같은 영역을 나타내는 $f(x_1, y_1) \times f(x_2, y_2) > 0$과 서로 다른 영역을 나타내는 $f(x_1, y_1) \times f(x_2, y_2) < 0$에 대하여 두 사람 $A(x_1, y_1)$, $B(x_2, y_2)$ 사이에 분쟁이 생긴다면, 소통을 위한 공동체를 위해 두 사람을 어떻게 조정할 것인지 키워드를 제시하여 자신의 생각을 서술하라.

5 글 (라)에서 밑줄 친 ㉡에 연립방정식을 이용하여 ㉢을 표현하여라.

6 글 (라)에서 밑줄 친 ㉣을 설명할 수 있는 예를 들어 자신의 생각을 서술하여라.

7 글 (라)에서 밑줄 친 사랑, 행복, 슬픔을 나타내는 이미지를 표현해보자.

7-1 다음은 '사랑'을 상징하는 '하트'를 표현한 것이다. '행복'과 '슬픔'을 상징하는 이미지를 제시하여 자취방정식을 찾고, 그래프를 그려라.

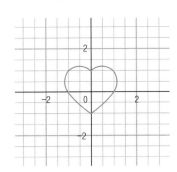

$$(x^2 + y^2 - 1)^3 - x^2 y^3 = 0$$

또는

$$17x^2 + 16|x|\,y + 17y^2 = 225$$

8 글 (라)는 '사랑'을 중심으로, '행복'과 '슬픔'을 이용하여 인생을 정의하고 있다. 이와 같이 사랑 이외에 행복과 슬픔에 영향을 줄 수 있는 것이 무엇인지 제시하고, 이를 바탕으로 50자 이내로 인생을 정의하여 설명하여라.

◆ 창의인성을 위한 서술·논술형 문제

1 네 잎 클로버 모양의 영역으로 나타난다.

i) $x \geq 0,\ y \geq 0$; $(x-1)^2 + (y-1)^2 \leq 2$

ii) $x \geq 0,\ y < 0$; $(x-1)^2 + (y+1)^2 \leq 2$

iii) $x < 0,\ y \geq 0$; $(x+1)^2 + (y-1)^2 \leq 2$

iv) $x < 0,\ y < 0$; $(x+1)^2 + (y+1)^2 \leq 2$

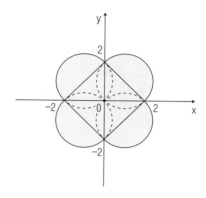

따라서 구하는 넓이는 한 변의 길이가 $2\sqrt{2}$인 정사각형의 넓이와 반지름이 $\sqrt{2}$인 반원 네 개의 넓이의 합이므로

$$(2\sqrt{2})^2 + \frac{1}{2}\pi(\sqrt{2})^2 \times 4 = 4\pi + 8$$

3-1 ㄱ. 점 $(0, 2)$는 경계의 점이 아니므로 $f(0, 2)$의 값은 양의 값일 수도 있고 음의 값일 수도 있다. 따라서 $f(0, 2) + f(-2, 0) > 0$은 잘못된 것이다.

ㄴ. 점 $(-2, 0)$은 경계의 점이므로 $f(-2, 0) = 0$이고, 점 $(0, 2)$와 $(2, 0)$은 서로 다른 영역에 있으므로 $f(0, 2) \times f(2, 0) < 0$이다. 따라서 옳다.

ㄷ. 두 점 $(1, 0)$, $(2, 0)$은 같은 영역에 있으므로 $f(1, 0) + f(2, 0)$의 값은 양의 값일 수도 있고 음의 값일 수도 있다. 점 $(0, 1)$은 경계 위의 점이므로 $f(0, 1) = 0$이다.
따라서, $f(1, 0) + f(2, 0) < f(0, 1)$은 잘못된 것이다.

4-2 $f(x_1, y_1) \times f(x_2, y_2) > 0$을 만족하는 영역에 있다면 서로 화해할 수 있도록 조정해야 한다. 그 이유는 같은 영역에 있다는 것은 같은 가치관을 공유한 사람으로서 잠깐의 오해로 인하여 발생한 분쟁이기 때문이다.

$f(x_1, y_1) \times f(x_2, y_2) < 0$을 만족하는 영역에 있다면 화해하기 어렵다. 이유는 서로 다른 가치관을 가진 사람들이 모여 있는 특징을 가졌기 때문이다. 그러므로 서로 다름을 인정해주는 것이 중요하다.

소통하는 공동체를 만들기 위해서는 우리는 어떤 사안에 대하여 '이해'할 것인지, 아니면 '인정'할 것인지에 대해 구분할 수 있는 역량을 가져야 한다.

$$5 \quad \begin{cases} Life + Love = Happy \\ Life - Love - Sad \end{cases} \Rightarrow \quad Life = \frac{1}{2} Happy + \frac{1}{2} sad$$

7-1 $(|x| - 1)^2 + (y - 2)^2 = \frac{1}{9}$

$x^2 + (y - 1)^2 = 11$

$y = x^2 - 1 \quad \{-\frac{10}{8} \le x \le \frac{10}{8}\}$

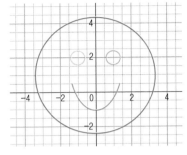

$(|x| - 1)^2 + (y - 2)^2 = \frac{1}{9}$

$x^2 + (y - 1)^2 = 11$

$y = -x^2 + 1 \quad \{-\frac{10}{8} \le x \le \frac{10}{8}\}$

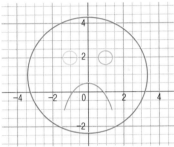

42 함수와 나머지 – 나눔 뒤에 남는 행복

함수와 나머지 정리의 개념과 원리를 통해서 나눔이 가져다주는 삶의 의미는 무엇인지 찾아보자.

(가) 99^9을 98로 나누었을 때의 나머지를 구하여라.

99^9을 100으로 나누었을 때의 나머지를 구하여라.

99^9을 98^2으로 나누었을 때의 나머지를 구하여라.

(나) 다항식 $f(x)$를 $(x-1)^2$으로 나눈 나머지가 $5x+1$이고, $(x-2)^2$으로 나눈 나머지가 $6x+1$일 때, $(x-1)^2(x-2)$로 나눈 나머지를 구하여라.

(다) 연탄재 함부로 발로 차지 마라

너는 누구에게 한번이라도 뜨거운 사람이었느냐

– 안도현, 〈너에게 묻는다〉

(라) 어느 날 공주는 공놀이를 하다가 연못에 공을 빠트린다. 공을 꺼내지 못해 울고 있던 공주에게 개구리가 다가와 자신이 공을 꺼내주면 함께 식사를 하고 공주의 침대에서 재워 달라고 한다. 공주는 알겠다고 약속하고, 개구리는 연못에서 공을 찾아주었다. 하지만 개구리의 외모가 맘에 들지 않았던 공주는 약속을 지키지 않고 도망간다. 그날 저녁 개구리는 성에 찾아가서 왕에게 자초지종을 말한다. 이야기를 들은 왕은 공주에게 약속을 지키라고 명령한다. 공주는 하는 수 없이 개구리와 함께 저녁 식사를 한 후, 자신의 침대로 개구리를 데려갔다. 하지만 자신과 함께 잠을 자는 개구리가 못마땅했던 공주는 개구리를 벽으로 내던졌다. 그 순간 개구리는 멋진 왕자의 모습으로 변한다. 그는 못된 마녀의 저주로 개구리가 되었던 이웃 나라의 왕자였던 것이다. 공주는 외형으로 인한 편견을 가졌던 자신의 행동을 반성하고 개구리 왕자와 결혼하여 오래오래 행복하게 살았다.

생각 던지기

1 나머지란 제수로 피제수를 나눴을 때 남은 수이다.

   1-1 나머지 공식을 말하여보자.

   1-2 인수분해 공식을 이용하여 999^3+1을 $998 \times 999+1$로 나누었을 때의 몫과 나머지를 구하여라.

2 글 (다)를 읽고 물음에 답하여라.

   2-1 글 (나)에서 우리가 연탄재를 함부로 차서는 안 되는 이유를 제시하여라.

   2-2 글 (다)의 시에 나오는 연탄재를 '나머지'와 연결하여 설명하여라.

   2-3 연탄재를 남기지 않고 연탄을 태울 수 있을까? 불가하다면 그 이유를 논리적으로 설명하여라.

3 함수에서 x값이 커지면 y값 역시 커지는가? 아니라면 예를 들어 설명하여라.

   3-1 사람의 전체를 보지 않고 섣불리 판단한 경험이 있는가?

   3-2 변수 x를 y로 바꾸는 함수식은 우리 삶에서 무엇을 의미하는가?

4 글 (라)를 읽고 물음에 답하여라.

   4-1 공주가 개구리 왕자를 대하는 태도에 대해 비판하여라.

   4-2 사람은 판단의 대상이 아니라 사랑해야 할 존재이다. 그럼에도 불구하고 사람을 판단해야 한다면 어떤 기준을 가져야 하는가?

1 '나머지'는 언제나 필요하다. 사회 속에서 언제나 무시당하는 나머지들을 어떻게 생각하는가?

2 안도현의 시를 읽고, 다음을 생각해보자.

　2-1 누군가가 부족하고 다르다는 이유만으로 무시했던 경험이 있는가?

　2-2 나머지를 경시하는 사회를 바꾸기 위해 해야 할 일은 무엇인가?

3 함수 $f(x)$를 정의하고 글 (다)와 글 (라)를 중심으로 독립변수와 종속변수 사이의 관계를 설명하여라.

　3-1 독립변수와 종속변수 사이의 관계를 균형 있게 볼 수 있는 방법은 무엇인가?

4 현상에서 본질을 볼 수 있어야 한다. 공주에게 외형을 무시당한 개구리의 본질은 수려한 외모를 지닌 왕자였다. 나의 외적인 모습으로 인해 무시당했던 적이 있는가?

1 우리 사회는 나머지를 무시하는 경향이 있다. 이러한 차별을 없애고 모두가 존중받는 사회를 만들려면 어떤 노력이 필요할까?

2 외모지상주의 경향이 있는 우리 사회에 대하여 생각해보자.

　2-1 사람을 판단하는 데 있어서 외모는 어느 정도의 비중을 차지하는가?

　2-2 외모를 보고 사람을 판단하였을 때의 문제점은 무엇인가?

　2-3 "보기 좋은 떡이 맛도 좋다"고 하는 사람에게 어떻게 반론하겠는가?

3 함수 $f : x \rightarrow y$ 관계를 균형 있게 볼 수 있는 방법을 사례를 들어 설명해보자.

　3-1 내 삶에 독립변수와 종속변수 사이에 사회적 명령어는 무엇인가?

　3-2 내 삶에 독립변수와 종속변수 사이에 자신의 약속어는 무엇인가?

수업 연계형 독서활동 《뛰어난 재능을 이기는 좋은 노력》

"아무 하는 일 없이 시간을 허비하지 않겠다고 맹세하라. 우리가 항상 뭔가를 한다면 놀라우리만치 많은 일을 해낼 수 있다." – 토마스 제퍼슨

여유롭게 일하면서 결정적 순간에 뛰어난 성과를 내는 사람이 있는가 하면, 성실하게 일하지만 기대한 만큼의 평가를 받지 못하는 사람이 있다. 이들 사이에는 어떤 차이가 있을까? 우선순위를 정하여 성실하게 행동하고, 익숙하게 반복해온 노력의 방향을 중심으로 아주 살짝만 비틀어도 예상치 못한 변화가 일어난다.

야마나시 히로카즈 | 토네이도 | 2017

융합교과 탐구활동

: 물의 다양한 변화

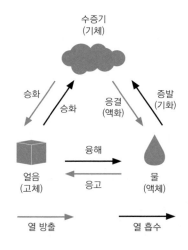

1 물은 열을 흡수하고 방출함에 따라 다양한 모습으로 변할 수 있다.

   1-1 우리 또한 물처럼 다양하게 변화할 수 있는가?

   1-2 물의 형태를 변화시키는 요인이 열이라면, 우리를 변화시키는 요인은 무엇이 있는가?

: 나눔의 기쁨, 오병이어의 기적

예수께서 들으시고 배를 타고 떠나사 따로 빈들에 가시니 무리가 듣고 여러 고을로부터 걸어서 따라간지라. 예수께서 나오사 큰 무리를 보시고 불쌍히 여기사 그중에 있는 병자를 고쳐 주시니라. 저녁이 되매 제자들이 나아와 이르되 이곳은 빈 들이요 때도 이미 저물었으니 무리를 보내어 마을에 들어가 먹을 것을 사 먹게 하소서. 예수께서 이르시되 갈 것 없다, 너희가 먹을 것을 주라. 제자들이 이르되 여기 우리에게 있는 것은 떡 다섯 개와 물고기 두 마리뿐이니이다. 이르시되 그것을 내게 가져오라 하시고, 무리를 명하여 잔디 위에 앉히시고 떡 다섯 개와 물고기 두 마리를 가지사 하늘을 우러러 축사하시고 떡을 떼어 제자들에게 주시매 제자들이 무리에게 주니 다 배불리 먹고 남은 조각을 열두 바구니에 차게 거두었으며 먹은 사람은 여자와 어린이 외에 오천 명이나 되었더라.

– 〈마태복음〉 14:13~21

1 제자들이 가진 것은 무엇이었는가?
2 제자들이 나누어준 것은 누구의 것이었는가?
3 제자들이 나누어준 결과는 어떻게 되었는가?
4 이 결과에 대하여 수학적으로 설명할 수 있는가?

생각 정리하기

단면적인 관점으로는 그 사람을 정확하게 파악할 수 없다. 때로는 너무 크게 볼 수 있으며, 때로는 너무 과소평가하는 경우도 있다. 일반적으로 이러한 현상은 보는 사람의 심리 상태에 따라 달라진다. 그러므로 우리는 사람을 볼 때에 미시적 관점과 거시적인 관점의 균형을 가지고 볼 수 있어야 한다.

또한, 독립변수 x에 대하여 y값의 변화를 볼 수 있어야 한다. 이에 대하여 독립변수와 종속변수 사이의 관계가 어떻게 이루어지는지 생각해볼 수 있는 기회가 되었다.

창의인성을 위한 서술·논술형 문제

1 다음 물음에 답하여라.

1-1 99^9을 100으로 나누었을 때의 나머지를 구하여라.

1-2 99^9을 98^2으로 나누었을 때의 나머지를 구하여라.

1-3 다항식 $f(x)$를 $(x-1)^2$으로 나눈 나머지가 $5x+1$이고, $(x-2)^2$으로 나눈 나머지가 $6x+1$일 때, $(x-1)^2(x-2)$로 나눈 나머지를 구하여라.

2 글 (가)와 (나)를 설명해줄 수 있는 함수의 그래프를 글 (다)에서 찾고, 그 이유를 설명하여라.

(가) 연탄재 함부로 발로 차지 마라

　　너는 누구에게 한번이라도 뜨거운 사람이었느냐

　　　　　　　　　　　　　　　　　　　　　– 안도현, 〈너에게 묻는다〉

(나) 어느 날 공주는 공놀이를 하다가 연못에 공을 빠트린다. 공을 꺼내지 못해 울고 있던 공주에게 개구리가 다가와 자신이 공을 꺼내주면 함께 식사를 하고 공주의 침대에서 재워달라고 한다. 공주는 알겠다고 약속하고, 개구리는 연못에서 공을 찾아주었다. 하지만 개구리의 외모가 맘에 들지 않았던 공주는 약속을 지키지 않고 도망간다. 그날 저녁 개구리는 성에 찾아가서 왕에게 자초지종을 말한다. 이야기를 들은 왕은 공주에게 약속을 지키라고 명령한다. 공주는 하는 수 없이 개구리와 함께 저녁 식사를 한 후, 자신의 침대로 개구리를 데려갔다. 하지만 자신과 함께 잠을 자는 개구리가 못마땅했던 공주는 개구리를 벽으로 내던졌다. 그 순간 개구리는 멋진 왕자의 모습으로 변한다. 그는 못된 마녀의 저주로 개구리가 되었던 이웃 나라의 왕자였던 것이다. 공주는 외형으로 인한 편견을 가졌던 자신의 행동을 반성하고 개구리 왕자와 결혼하여 오래오래 행복하게 살았다.

(다) 다음 함수에 대하여 x의 값이 증가할 때 y의 값의 변화를 생각해보고, 함수의 그래프를 그려보아라.

$$y = -3x+4, \qquad y = x-5, \qquad y = 2\sqrt{x-1}+3$$
$$y = -\frac{1}{x-3}+2, \qquad y = x^2+1, \qquad y = -(x-1)^2+2$$

◆ 생각 던지기

1-1 $a \div b = c \cdots d$이면 $bc + d = a$이다.

1-2 $x = 999$라 놓으면, $x^3 + 1$을 $(x-1)x + 1$로 나누었을 때의 몫과 나머지를 구하라는 것과 같다.

◆ 창의인성을 위한 서술·논술형 문제

1-1 $99^9 = 100 \times Q + R$에서 $99 = x$라고 하면, $x^9 = (x+1)Q(x) + R$로 표현할 수 있다.
이 식에 $x = -1$을 대입하면 나머지 $R = -1$ 또는 $R = 99 - 1 = 98$이다.

1-2 $99^9 = 98^2 \times Q + R$을 $99 = x$라고 하면, $x^9 = (x-1)^2 Q(x) + ax + b$로 표현할 수 있다.
이 식에 $x = 1$을 대입하면, $1 = a + b$
$x^9 = (x-1)^2 Q(x) + ax + 1 - a$
$x^9 - 1 = (x-1)\{(x-1)Q(x) + a\}$
$x^8 + x^7 + \cdots + x + 1 = (x-1)Q(x) + a$
이 식에 $x = 1$을 대입하여 정리하면 $a = 9$, $b = -8$
따라서 $R(x) = 9x - 8$ $\therefore R(99) = 9 \times 99 - 8 = 883$

1-3 $f(x)$를 $(x-1)^2(x-2)$로 나눈 몫을 $Q(x)$라 하고 나머지를 $ax^2 + bx + c$라 하면,
$f(x) = (x-1)^2(x-2)Q(x) + ax^2 + bx + c$
여기에서 $(x-1)^2(x-2)Q(x)$는 $(x-1)^2$으로 나누어떨어지므로 $f(x)$를 $(x-1)^2$으로 나눈 나머지는
$ax^2 + bx + c$를 $(x-1)^2$으로 나눈 나머지와 같다.
따라서, $ax^2 + bx + c = a(x-1)^2 + 5x + 1$이므로 $f(x) = (x-1)^2(x-2)Q(x) + a(x-1)^2 + 5x + 1$
또, 문제의 조건에서 $f(2) = 13$이므로 $a = 2$가 된다.
따라서, 나머지는 $2x^2 + x + 3$이다.